AF474064

L'HÉROISME

EN SOUTANE

CHATILLON-SUR-SEINE. — IMPRIMERIE E. CORNILLAC

L'HÉROÏSME

EN SOUTANE

BIBLIOTHÈQUE NATIONALE R.F. IMPRIMÉS

PAR

LE GÉNÉRAL AMBERT

PARIS

E. DENTU, ÉDITEUR

LIBRAIRE DE LA SOCIÉTÉ DES GENS DE LETTRES

PALAIS-ROYAL, 17 ET 19, GALERIE D'ORLÉANS

1876

Tous droits réservés.

AU LECTEUR

Après la dernière guerre et les événements ui l'ont suivie, l'auteur de ce livre a jeté un egard en arrière pour distinguer dans la mêlée, s vertus et les vices, les dévouements et les goïsmes, les courages et les défaillances.

Le tableau était triste jusqu'à la désolation.

Cependant, au milieu des sombres nuages, une gure se montrait animée du patriotisme le plus rdent et le plus pur.

Tout d'abord cette figure semblait effacée.

Prenant peu à peu des reliefs accentués, elle a ominé ce qui l'entourait.

C'était la figure du prêtre catholique.

L'auteur a compris que le prêtre avait eu, plus ue les diverses classes de la société, l'amour ésintéressé de la France.

Un fait aussi remarquable est-il passé inaerçu? ou bien le monde, distrait par mille caues, a-t-il perdu le souvenir des sacrifices?

Il est vrai de dire que lorsque son œuvre a été ccomplie le religieux a repris son existence silencieuse, sans attendre les éloges ou les marques de reconnaissance.

Le prêtre apparaissait sous des aspects très-divers. Il a fallu choisir les principaux qui ont en quelque sorte indiqué la division de ce livre en huit chapitres :

Chapitre Ier. *Le prêtre.* — Figure dessinée à grands traits, vue dans le lointain historique. Coup d'œil sur l'aumônier volontaire.

Chapitre II. *La guerre.* — Le prêtre pendant la guerre de 1870, sur les champs de bataille, aux ambulances. Traits de dévouements et de courage.

Chapitre III. *La France.* — Elle a été créée par le religieux. Il a défriché le sol, conservé les lettres et les arts, répandu l'instruction, lutté contre la barbarie, sauvé la civilisation. Les services rendus à la France par l'Eglise, expliquent le patriotisme du clergé. Il l'aimait comme son œuvre.

Chapitre IV. *L'invasion.* — Le curé, dans sa paroisse protége les habitants, se place entre les vaincus et les vainqueurs. Traits de vertus ; martyrs.

Chapitre V. *La sœur.* — Les religieuses pendant la guerre. Sœur de charité. Ce chapitre est le rayon de soleil qui pénètre dans la cellule ; la fleur sur la fenêtre du pauvre malade.

CHAPITRE VI. *Le captif.* — Le prêtre en Allemagne au milieu des armées prisonnières. Il est l'envoyé du Ciel et de la France.

CHAPITRE VII. *Le Calvaire.* — Les prêtres à Paris, pendant la Commune; martyrs.

CHAPITRE VIII. *L'Eglise et les tombes.*— Enseignements qu'il faut tirer de tant d'événements.

Après une campagne de guerre, les gouvernements confient aux états-majors le soin de retracer les différentes opérations militaires exécutées par leurs armées ; après un voyage périlleux, les marins rappellent les événements dont ils ont été les témoins et enrichissent la science.

Le clergé a fait une terrible campagne et accompli un rude voyage. Au retour, les rangs étaient décimés, de grandes intelligences, de nobles cœurs avaient quitté la terre.

Un témoin a voulu dire ce qu'il savait de ces courages, de ces dévouements, de ces travaux et de ces martyrs. Il a fait comme les états-majors et les marins qui se bornent à raconter.

Cette comparaison serait insuffisante, si elle ne se complétait par une autre :

Afin que le voyageur ne puisse s'égarer, on place des poteaux aux carrefours du chemin. Ces poteaux qui ne sont rien par eux-mêmes, indiquent cependant la route qu'il faut suivre.

Lecteur, — le livre que vous avez sous les yeux est un simple poteau. Vous qui connaissez le bon chemin, ne dédaignez pas le poteau, car il servira peut-être à remettre sur sa route quelque passant épuisé de fatigues et surpris par l'orage.

Le maréchal Bugeaud disait souvent : « Ce sont toujours les mêmes qui se font tuer. » Il exprimait cette vérité que, dans un régiment, une compagnie, un groupe quelconque, il y a un petit nombre d'hommes, toujours les mêmes, pour donner l'exemple du courage, embellir le sacrifice, et montrer le devoir.

Au milieu des grandes luttes de la vie, guerres et révolutions, ce sont aussi les mêmes qui se font tuer. Ils se nomment le prêtre et le soldat. Seuls ils sont soumis à une discipline.

Les autres se plaisent trop à l'oublier. Il n'est peut-être pas inutile qu'une voix s'élève aujourd'hui, pour rappeler à ceux qui aiment passionnément la vie, les noms de ceux qui meurent volontiers pour le Ciel et pour la France.

GÉNÉRAL Bon AMBERT.

Ancien député, ancien conseiller d'Etat.

L'HÉROISME EN SOUTANE

CHAPITRE PREMIER

—

LE PRÊTRE

> Je crois volontiers les histoires dont les témoins se font égorger.
>
> PASCAL.
>
> Qui sait tout souffrir, peut tout oser.
>
> VAUVENARGUES.

I

Nous aimons à rappeler l'une des grandes scènes de l'histoire. Elle s'accomplit au IVe siècle, alors que le moderne christianisme disputait le monde à l'antique philosophie.

Vers le milieu du mois de juin 325, l'empereur Constantin ouvrit en personne le concile de Nicée, où fut discutée la doctrine de Platon.

Constantin, à la tête de son armée, avait marché contre le tyran Maxence, oppresseur de l'Afrique et de l'Italie. Pendant cette marche l'empereur aperçut dans les airs le signe sacré de la religion chrétienne, la croix du Calvaire entourée de ces mots tracés en lettres de feu : *In hoc signo vinces : tu vaincras par ce signe.* Il adopta donc la croix pour étendard. A l'ombre du *labarum*, il remporta des victoires dans les plaines de Turin et sous les murs de Rome. Constantin embrassa dès lors le christianisme qui devint la religion de l'empire.

Cependant les vieilles croyances subsistaient encore et l'hérésie s'introduisait dans le christianisme naissant. Constantin voulut prouver les vérités de la religion, et non l'imposer par la force. Il réunit donc un concile dans la ville de Nicée, en Bithynie, sur le lac Ascanius, ville fondée par Antigone.

Des prêtres venus des extrémités de la terre se réunirent à Nicée. Des philosophes vinrent aussi et l'on discuta devant l'empereur Constantin. Les philosophes soutenaient la sagesse de Platon, tandis que les prêtres plaçaient au-dessus des philosophies humaines, la morale sublime du Christ.

Les hérésies d'Arius furent condamnées par le concile qui dressa le fameux symbole des Apôtres.

Nous avons dit que, pour soutenir le christianisme, des prêtres étaient venus de tous les points de la terre. Jacques, évêque de Nisibis, se présenta l'un des premiers. Il vivait sur les hautes montagnes, passait l'hiver dans les cavernes, se nourrissait de fruits sauvages et portait une tunique de poil de chèvre. Son front était courbé par de longues méditations et d'éternelles prières. Près de Jacques se voyait Spiridion, évèque de Trémithonte, dans l'île de Cypre. Il était pasteur, conduisait les troupeaux et prèchait la parole du Christ aux bergers, aux laboureurs, à ce monde des champs qu'avaient dédaigné les philosophes.

On remarquait aussi le prètre Pomphnuce de la Haute Thébaïde, qui avait l'œil droit crevé et le jarret gauche coupé par les païens; il y avait encore Paul de Néocésarée dont les deux mains étaient brûlées, et qui accomplissait le signe de la croix, en courbant sa tète dans la poussière du chemin.

Dans un coin obscur de la salle du concile quelques hommes se tenaient humblement courbés, assis ou agenouillés. Ceux-là se nommaient Léonie de Césarée, Thomas de Cyzique, Marin de Troade, Eutichus de Smyrne. Ils ne pouvaient se tenir debout, tant leurs corps étaient mutilés par le fer des persécuteurs de la foi. Ils avaient combattu pour la même vérité, sans se connaître, sous l'œil de Dieu, seul témoin de leurs martyres. Ils venaient de loin, au concile impérial, appuyés sur le bâton du pèlerin, recevant l'aumône, et soutenus par la foi, l'espérance et la charité.

L'empereur Constantin, maître de l'empire,

parla le premier. Son riche manteau étincelait d'or et de pierreries ; sa couronne brillait de mille feux, et les regards ne pouvaient soutenir l'éclat de son sceptre. Lorsque l'empereur eut dit les vertus de Platon et de Socrate, un pauvre vieillard se leva. Ses épaules couvertes d'une peau de mouton étaient courbées par l'âge, sa tête chauve conservait sa fierté ; les sandales de ses pieds laissaient deviner les déchirures des pierres, et sous sa barbe blanche le temps avait ciselé des rides profondes semblables à des cicatrices.

Le vieux prêtre joignit les mains, leva les yeux vers le ciel, et se signa.

Puis, il dit :

« Notre sainte religion est celle des soldats ; elle eut des soldats pour premiers confesseurs, et elle sera éternelle par les soldats. Nous sommes tous soldats, pauvres, et prêts à mourir pour les autres qui sont nos frères. »

Longtemps on entendit la voix du vieillard retentir sous les voûtes du palais. L'empereur écoutait. Les philosophes surpris entendaient cet homme inconnu discuter, avec une science profonde, les doctrines antiques, et les comparer aux vérités modernes proclamées par le Christ.

Dieu parlait en cet homme qui n'était qu'un humble prêtre, soldat de l'Evangile.

Puis il se fit dans l'assemblée un silence religieux. Vaincus par la raison, les philosophes eux-mêmes furent saisis d'admiration.

Quelques minutes se passèrent ainsi, graves et solennelles. Chacun méditait, élevant son âme vers le ciel. Le vieillard était toujours debout, grand dans son humilité.

Sa voix se fit entendre de nouveau, et il dit encore : « Notre sainte religion est celle des soldats ; elle eut des soldats pour premiers confesseurs, et elle sera éternelle par les soldats. Nous sommes tous soldats, pauvres et prêts à mourir pour les autres qui sont nos frères. »

Le lendemain ils se séparèrent. L'empereur rentra dans ses palais de Byzance et les prêtres reprirent leurs bâtons de voyage ; les uns allèrent à pied chez les Germains et les Goths, les autres en Ethiopie, chez les Ibériens, vers la Perse ou l'Arménie.

Les paroles du vieux prêtre ont retenti à travers les siècles.

Elles ont appelé le clergé de France en 1870. Alors on a vu, comme au IVe siècle, le prêtre quitter son troupeau, en répétant avec le vieillard de Nicée : « Nous sommes tous soldats, pauvres et prêts à mourir pour les autres qui sont nos frères. »

Le signe qu'avait vu dans le ciel Constantin marchant contre Maxence, a brillé de nouveau sur les armées. Hélas ! cette fois, le *labarum* n'a pu nous protéger. Mais il faut le bénir, car il a donné naissance à de grandes choses, qui sont le sacrifice et la résignation, la foi, la charité et l'abnégation chrétienne.

Ce signe aurait pu se montrer sur les grandes cités, briller au-dessus des assemblées souveraines, éclairer les chaudes plaines de l'Orient, scintiller au sommet des hautes montagnes, illuminer les lacs ou l'immensité des mers, mais Dieu a choisi les armées ; c'est aux soldats qu'il a voulu montrer tout d'abord le symbole du sacrifice.

Les soldats, par la voix de Constantin, ont accepté ce signe qui est devenu le premier drapeau des armées.

Treize et quatorze siècles après, lorsque Louis XIV et Napoléon Ier ont institué les décorations de Saint-Louis et de la Légion d'honneur, pour récompenser les vertus militaires, le soldat, par une sorte d'instinct, a spontanément donné à l'insigne le nom de *croix*.

Placée sur le cœur du brave, la croix est devenue l'emblème de l'honneur et le symbole du sacrifice.

II

Il y a longtemps que l'on voit la jeunesse française abandonner les chaumières, les ateliers et les châteaux pour marcher à l'ennemi. Mais pour la première fois, en 1870, le prêtre catholique s'est montré au milieu des soldats. Les armées de Louis le Grand avaient eu leurs aumôniers dont les devoirs se renfermaient dans les limites du service religieux. Ils officiaient et priaient. Leur nombre était restreint et leur existence ne s'écartait guère de celle des officiers, fiers gentilshommes et braves capitaines.

Même au temps d'Henri IV, alors que le huguenot et le catholique se battaient dans nos plaines, on voyait rarement le prêtre accompagner les armées.

Il faudrait remonter jusqu'aux croisades pour trouver le grand mouvement religieux, spontané, éclatant, admirable, dont le prêtre a donné le spectacle en 1870.

Aux guerres de Crimée et d'Italie une émotion se produisit dans les rangs du clergé de France ; cependant cette émotion resta contenue. Nos armées étaient alors victorieuses.

La gloire, quelque pure qu'elle fût, ne pouvait seule attirer le prêtre.

En 1870, la gloire disparut ne laissant aux armées que misères à subir, épreuves à surmonter, affronts à dévorer, et pour terme aux douleurs, l'agonie de la captivité. Le prêtre accourut lorsqu'il vit le deuil de la patrie. Il se plaça bravement près du soldat, le soutint de sa parole, partagea ses peines et jeta sur ses derniers moments le baume de la religion.

Un historien allemand a dit dans un livre sur la guerre, que l'ennemi avait trouvé plus de patriotisme dans le clergé catholique, que dans les classes diverses de la société.

Cet aveu d'un adversaire n'est pas à dédaigner. Cependant il ne saurait surprendre.

Sait-on bien que dans le patriotisme vrai le sentiment humain est dominé par des pensées venues de l'âme, qui planent au-dessus du monde, et s'élèvent jusqu'au ciel, patrie dernière de ceux qui ont su aimer et souffrir ici-bas.

Pour le commun des hommes, la patrie est le champ que déchire la charrue et qui donne au moissonneur le grain dont il vit ; la patrie est la maison qui abrite la famille ; les grands bois qui bornent l'horizon ; le fleuve rapide qui traverse la plaine ; les villages épars sur les coteaux voisins. La patrie va même au delà ; elle s'étend jusqu'aux frontières et renferme dans son sein de grandes cités, de riches établissements industriels, de savantes écoles et de brillantes académies. Tous les hommes aiment donc la patrie, puisqu'elle donne le bonheur, le plaisir, la richesse ; parce qu'elle satisfait l'orgueil humain. Pour le prêtre la patrie est plus vaste. Ses affections, ses espérances, les soucis de sa vie ne sont renfermés ni dans un champ, ni dans une maison. Sa famille est nombreuse et se compose de ce troupeau dont la garde lui est confiée. Il ne va pas interroger le sillon pour connaître le mystère de la moisson prochaine. Ses pas ne connaissent que le chemin qui conduit de l'église au lit du malade. L'espace qu'embrasse son regard s'élargit à chaque pas, et, pour lui, la patrie s'unit au ciel.

Dépouillé de l'intérêt matériel, le patriotisme du prêtre prend un caractère idéal.

A peine la guerre de 1870 était-elle à son début, qu'un long cri douloureux s'éleva dans toute la France. Jamais l'orgueil national n'avait été mis à une épreuve aussi cruelle. Les passions s'éveillèrent et l'on sentit passer dans l'air le souffle brûlant des révolutions.

Les prêtres furent émus, et se levèrent prêtant l'oreille aux bruits lointains. Ils eussent été sourds aux chants joyeux et au tumulte des victoires, mais le gémissement de la patrie sanglante retentit dans leurs âmes. Ils prirent leurs sandales et leur bâton, et marchèrent vers la souffrance.

Il en vint de toutes parts, sans appel, et sans mot d'ordre. Nous nous trompons : la patrie les appelait et leur mot d'ordre fut : *Ciel et France*.

Un homme qui a marqué dans la littérature et dans la politique, un croyant très-éclairé a dit : « La religion chrétienne est la première et la seule qui ait pris soin de toutes les faiblesses de l'humanité, de la faiblesse de l'esprit, du sexe, de l'âge, de la condition ; cela seul a changé le monde et c'est le sens politique de cette parole des livres saints : *Emitte spiritum tuum, et renovabis faciem terræ.* »

Ces paroles sont de M. de Bonald qui dit encore : « La société n'est que la protection des faibles ; elle ne subsiste que pour eux, elle ne saurait subsister sans eux, et c'est pour cela qu'il a été dit aux hommes : Vous aurez toujours des pauvres parmi vous. »

Le prêtre savait ces choses. Voyant la faiblesse un peu partout, il vint apporter la force de la religion. En marchant sur le chemin, il répétait ces paroles divines : « Que le plus grand d'entre vous soit le serviteur des autres. » Il se souvenait que notre religion *fait habiter ensemble les lions et les agneaux.*

Il vint donc non pour régner, mais pour servir. Humble et timide comme l'agneau, il voulut habiter avec les lions.

Les uns marchèrent vers les camps afin d'assister aux batailles où le soldat mourant avait besoin d'un soutien ; les autres sans s'éloigner de leur troupeau se préparèrent à recevoir la grande épreuve. Ils créèrent les ambulances pour les combats d'alentour, ils se firent plus tard, auprès du vainqueur, les protecteurs du villageois ; ils étanchèrent le sang des blessures, éteignirent l'incendie des moissons, soutinrent les courages abattus, et proclamèrent les droits du faible et du pauvre. On en vit, pendant les nuits d'hiver, guider dans les sentiers de la montagne, de jeunes mobiles égarés et surpris par l'ennemi.

Lorsque de longues colonnes sombres se dessinaient à l'horizon, annonçant l'approche des Allemands, tout fuyait. Le paysan chassait devant lui son troupeau effaré. La mère emportait le nouveau-né ; l'aïeul suivait avec peine, et les petits enfants pleuraient. Seul un homme était resté, le curé du village. Longtemps il avait fait retentir l'air du son lugubre de l'airain, qui gémissait comme aux heures de l'agonie. En ce temps-là, on n'entendait en France que deux grandes voix ; celle du canon et celle de la cloche de l'église.

Cependant l'ennemi s'approchait et le curé cessait de sonner le tocsin. Alors, armé d'un livre de prières, il se présentait au général des ennemis.

Combien de villages, de hameaux, de chaumières et de granges ont été préservés à la prière de l'humble curé ; combien de blessures se sont cicatrisées sous sa main ; combien de fois n'a-t-il pas ramené au presbytère et réchauffé de sa charité le soldat tombé d'épuisement sur le chemin de traverse !

Parmi les pauvres curés de village, beaucoup payèrent de leur vie leur humble dévouement.

Leurs noms ne seront jamais inscrits au livre des martyrs, ils ne brilleront même pas aux tables de marbre où la reconnaissance publique grave en lettres d'or les noms de ceux qui succombent dans les luttes héroïques.

Les simples curés sont tombés comme tombent les simples soldats. Ils sont tombés sans bruit, et sans éclat. Nul écho n'a répété leur dernière parole et le secret de leur mort a été emporté dans la vieille Prusse, par quelques soudards aux mains sanglantes.

Ainsi, parmi les prêtres, les uns accouraient vers les armées en campagne, les autres restaient avec les villageois.

D'autres veillaient dans les grandes cités, au milieu des foules agitées, tumultueuses, aigries par toutes les passions. Ces prêtres veillaient aux ambulances, soutenaient les courages, visitaient le malheur sous toutes ses formes, et portaient haut la croix du Christ. Nous dirons quelle mort leur était réservée.

III

Le service nous avait conduit au début de la guerre dans une ville non loin de Paris. Arrêté dans une hôtellerie, nous y rencontrions deux hommes. L'un était dans la force de l'âge. Malgré sa taille et sa vigueur, il s'occupait de fournitures militaires et s'enrichissait au lieu de prendre sa place sous les drapeaux de la patrie qui, d'une voix suppliante, appelait ses enfants. L'autre était jeune, petit, frêle, pâle, au regard timide, une longue soutane noire couvrait son corps. Ses cheveux d'un blond cendré tombaient sur ses épaules. Ce fut le premier aumônier volontaire que je rencontrai. Il se rendait à Metz et n'avait jamais quitté son diocèse. Pour tout bagage, il emportait dans un sac fort léger du linge, des médailles bénies, quelques crucifix en cuivre et de gros souliers de villageois.

En attendant le départ de la voiture, il lisait dans un gros livre usé, recouvert de drap noir. Son sac était posé près de lui.

Pendant ce temps, le fournisseur des armées terminait quelques marchés avec les gens de la localité, et faisait mettre en ordre un grand nombre de caisses dont il couronnait l'édifice par des manteaux fourrés et de riches couvertures de voyage.

Le prêtre lisait toujours. Mes regards allaient de l'un à l'autre, et mille sentiments divers se succédaient en moi.

Le fournisseur s'approchant du prêtre lui dit avec un sourire dédaigneux : « Votre livre est donc bien intéressant, monsieur l'abbé? Vous devriez le savoir par cœur. Je n'ai lu qu'une fois Voltaire et Rousseau et j'y ai appris plus de vérités que n'en contient votre bréviaire. »

Le prêtre leva les yeux et considéra d'un regard charitable l'homme qui venait ainsi troubler sa méditation. Puis, sans répondre, il ouvrit son sac et je vis alors ce qu'il contenait. Dans un coin de ce sac si pauvre, quelques papiers étaient roulés, les uns imprimés, les autres écrits à la main. Il choisit parmi les premiers une simple feuille et la présenta au fournisseur. Celui-ci se mit à rire et s'éloigna en fredonnant.

Je pris la feuille de papier des mains du prêtre, et je lus : « Opinion de J.-J. Rousseau sur l'évangile. — La majesté des Écritures m'étonne ; la sainteté de l'évangile parle à mon cœur. Voyez les livres des philosophes avec toute leur pompe ; qu'ils sont petits près de celui-là ! Se peut-il qu'un livre, à la fois si sublime et si sage, soit l'ouvrage des hommes ? Se peut-il que celui dont il fait l'histoire ne soit qu'un homme lui-même ? Est-ce là le ton d'un enthousiaste ou d'un ambitieux sectaire ? Quelle douceur ! quelle pureté dans ses mœurs ! quelle grâce touchante dans ses instructions ! quelle élévation dans ses maximes ! quelle profonde sagesse dans ses dicours ! quelle présence d'esprit, quelle finesse et quelle justesse dans ses réponses ! Quel empire sur ses passions ! Où est l'homme, où est le sage qui sait agir, souffrir et mourir sans faiblesse et sans ostentation ? Quand Platon peint son juste imaginaire couvert de tout l'opprobre du crime, et digne de tous les prix de la vertu, il peint trait pour trait Jésus-Christ ; la ressemblance est si frappante, que tous les pères l'ont sentie et qu'il n'est pas possible de s'y tromper.

« Quels préjugés, quel aveuglement ne faut-il point avoir pour oser comparer le fils de Sophronisque au fils de Marie! quelle distance de l'un à l'autre! Socrate mourant sans douleur, sans ignominie, soutint aisément jusqu'au bout son personnage; et si cette facile mort n'eût honoré sa vie, on douterait si Socrate, avec tout son esprit, fut autre chose qu'un sophiste.

« Il inventa dit-on la morale; d'autres, avant lui, l'avaient mise en pratique : il ne fit que dire ce qu'ils avaient fait; il ne fit que mettre en leçons leurs exemples. Aristide avait été juste avant que Socrate eût dit ce que c'était que la justice. Léonidas était mort pour son pays avant que Socrate eût fait un devoir d'aimer la patrie. Sparte était sobre avant que Socrate eût loué la sobriété; avant qu'il eût loué la vertu, la Grèce abondait en hommes vertueux. Mais où Jésus avait-il pris chez les siens cette morale élevée et pure, dont lui seul a donné les leçons et l'exemple? Du sein du plus furieux fanatisme, la plus haute sagesse se fit entendre, et la simplicité des plus héroïques vertus honora le plus vil de tous les peuples. La mort de Socrate, philosophant tranquillement avec ses amis est la plus douce qu'on puisse désirer; celle de Jésus expirant dans les tourments, injurié, raillé, maudit de tout un peuple, est la plus horrible qu'on puisse craindre. Socrate prenant la coupe empoisonnée, bénit celui qui la lui présente et qui pleure. Jésus, au milieu d'un affreux supplice, prie pour ses bourreaux acharnés. Oui, si la vie et la mort de Socrate, sont d'un sage, la vie et la mort de Jésus sont d'un Dieu. »

J'avais lu à haute voix. Je me tus et le prêtre dit simplement : « J.-J. Rousseau a placé cette page dans l'*Emile.* »

A la suite de cette page s'en trouvait une autre qui avait pour titre : « Opinion de Voltaire sur l'athéisme. — Otez aux hommes l'opinion d'un Dieu rémunérateur et vengeur : Sylla et Marius se baignent alors avec délices dans le sang de leurs concitoyens ; Auguste, Antonin et Lépide surpassent les fureurs de Sylla ; Néron ordonne de sang-froid le meurtre de sa mère. Il est certain que la doctrine d'un Dieu vengeur était éteinte chez les Romains. L'athée, fourbe, ingrat, calomniateur, brigand, sanguinaire, raisonne et agit conséquemment, s'il est sûr de l'impunité de la part des hommes ; car, s'il n'y a pas de Dieu, ce monstre est son Dieu à lui-même ; il s'immole tout ce qu'il désire, ou tout ce qui lui fait obstacle ; les prières les plus tendres, les meilleurs raisonnements ne peuvent pas plus sur lui que sur un loup affamé.

« Une société particulière d'athées qui ne se

disputent rien, et qui perdent doucement leurs jours dans les amusements de la volupté, peut durer quelque temps sans trouble; mais si le monde était gouverné par des athées, il vaudrait autant être sous le joug immédiat de ces êtres informes qu'on nous peint acharnés contre leurs victimes. »

Je priai l'aumônier de me donner cette feuille de papier. « Volontiers, dit-il; je savais en partant que Voltaire et Rousseau m'attaqueraient sur le chemin, j'ai donc imité ces voyageurs d'Espagne et de la Grèce qui se mettent sous la protection des escopettes. »

Après un instant de silence, il ajouta : « Je crains que mon bagage ne soit bien léger et fort insuffisant. »

« Tranquillisez-vous, lui dis-je, Voltaire et Jean-Jacques habitent plus volontiers les villes que les camps. Leurs amis préfèrent les fournitures qui enrichissent, aux batailles qui font mourir. »

IV

Un orateur chrétien, l'illustre Fléchier a fait de l'armée française un tableau peut-être trop sombre. Cette armée, cependant, était celle de Louis XIV, armée commandée par Turenne.

Les lois du recrutement, en appelant sous le

drapeau les fils de l'artisan et du laboureur, ont ennobli les armées françaises, qui ne sont plus semblables aux bandes mercenaires que flétrissait, avec trop d'amertume, l'évêque de Nîmes.

Cependant, il faut le reconnaître, la jeunesse qui passe quelques années dans l'armée, les hommes faits qui consacrent leur vie au service militaire, ne savent pas toujours résister à la violence des passions. A côté des cœurs les plus purs se trouvent des natures rebelles au bien ; à côté des intelligences droites et sincères, sorties du foyer de la famille, se rencontrent des caractères faussés par l'éducation des ateliers. Le mal est en contact avec le bien, et la limite est si peu tranchée que l'œil le plus exercé s'y trompe très-souvent.

C'est donc dans ce milieu bruyant, tourmenté, où le travail épuise les forces, où le repos ressemble au désordre, que le prêtre vient se placer pour l'accomplissement de sa mission.

Sa vie a été silencieuse et discrète. Il a grandi dans la prière et la méditation. L'église qui l'abritait formait autour de lui une sorte d'atmosphère mystérieuse. Les antiques vitraux tamisaient la lumière et prêtaient aux rayons du soleil la chasteté d'un voile ; on ne parlait qu'à voix basse, on marchait sans bruit ; on inclinait le front vers la terre.

Il faut abandonner cette chère et douce existence, il faut s'élancer dans la carrière, vivre au milieu des tumultes, entendre mille cris confus, marcher au grand jour tantôt dans la poussière brûlante, souvent au milieu des tourbillons de neige, les pieds déchirés par les ronces, le corps brisé, l'âme endolorie. Tous les voiles sont déchirés en même temps, l'oreille entend des blasphèmes, l'œil est sans cesse blessé de spectacles lamentables. L'humanité, dans une sorte d'exaltation fébrile n'obéit plus qu'aux lois naturelles.

Lui, le simple prêtre qui, assis au chevet du vieillard mourant, avait jusqu'alors soutenu de sa plus douce parole l'âme prête à quitter la terre, il va se trouver au milieu des champs de carnage, entouré de mourants dont les corps déchirés le feront tressaillir. La mort le menacera sans cesse, et les balles, les obus et la mitraille pleuvront autour de lui pendant la confession dernière. Il saura pour l'avoir vu, que parfois l'âme du confesseur a paru devant Dieu, avant celle du mourant qu'il soutenait dans ses bras.

Le prêtre doit donc trembler à la seule pensée de quitter sa douce église. Pour quelques-uns, âmes saintes, cœurs timides mais dévoués, le sacrifice peut être comparé au martyre.

Nous avons connu un jeune prêtre, qui est mort à la peine. Elevé par une veuve pieuse et souffrante, il ne connut jamais les jeux riants de l'enfance. Le séminaire avait été pour lui une sorte de refuge. Il en sortit pour guider un petit troupeau, loin des villes, au milieu des bois. Il y vivait en paix lorsque les bruits de guerre vinrent jusqu'à lui. Il partit et ne revint pas.

Mais il eut un long et grand courage, nous dirons volontiers un saint courage. Son corps tremblait à la bataille, son regard se troublait, mais son âme dominait le corps ; il marchait dans la fournaise et allait aux blessés le front calme. Faible, il supportait les fatigues inouïes ; timide, il soutenait les courages ; mais il sentait à chaque pas qu'il marchait vers une mort prochaine. Parfois, il tombait accablé par le poids de sa croix, mais il se relevait pour faire quelques pas encore. Les soldats le considéraient comme l'enfant du régiment, ils l'aimaient tous, prêtaient l'oreille à sa voix, lui faisaient au bivac un nid dans la paille, lui versaient le vin de la gourde, et le couvraient d'un grand manteau de guérite. Il mourut au milieu d'eux, après une marche pénible. Pour mourir il se coucha au pied d'un arbre.

Pauvre victime du devoir, qui tombait comme Bayard, et que Dieu avait créée pour la douce existence des lévites.

Couché au pied de cet arbre, la tête posée sur un sac de soldat, un crucifix dans les mains, les yeux tournés vers le ciel, le jeune prêtre remuait à peine les lèvres. Son visage rayonnait de gloire et de bonheur.

Les rafales d'un vent glacial produisaient sous les voûtes de la forêt un bruit semblable aux vagues de la mer, la neige tombait en tourbillonnant et enveloppait d'un blanc linceul le corps du jeune prêtre. La tête était garantie par un lambeau de toile à tente soutenu par des fusils formés en faisceau; au loin la flamme de l'incendie tourbillonnait dans les nuages d'une épaisse fumée. A l'extrême horizon des reflets cuivrés brillaient sur la montagne; une immense nappe de neige enveloppait les plaines où, semblables à des squelettes, quelques arbres se dressaient.

Celui qui a vu l'une de ces fins sublimes ne saurait être incrédule. Les mourants exhalent comme un parfum céleste, leurs regards plongent jusque dans le ciel, leur voix résonne comme un instrument divin, exprimant les secrets de l'avenir.

Des soldats en grand nombre étaient groupés autour du prêtre, les uns debout, les autres agenouillés. Il y avait là de vieux grenadiers d'Afrique à côté de conscrits imberbes. Tous apprenaient à mourir.

Parmi ces soldats les uns donnaient des soins maternels au pauvre prêtre leur compagnon, les autres joignaient leurs prières aux siennes. Tous étaient émus, recueillis et profondément impressionnés. Cependant ils avaient vu la mort à toute heure, elle leur était familière, mais nul ne l'avait rencontrée dans sa robe virginale, sa robe de fiancée. Jusqu'alors la mort s'était montrée à ces soldats, violente ou passionnée, suppliante, ou quelquefois théâtrale..... Ils ignoraient la mort triomphante.

Peut-être, parmi ces soldats, témoins de cette fin sublime de simplicité, peut-être s'en trouva-t-il un qui fut touché pour toujours.

Le corps du pauvre prêtre repose à la lisière de la forêt, loin de son troupeau, loin de son église regrettée, loin de ces enfants qu'il avait baptisés, loin de ce cimetière qu'il bénissait à chaque deuil, loin de cette cloche qui a été muette à l'heure de son agonie.

Un soldat recueillit le livre de prières de l'aumônier; on lisait sur le premier feuillet : l'abbé Fère, curé de Saint-Vincent.

Sur le dernier feuillet du livre se trouvait tracée au crayon cette pensée de Donoso Cortés :

« Si vous considérez l'âpreté de la vie du prêtre, le sacerdoce vous paraîtra une véritable milice, si vous considérez la sainteté du ministère du soldat, la milice vous paraîtra comme un véritable sacerdoce. »

CHAPITRE II

—

LA GUERRE

Fide fortes facti sunt in bello.
C'est la foi qui les a faits courageux à la guerre.
St PAUL, *Epît. aux Hébreux*, c. XI.

I

Lorsque la guerre fut déclarée, l'armée française ne comptait que quarante-six aumôniers. Un seul prêtre pour une division de douze mille hommes n'aurait pu suffire. Les demandes étaient nombreuses et le devinrent encore plus à l'heure des désastres.

L'une de ces demandes exprime la pensée qui inspirait toutes les autres. M. l'abbé Testory, chanoine du chapitre de Saint-Denis, ancien aumônier en chef, écrivait au ministre de la guerre: « Daignez me nommer aumônier pour l'armée du Rhin ; j'accepterai la dernière place, pourvu que je puisse servir ma patrie et soigner sur les champs de bataille nos valeureux soldats. »

Tels furent les vœux de tous : servir la patrie, et soigner les soldats. Leur mot d'ordre était donc : *Ciel et France.*

Bientôt, sans nominations officielles, sans traitement, les prêtres accoururent. A Reischoffen et à Forbach, on en comptait vingt-sept sur les champs de bataille et aux ambulances.

Au commencement du mois de septembre, plus de dix mille demandes étaient arrivées au ministère de la guerre.

L'Eglise de France offrait à la patrie tous ses fils sans distinction d'ordres religieux.

Une centaine de jésuites parurent sur les champs de bataille. Après le combat de la Malmaison, l'ordre du jour citait le R. P. Tailhan dont nous parlerons.

Un autre jésuite frappé d'un éclat d'obus à la hanche fut transporté, pendant le siége de Paris, dans la maison de son ordre, rue Lhomond. Le R. P. jésuite Arnold fut tué à Laon. Un autre père blessé à Metz d'un éclat d'obus, et les pères Charles de Damas et de Renneville blessés au siége de Belfort.

Dans l'un des combats de l'armée de la Loire un prêtre emportait sur ses épaules le corps sanglant d'un soldat qui respirait encore. Des cavaliers allemands, chargèrent, foulant tout aux pieds de leurs chevaux. Le prêtre reçut un coup de sabre sur la figure. Cette noble cicatrice militaire brille à l'autel lorsque le R. P. de Rochemontaix bénit les fidèles.

Trois jésuites moururent en Allemagne au milieu des soldats prisonniers qu'ils avaient suivis loin de la patrie.

Tous les établissements appartenant à la compagnie de Jésus furent, pendant la guerre, transformés en ambulances. Les R. P. se souvinrent que leur fondateur et maître était le vaillant soldat Ignace de Loyola, l'un des grands hommes du XVIe siècle.

Nous avons vu au milieu des périls et des privations de la guerre, la robe brune du capucin. Le Mont-Valérien avait un capucin pour aumônier; les mobiles de la Sarthe étaient accompagnés d'un père capucin; nous en avons rencontré chaque jour, le corps ceint d'une corde, la tête nue, des sandales aux pieds. Ils donnaient l'exemple du courage dans la misère, ils sanctifiaient la pauvreté, honoraient l'humilité. Sous ces vêtements grossiers, battaient de nobles et grands cœurs.

Au milieu des zouaves pontificaux se trouvaient, à l'armée de la Loire, les R. P. Ligier et Gerlache de l'ordre de Saint-Dominique. Le 15 décembre 1870, nous avons vu mourir à l'ambulance du couvent, rue Jean de Bauvais, un religieux de Saint-Dominique que les fatigues de la guerre conduisaient au tombeau.

On nous dit que son nom était le R. P. Antoine.

Dans le monde, il s'était nommé le baron Armand de Layre. Ce religieux possédait le diplôme de docteur en droit. Le combat de Choisy l'avait tué.

A l'armée du Nord, deux religieux de l'ordre de Saint-Dominique, les Pères Join et Mercier, tombèrent à la bataille, mortellement atteints en administrant les soldats.

Ce n'est pas ici que nous rappellerons le martyre des dominicains d'Arcueil. Mais avant de mourir assassinés, les R. P. Captier, Cottraud, Bourard, Chatagneret, Delorme... avaient transformé leur maison en ambulance.

L'ordre des Carmes perdit à Spandau le R. P. Hermann qui n'avait pas voulu abandonner les chers prisonniers, et mourut de la petite vérole noire en soignant les soldats.

Un seul couvent de Trappistes, celui de Notre-Dame-des-Dombes, donna trente-cinq frères aux mobilisés de l'Ain. L'abbé de la Trappe des Dombes, le R. P. dom Augustin alla soigner les mobilisés atteints de la petite vérole noire. Frappé à son tour, il mourut en priant pour la France. Cet abbé dom Augustin qui avait préféré la Trappe à la vie du monde, était le marquis d'Avezac de la Douze, d'une noble et ancienne famille du Périgord. Ses ancêtres étaient morts aux croisades près de saint Louis, et lui, le Trappiste, mourait près des enfants du peuple.

Les Cisterciens de Sémanque, les frères oblats, les Prémontrés, les Chartreux fournirent des aumôniers à l'armée.

Les prêtres de l'Oratoire et professeurs à la Sorbonne se firent remarquer en Allemagne par les soins qu'ils donnèrent aux prisonniers.

Il faudrait nommer tous les ordres religieux, car tous, sans en excepter un seul, payèrent largement leur tribut au patriotisme français. Prêtres des villes, curés des campagnes accoururent de toutes parts pour cicatriser nos blessures, soutenir nos pas chancelants et consoler nos derniers moments par la puissance de leur sainte parole.

Au milieu de cette milice un homme mérite de marcher au premier rang, c'est le frère des écoles chrétiennes. Dans son orgueil, le monde l'a nommé : *Frère ignorantin.*

Où étiez-vous, doctes académiciens, savants de toutes les écoles, habiles en l'art de dire ou d'écrire? où étiez-vous, grands politiques qui gouvernez le monde et poëtes qui voulez le charmer? où étiez-vous, financiers égoïstes et vaniteux? où étiez-vous, gens du monde, sceptiques et rieurs? où étiez-vous tous à l'heure où le *frère ignorantin* tombait sur le champ de bataille en ramassant les morts?

Ah ! si l'ignorance du cloître est aussi magnifique, la science du monde aussi vaine, courbons le front et remercions Dieu de notre ignorance.

Mais, qu'on le sache, l'ignorance n'est point le partage de l'école des frères. Loin de là, leur enseignement est supérieur à celui des instituteurs, leurs leçons de morale sont préférables et leurs exemples plus salutaires.

Le 8 décembre 1870, on ramassait par charretées les morts de Petit-Bry, de Champigny et de Croisy. Les frères déblayaient la neige pour y retrouver les restes des pauvres soldats ; depuis la veille, ils n'avaient pas pris un instant de repos. Deux capitaines prussiens commandaient des soldats de leur nation, qui recueillaient les corps allemands. L'un des capitaines qui suivait d'un regard bienveillant les prodigieux travaux des frères, dit : « Nous n'avons rien vu de pareil en France. » — « A l'exception des sœurs grises, » reprit l'autre capitaine.

Nous dirons, comme le Prussien, que rien de pareil ne s'est vu en France pendant la durée de la guerre.

La nuit était venue et le froid se faisait vivement sentir. Le capitaine prussien inscrivait sur un papier le nombre de cadavres relevés et formant un monceau. Un homme enveloppé de son manteau recevait les renseignements que lui fournissaient les frères. On entendait encore le bruit des pelles et des pioches qui brisaient la glace, et la marche pesante des frères porteurs des brancards. Ils déposaient leurs précieux fardeaux, essuyaient la sueur de leur front qui ruisselait malgré le froid; ils sondaient la neige. D'un côté se trouvaient les Français morts, de l'autre les Prussiens morts. Entre ces cadavres des torches répandaient de fugitives lueurs rouges; des mots se croisaient en langue française et en langue allemande. Le capitaine prussien déclara que la dernière minute de l'armistice allait sonner. Trois coups de sifflet se firent entendre. Le capitaine qui tenait sa montre à la main l'enfonça sous les revers de sa large capote et réunit ses hommes; les frères se placèrent en rang. D'un côté se voyaient les Allemands aux casques pointus, de l'autre les frères au sombre chapeau rabattu sur le front.

Le capitaine donna ses ordres et de grandes fosses furent creusées. D'un côté on déposa les Français, de l'autre les Allemands; un frère prenait le numéro matricule de chaque Français avant de le descendre en terre. Parfois le capitaine prussien s'approchait des Francais et s'informait du chiffre qu'il notait avec soin.

Le vent de la nuit agitait la flamme des torches; souvent nous étions plongés dans une profonde obscurité, puis tout à coup des coins du tableau se trouvaient inondés de lumière. On parlait à haute voix et jamais sans nécessité. Le bruit des corps qui tombaient un à un dans la fosse retentissait à cause de la gelée. Deux frères descendus dans cette fosse replacaient les têtes et les membres. Ces deux frères aussi bien que les autres étaient couverts de neige, de sang et de boue. Presque tous avaient les mains déchirées et les vêtements en lambeaux. L'un d'eux ayant trouvé sur un soldat mort le crucifix d'un chapelet, baisa le crucifix et le replaça sur la poitrine du mort.

Ce cruel service dura longtemps. Enfin les fosses furent remplies jusqu'aux bords, on les recouvrit de terre et de neige, qu'il fallut fouler aux pieds.

Quelques tumulus furent ainsi formés. Avant de nous éloigner un frère s'avança portant une grande croix de bois noir; sur cette croix se lisaient en lettres blanches ces mots : « Ici reposent six cent quatre-vingt-cinq (685) soldats et officiers français, tombés sur le champ de bataille, ensevelis par les ambulances de la Presse, le 8 décembre 1870. »

Pendant la campagne les frères de la doctrine chrétienne ont eu dix-neuf morts.

Un jour, ils marchaient en dehors des remparts de Paris ayant à leur tête le vénérable frère Philippe âgé de soixante-dix-huit ans. Un médecin des ambulances en les voyant ainsi aller à la mort s'écria : « Ah ! soyez bénis pour tout le bien que vous faites, humbles serviteurs des enfants du peuple ! Je vous le jure, ô mes frères, vous avez la vraie science, la science de la charité, de l'abnégation et du dévouement, la science qui fait les héros, et Paris et la France, délivrés, diront que vous avez bien mérité de la patrie. »

Le 19 décembre 1870, le frère Nethelme, professeur à l'école de Saint-Nicolas, fut atteint par une balle prussienne. Après deux jours de souffrances le frère mourut.

Le frère était à peine enseveli qu'un jeune homme se présenta au frère Philippe, le supérieur.

—Je viens, dit-il, du département de la Lozère, pour prendre la place de mon propre frère Néthelme qui a été tué.

—Avez-vous le consentement de votre famille? demanda le vieillard.

— Mon père et ma mère, répondit le jeune homme, m'ont embrassé et béni avant de me laisser partir.

C'est la chevalerie dans son héroïque grandeur, dans sa sublime simplicité.

Qu'il serait admirable et redouté, notre peuple de France, si la foi de ces frères l'animait ; avec de tels courages et de tels dévouements nous n'aurions plus à craindre l'ennemi. Au dehors, comme au dedans, on se courberait devant nous par respect et par crainte. Mais de telles choses nous laissent indifférents et notre vanité nous fait refuser les leçons d'un frère ignorantin.

Le 23 décembre, à six heures du matin, un frère âgé de soixante-dix ans, conduisait un détachement des siens au docteur Ricord qui avait à Gennevilliers un grand nombre de blessés. En voyant le frère, le docteur lui demanda des nouvelles d'un autre frère blessé la veille :

— Il n'est pas mieux, docteur: nous avons peu d'espoir de le conserver.

Emu à l'aspect de ce vieillard, brisé par l'âge, le docteur Ricord lui prit la main, en disant :

— S'embrasse-t-on, chez vous ?

— Mais, répondit le vieux frère, il n'y a pas de règle pour cela.

— Eh bien ! s'écria Ricord, permettez-moi d'avoir l'honneur de vous embrasser. Vous êtes admirables, vous et les vôtres ! Portez ce baiser à tous vos frères, et dites-leur que nous les remercions tous, en notre nom et au nom de la France !

Le 2 janvier 1871, un frère des écoles chrétiennes fut tué dans le combat.

Nous regrettons de ne pouvoir redire, faute d'espace, les noms de tous les ordres religieux qui montrèrent un si grand patriotisme pendant la guerre. Mais nous devons rappeler les frères de Saint-Viateur, les frères de Saint-Gabriel et l'ordre de la charité de Saint-Jean-de-Dieu. Combien de soldats ne leur doivent-ils pas la vie !

II

Un mot de notre langue a excité des haines profondes. Ce mot a servi de prétexte à de grands crimes après avoir égaré les intelligences faibles et les esprits ignorants. C'est le mot *démocratie*.

Y a-t-il dans les institutions humaines, rien d'aussi démocratique que le frère ignorantin et le capucin?

Presque tous sont enfants du peuple et leur vie s'écoule au milieu du peuple pour le service du peuple. Non-seulement ils sont sans richesses, mais ils renoncent volontairement à posséder un objet quelconque, à parvenir à un emploi quelconque, à obtenir un avancement, une récompense, un honneur quelconque. Ils sont grossièrement vêtus, reposent sur la dure, vivent de peu, se refusent toutes les joies, toutes les consolations humaines, et consacrent leur vie à servir le peuple.

Lorsque la France est heureuse et vit en paix, ils restent dans l'ombre et le silence, mais si la patrie souffre d'une épidémie ou de la guerre, ils sortent de leur retraite et meurent pour leur prochain.

La religion le veut ainsi. Bossuet dit dans sa *Politique sacrée* (liv. I, art. VI) : « Il faut être bon citoyen, et sacrifier à la patrie dans le besoin tout ce qu'on a et sa propre vie. »

III

Pendant une froide soirée de décembre 1874, nous étions assis au milieu d'une famille bourgeoise dans la petite ville de ***. La mère avait auprès d'elle ses trois enfants, deux fils et une fille. Cette dernière, âgée d'une vingtaine d'années, lisait à haute voix une revue littéraire. Les deux fils qui paraissaient avoir trente et trente-deux ans écoutaient, les yeux fixés sur la flamme qui petillait au foyer. La mère écoutait aussi, en travaillant à sa tapisserie. L'aîné des deux frères était revêtu du costume ecclésiastique. Le visage et l'attitude du second indiquaient un soldat. Cependant un œil exercé aurait deviné que ce jeune homme n'avait été qu'effleuré par la guerre. En effet, son titre militaire ne jetait sur la famille qu'un éclat passager. Il était ancien lieutenant dans la garde mobile. Le jeune prêtre aumônier volontaire au même bataillon pendant la durée de la guerre, conservait dans le regard quelque rayon d'audace et dans les gestes une fermeté militaire.

Cette maison respirait le bonheur paisible de l'antique bourgeoisie française ; le labeur assidu, honnête, consciencieux de trois générations avait conquis une aisance honorable, la médiocrité dorée du poëte latin. La religion planait sur cette maison d'où la gaîté n'était pas exilée.

La jeune fille lisait donc, et nous écoutions le récit de la revue. Il s'agissait, croyons-nous, d'un brigadier de gendarmerie dont un misérable avait enlevé la fille unique, et qui, maître de la vie de l'assassin, le conduisait devant le juge, au lieu de se venger. L'auteur avait voulu démontrer que la discipline était plus puissante que les passions.

La jeune fille lisait cette phrase : « L'averse avait cessé, mais le sol était détrempé, et je glissais à chaque pas dans des flaques de pluie. Le vent soufflait par tourbillons. Les nuages déchirés tachetaient le ciel comme des flocons de fumée noire. La lune s'enfuyait derrière eux, et ses rayons faisaient briller comme de l'argent l'écorce des frêles bouleaux, échevelés par la rafale. Nous marchions en file... » — Les deux frères relevèrent subitement leurs têtes penchées, comme si un bruit lointain eut frappé leurs oreilles.

Le même mot s'échappa de leurs lèvres : *Yvré*. La mère et la fille écoutèrent ce récit de l'officier :

— La veille de l'occupation du Mans, le 11 janvier 1871, l'abbé Fouqueray vicaire de Monfort, était venu dans nos campements. Il apprit que le R. P. Doussot, aumônier des zouaves pontificaux avait été fait prisonnier. Il demanda la faveur de remplir son ministère. Nous marchions aussi dans la neige, le vent soufflait par tourbillons, lal une s'enfuyait, et l'écorce des bouleaux brillait comme de l'argent. Chacun de nous sentait pour ainsi dire la mort à ses côtés. Les souffrances physiques ébranlaient les cœurs les plus fermes, les sombres pensées nous dévoraient tous, mais l'honneur militaire, le patriotisme, la conscience du devoir nous soutenaient encore.

Le jeune prêtre arriva le front serein, le regard limpide. Il prit son rang dans cette marche avec une simplicité charmante.

Bientôt le terrain se couvrit de morts et de blessés. L'abbé Fouqueray alla des uns aux autres, mettant les morts à l'abri, soutenant les blessés, administrant ceux qui allaient mourir. Il recueillit ainsi les dernières paroles du capitaine de Bellevue. Une balle prussienne atteignit l'abbé Fouqueray, puis deux, puis trois. Enfin il tomba mort.

Le soir de la bataille, le corps de ce prêtre vaillant fut transporté dans l'église de Champigny.

— Il repose au cimetière de cette paroisse, ajouta l'aumônier.

— Parlez, mes enfants, dit la mère; dites-nous encore ce que vous avez vu.

Après un instant de silence, l'ancien officier reprit : C'était après la défaite du Mans. Le désordre devint tel qu'on dut abandonner les blessés sur la route. Nous étions placés dans des charrettes dont les conducteurs avaient dételé les chevaux pour fuir plus rapidement. Un colonel des mobiles de la Corrèze se trouvait sur la même charrette que moi, avec deux soldats grièvement blessés et qui tremblaient de la fièvre et du froid. Nul secours ne venait, chacun songeant à sa propre sûreté. Quelques hommes étaient passés en courant, sourds à nos supplications.

Je vis un prêtre s'avancer et s'approcher vivement de notre charrette.

— Je vous cherchais, mes frères, dit-il.

Voyant les soldats glacés et presque inanimés, il ôta ses vêtements pour en couvrir ceux qui souffraient, puis il arrêta quelques fuyards, leur adressa des prières, des reproches, des promesses , tant et si bien qu'ils suivirent le prêtre.

— Poussez à la roue, leur dit-il, et lui s'attela aux brancards de la voiture, il traîna ainsi cette charrette, avec des peines infinies, jusqu'à un village ! Là, il mendia, pour nous, des couvertures, de la paille, quelques aliments, enfin il revint avec un cheval, l'attela et nous conduisit jusqu'à l'hôpital. Ce prêtre, aumônier aux francs-tireurs de la Vendée, se nommait l'abbé Géraud.

Ce qu'il fit pendant toute cette guerre, Dieu le sait.

Pour satisfaire au désir de leur mère, le prêtre et le soldat continuèrent longtemps les récits de cette guerre. La jeune fille avait déposé son livre et la main de la mère de famille restait suspendue sur la trame. La pendule sonnait les heures, la flamme brillait toujours dans l'âtre et la nuit s'avançait. Nous écoutions ces histoires, petites aux yeux des hommes, et grandes aux yeux de Dieu, que les historiens ignoreront peut-être et qui seront ensevelies dans l'oubli.

Mais ces histoires intimes doivent être conservées au foyer des familles comme de pieuses reliques. Elles nous viennent d'une veillée, puissent-elles être conservées par les veillées.

Voici ce qui fut dit à la mère et à la fille par les deux hommes de la famille, le prêtre et le soldat :

Un aumônier de l'hôpital militaire du Val-de-Grâce, l'abbé de Beuvron, a parlé de Reischoffen, notre héroïque défaite. Il y était en qualité d'aumônier, comme il fut plus tard à l'armée de la Loire.

Le 6 août 1870, 30,000 Français combattirent 150,000 Allemands ; lorsqu'il fallut battre en retraite, les Français laissèrent 5,000 morts, 5,000 blessés et 5,000 prisonniers entre les mains de l'ennemi.

M. l'abbé de Beuvron fut chargé de l'ambulance de l'église et de la mairie de Frœschwiller. Un jeune vicaire de Reischoffen, l'abbé Yung vint aider l'abbé de Beuvron. Les deux prêtres se mirent à l'œuvre. L'église servant au tir de l'artillerie prussienne, les projectiles tombaient autour des blessés. Un obus éclata dans le sanctuaire près du prêtre qui bénissait les mourants. Ce prêtre, jugeant que tout allait s'écrouler, invita les présents à un acte de contrition et donna l'absolution générale. Peu d'instants après les Prussiens arrivèrent dans le village. L'abbé de Beuvron qui se trouvait sous un hangar avec des blessés, s'avança au-devant de l'ennemi et, se plaçant devant la porte, voulut protéger les pauvres soldats.

Un Prussien dirigea le canon de son fusil sur la poitrine du prêtre. Celui-ci montra sa croix d'aumônier et fit signe de relever le fusil. Surpris de ce courage aussi simple que fier, le grenadier prussien se plaça devant l'ambulance.

Cependant le feu dévorait le clocher de l'église qui allait s'écrouler sur les blessés.

L'aumônier fit enlever le tabernacle, et saisissant un brancard, sauva les blessés. A peine le dernier était-il à l'abri que la toiture de l'église s'effondra. Les Prussiens considéraient froidement ce spectacle, et, d'un regard hébété, assistaient à ces grands sacrifices.

Les mourants demandaient un verre d'eau, mais les Allemands gardaient les quatre puits. Le prêtre, une gourde à la main, s'approchait des factionnaires et les suppliait de lui accorder quelques gouttes d'eau, dont il mouillait les lèvres des plus souffrants. Les sacs des morts fournirent quelques débris de biscuit, on fit bouillir la chair saignante des chevaux abattus, et l'aumônier put soulager de cruelles souffrances. Cette existence dura quatre jours.

« Le lendemain de la bataille, dit l'abbé de Beuvron, je fus témoin d'une scène atroce, où le génie prussien se manifestait tout entier. Dans l'après-midi, le pasteur protestant vint m'avertir que quinze malheureux paysans alsaciens allaient être fusillés pour avoir, disait-on, mutilé des soldats prussiens.

« Le ministre avait été solliciter leur grâce auprès du général; mais il n'avait rien pu obtenir, et il me priait d'aller faire à mon tour une nouvelle tentative en faveur de ces infortunés. Je partis sur-le-champ.

« Le général était au bivac; il me reçut assez durement et me dit qu'il était inutile d'insister davantage, que les quinze coupables allaient être fusillés sans délai.

« — Mais au moins, général, ajoutai-je, je suis prêtre catholique, permettez-moi d'aller porter les secours de mon ministère à ceux qui appartiennent à mon Eglise.

« — Oh! oui, monsieur, allez; et il me donna un planton pour me conduire auprès des condamnés. Le trajet ne fut pas long. A quelques pas de là, dans le même champ, quinze paysans parmi lesquels des enfants de quatorze ans et des vieillards de soixante ans, étaient attachés les mains derrière le dos à une grosse corde qui les maintenait tous sur une même ligne. Quand ils m'aperçurent, ils tombèrent à genoux en poussant des cris déchirants; je ne savais pas l'allemand, et nul d'entre eux ne comprenait le français... Je leur fis signe, en montrant le ciel, de mettre en Dieu toute leur confiance; puis, étendant la main, je prononçai sur eux les paroles de l'absolution. Je m'éloignai le cœur navré... »

L'abbé de Beuvron, qui a passé quinze ans de sa vie dans l'armée, au milieu des soldats, émet une opinion qui mérite de fixer l'attention de tous : « C'est le curé de campagne, qui fait la France catholique. » Puis, M. de Beuvron ajoute : « Aujourd'hui cette vérité est devenue pour moi si évidente que je voudrais la crier sur les toits. Le curé de village! cet homme simple, modeste, franc, généreux, qui ne vit que pour le troupeau dont il a la garde, c'est le père de famille au milieu de ses nombreux enfants! Nos petits soldats le savaient bien ; aussi à chaque étape, le presbytère ne désemplissait pas, on entrait sans cérémonie comme dans sa maison. « Monsieur le curé, voulez-vous me laisser prendre de l'eau? — Prenez, mes enfants. — Monsieur le curé, voulez-vous me donner des allumettes? — Voilà, mes enfants. — Monsieur le curé, voulez-vous me donner un peu de bois, des pommes de terre, un peu de pain? — Tenez, mes enfants. » Et le bon curé, donnait toujours, et donnait tout..... »

IV

Il était plus de minuit. La mère et la jeune fille écoutaient les voix chéries de ces deux hommes dans la force de l'âge, l'un soldat du Christ, l'autre défenseur de la sainte patrie. J'écoutais aussi ces récits faits sans ordre, et qui étaient pour moi, l'éclatant témoignage de la grandeur du christianisme. Il fallut se séparer jusqu'au lendemain.

Les deux fils de la maison reprirent leurs récits. A la bataille de Sedan, les habitants du bourg de Bazeilles se battirent pour la défense de leurs foyers. Le curé, vieillard à cheveux blancs, soutint les courages, encouragea la résistance, et se montra l'homme fort de l'Evangile. Lorsque le village fut pris, les Prussiens promenèrent la torche par les maisons et fusillèrent un certain nombre d'habitants.

Au milieu des décombres fumants de son village, le curé de Bazeilles se vit traîner devant un conseil de guerre. Il se défendit énergiquement et défendit les paysans.

Le conseil de guerre condamna le curé à la peine de mort.

Le correspondant du journal anglais *le Times* qui suivait l'armée saxonne, a écrit ceci : « Il y a un homme que, depuis Sedan jusqu'aux batailles devant Paris, j'ai vu constamment suivre les traces des blessés. Il n'a ni voiture, ni cheval, mais le bourdon à la main, il suit le cours de la bataille, et, avec l'élégance parfaite d'un homme bien élevé et la tendresse d'une femme, il apporte aux mourants des consolations. C'est un prêtre français, bénédictin. Je ne sais combien de fois je l'ai rencontré dans sa mission de charité. L'autre jour il s'est présenté tout d'un coup, près du champ de bataille, pour me demander où se trouvaient les blessés. Il avait fait à pied le matin, environ 20 milles (30 kilomètres.) Aucun gouvernement ne le paie : c'est un volontaire dans la meilleure acception du mot. Tout témoin de ses efforts fait des vœux pour que Dieu lui donne la récompense dont il est digne. Il est à la fleur de l'âge, c'est un bel homme, d'un air distingué, à manières pour ainsi dire princières. »

Cet homme est passé sans dire son nom et même sans laisser sur le sol la trace de ses pas. Un étranger l'a remarqué et a été frappé de sa grandeur, de son dévouement, de sa distinction. Cet étranger nous dit que l'inconnu était bénédictin. Cela se peut; il nous suffit de savoir qu'il était prêtre. Sans doute sa place dans le monde avait été belle et brillante, sa fortune considérable et son instruction remarquable. Nul ne le sait. Avant la guerre, il se tenait dans l'ombre, après la guerre, il rentra dans son obscurité. Cet homme ne quitta sa retraite que pour le service du ciel et de la France.

Peut-être dans quelque campagne lointaine, au fond d'une vallée, un pauvre paysan, soldat de Sedan, se souvient-il que le soir de la bataille, un inconnu l'emporta dans ses bras et lui rendit la vie. Après des soins maternels l'inconnu, voyant le soldat hors de danger, s'éloigna en glissant dans son sac la moitié de sa bourse.

Ce sont là des secrets entre le ciel et la terre. L'inconnu était un envoyé de Dieu, il a rempli sa mission, et il n'est pas impossible qu'au terme de la dernière bataille, l'homme de Dieu ait reçu la mort comme le couronnement d'une vie de sacrifice.

Cet inconnu nous en rappelle un autre.

Le jour de la bataille de Forbach, une brigade d'infanterie composée des 7e et 29e de ligne, et qui était commandée, croyons-nous, par le général Potier, vit près d'elle un homme jeune encore, vêtu d'une sorte de tunique noire et d'un pantalon de même couleur, qui donnaient à l'ensemble du costume un sombre aspect militaire. Coiffé d'un képi noir sans ornements et armé d'un fusil richement orné, objet de luxe s'il en fut, cet homme à la physionomie franche, au fier regard, à ladémarche assurée, garda le silence et se tint à l'écart jusqu'au moment où la brigade fut engagée. Toujours en avant, le volontaire accomplit des prodiges. Il y eut un instant d'hésitation et on le vit se précipiter en avant, le fusil haut, nu-tête et les cheveux épars. La mêlée fut sanglante, et son corps fut retrouvé au milieu des cadavres; deux balles lui traversaient la poitrine, une troisième avait brisé le front.

Nul, ni dans le pays, ni dans l'armée, ne connaissait ce volontaire d'un jour. On ne l'avait pas vu la veille. Le matin seulement il était apparu aux sentinelles du bivac lorsque le brouillard s'élevait.

On le dépouilla de ses vêtements, et le linge, d'une extrême finesse, n'avait point de marque. Ses poches étaient vides, seulement sa bourse contenait une somme considérable en or. Une large médaille chrétienne était suspendue à son cou par un cordon de soie. Autour de son bras gauche un chapelet aux grains noirs s'enroulait depuis le coude jusqu'au poignet.

Il fut enseveli avec les soldats tués près de lui.

Celui-là aussi était un inconnu. Jamais on ne saura ni son nom ni sa vie. A-t-il voulu, par un suprême sacrifice, racheter ce nom, purifier cette vie ? est-ce le repentir, le désespoir, le patriotisme qui l'ont amené là pour sourire à la mort, l'appeler à lui et se jeter dans ses bras ?

Quel que soit le motif de cette fin mystérieuse, l'inconnu était un croyant.

Un aumônier missionnaire, M. l'abbé Meissas, chapelain de Sainte-Geneviève, raconte ainsi une scène qui se passa le 16 août 1870, à Rézonville, vers onze heures du matin. « Parfois ce n'est ni une parole, ni même un geste qu'il faut pour soulager la souffrance. Je me rappelle un soldat, de ceux qui se trouvaient dans la maison du coin de la rue de l'Église. Il avait une des plus atroces blessures que j'aie vues durant cette guerre et pourtant j'en ai tant vu. Le chirurgien était penché sur lui, pressant de ses mains ensanglantées des organes entièrement dépouillés de leur peau pour les forcer à reprendre leur place. La seule vue de cette opération faisait frémir. Aussi le malheureux blessé, la tête renversée sur le sol, les traits pâles et contractés, les bras tordus, poussait-il des cris affreux. Je m'approchai de lui, je m'agenouillai, puis je me mis à soulever sa tête, à la soutenir de la main gauche, tandis que de la main droite je lui tenais les bras, ou bien je faisais sur son front et sur ses joues mouillées d'une sueur froide, de ces petites caresses qu'on prodigue aux enfants malades. Mais je ne lui parlais pas, et mon regard attaché sur le sien lui disait seulement combien je souffrais de sa souffrance. Cela suffit pour le calmer tout à coup ; et, bien que le chirurgien continuât toujours son atroce besogne, il cessa de crier. Au bout de quelques instants, la fatigue m'ayant fait faire un mouvement pour me mettre dans une position un peu plus commode pour moi, sans que lui dût s'en trouver plus mal, il crut que je voulais le quitter.

« — Je vous en supplie, s'écria-t-il, ne vous en allez pas ! Cela me fait tant de bien de vous voir là !

« Je restai en effet jusqu'à la fin de l'opération, après laquelle, la tête placée sur une espèce de coussin, il tomba dans ce lourd sommeil dont les crises douloureuses sont habituellement suivies. »

On voit donc que le ministère du prêtre ne consistait pas seulement à répandre la parole divine, il servait de mille façons, par l'exemple, par la prière et même par le silence.

L'aumônier rappelait souvent le discours de Fénelon sur les missionnaires : « Ni les sables brûlants, ni les déserts, ni les montagnes, ni les distances des lieux, ni les tempêtes, ni les écueils, ni l'intempérie de l'air,..... ne peuvent arrêter ceux que Dieu envoie..... Qu'ils sont beaux les pieds de ces hommes qu'on voit arriver du haut des montagnes, annoncer les biens éternels..... Les voici ces nouveaux conquérants qui viennent sans armes, excepté la croix du Sauveur, ils viennent non pour enlever les richesses et répandre le sang, mais pour offrir leur propre sang et communiquer le trésor céleste... »

Oui, souvent les aumôniers furent semblables aux missionnaires. S'ils n'ont pas trouvé sur leur route les peuples de l'Orient, leur douleur a été sans mesure en découvrant une incrédulité plus fatale que l'ignorance. Ils ont vu, avec une amertume sans nom, que des enfants de la France n'avaient même pas appris la religion chrétienne, ils ont trouvé des terres incultes, des consciences rebelles, des orgueils insensés. Chez certaines natures vierges, l'initiation a pu se faire sans trop de peine, mais lorsque le cœur était perverti, lorsque l'intelligence restait enveloppée de ténèbres, lorsque les âmes n'avaient plus de ressort, alors il fallait que l'aumônier fît place au missionnaire, il fallait lutter énergiquement contre l'erreur, en un mot il fallait convertir.

Ce fut là, peut-être, la tâche cruelle de l'aumônier. A force de patience, de soins, de dévouement, d'abnégation, il fit respecter son habit. La confiance succéda au respect.

Dans le *Journal d'un aumônier militaire*, à la date du mercredi 31 août 1870, nous lisons cette page :

« L'entrée du chemin de Servigny est barricadée par des arbres abattus. Servigny est en flammes... Guidé par le bruit d'un râlement, j'arrive derrière une haie. Là je trouve un pauvre jeune homme qui s'écrie tout d'abord :

« — Ah ! c'est vous, monsieur l'aumônier ! Oh ! que le bon Dieu soit béni de vous avoir envoyé ici ! Vite donnez-moi les derniers sacrements ! Vite, je vais mourir.

« Après l'avoir absous, après avoir fait sur son front cette unique onction de l'huile sainte à laquelle le manque de temps me force de réduire l'administration du sacrement des malades, il faut le quitter.

« Comprenez-vous ? Le laisser dans la nuit humide et froide, à écouter le bruit de mes pas qui vont s'éloigner, à se dire qu'il n'entendra plus une voix qui le console, qu'il ne serrera plus une main amie et que la mort va venir ! Et cela pendant que moi je me dirai que si le sang qu'il perd avait été arrêté à temps si des soins convenables lui avaient été donnés, peut-être il eût vécu ! ou plutôt, non, il faut être vrai : pendant que je vais cesser forcément de penser à lui pour penser à d'autres !

« — Allons, mon pauvre enfant, du courage ! vous avez l'âme en paix, c'est le principal ; mais je voudrais faire davantage pour vous. Je tâcherai de revenir ou d'envoyer de ce côté des camarades qui vous transporteront à l'ambulance, où vous serez bien soigné. En attendant, hélas ! il faut que je vous quitte ; je voudrais bien pouvoir rester près de vous ; mais vous entendez : il y en a d'autres que vous qui gémissent.

« — Oh ! oui, oui, allez ; ils ont besoin de vous

comme moi, portez-leur aussi les derniers sacrements ; qu'ils meurent aussi heureux que je vais mourir !

« Et il m'étreignit la main avec transport, puis il la lâchait aussitôt comme pour me faire partir plus vite. En m'éloignant, je réussis à renfoncer mes larmes... »

Le bon aumônier avait à peine fait quelques pas dans l'obscurité qu'il rencontre un soldat, ordonnance du lieutenant Trappier du 59e de ligne. Le lieutenant est là, dans une vigne, mortellement atteint. Le soldat conduit le prêtre près de son officier qui, avant de mourir, veut recommander ses sœurs à l'aumônier. Le prêtre donne d'abord au mourant les secours de la religion, puis tirant son portefeuille pour écrire, il invite le soldat d'ordonnance à frotter une allumette. A peine la faible lueur de la flamme a-t-elle brillé dans l'obscurité que des coups de fusil se font entendre et les balles sifflent autour de ces trois hommes. La flamme s'éteint et, de sa faible voix, l'officier dit à l'aumônier de se coucher près de terre.

Pendant un quart d'heure les balles prussiennes continuèrent à pleuvoir. Ces trois hommes, le prêtre, l'officier et le soldat, étendus dans la boue, sentaient l'air agité sur leurs têtes par les projectiles qui se succédaient sans interruption. Le vent de la balle agitait leurs cheveux, et de seconde en seconde des lambeaux de branches de vigne, tombant sur eux, prouvaient combien les balles rasaient le sol.

Enfin le feu cessa et le prêtre dut s'éloigner. « Mon Dieu! mon Dieu, dit le lieutenant Trappier, vous veillerez sur mes sœurs. »

Un capitaine de chasseurs à pied nous a raconté ceci : Je venais d'être apporté à l'ambulance établie dans une grange. Le nombre des blessés augmentait de minute en minute, et les deux chirurgiens ne pouvaient suffire ; on les appelait de tous côtés, mais le tumulte était si grand que les gémissements se perdaient pour ainsi dire dans une immense clameur qui exprimait toutes les souffrances humaines. Deux artilleurs entrèrent portant un prêtre sur un brancard. Sa tête, entourée d'un mouchoir ensanglanté, son visage pâle, ses yeux fermés, ses lèvres entr'ouvertes et agitées, indiquaient assez qu'il avait été atteint par un projectile.

Les artilleurs déposèrent le prêtre sur la paille humide de l'ambulance et s'éloignèrent en silence.

N'ayant qu'une balle dans l'épaule, je pouvais marcher sans trop de peine. J'allai donc vers ce prêtre qui portait sur la poitrine une croix de drap rouge sur fond blanc. Je soulevai sa tête, et prenant de l'eau dans un bidon, je frictionnai ses yeux et ses joues.

Il ne tarda pas à reprendre ses sens et porta

la main à son front, promenant autour de lui des regards étonnés.

J'appelai l'un des chirurgiens qui examina la blessure. Une balle avait contourné le crâne. Le pansement fut prompt. Pendant l'opération l'aumônier priait les mains jointes.

Après m'avoir remercié, il se leva et s'appuyant sur une fourche abandonnée dans cette grange, il fit quelques pas. Je remarquai que la bande qui entourait sa tête rougissait peu à peu ; le sang coulait. Bientôt ce sang glissa comme des larmes sur le visage du prêtre ; j'avertis le chirurgien qui me répondit : « Ce n'est rien. »

Le prêtre fit encore quelques pas, se dirigeant vers les blessés.

J'allai reprendre ma place sur la paille, sans perdre de vue ce prêtre qui d'un moment à l'autre pouvait tomber évanoui.

Je le vis s'agenouiller près de ceux qui souffraient le plus ; il leur prenait les mains et leur parlait à voix basse. Les pauvres soldats blessés le considéraient avec des yeux baignés de larmes. Sa parole semblait les consoler tous.

Parmi ces soldats, l'un avait la mâchoire brisée et le bas du visage était entouré de bandages. C'était un vieux dragon, dont on ne voyait que les yeux étincelants. Il écoutait les paroles du prêtre avec une joie qu'exprimait son regard. Voulant changer de position, le dragon souleva sa main droite fendue par un coup de sabre. Il ne l'avait pas montrée au chirurgien. Le sang s'était figé et ne coulait plus de cette blessure couverte de terre, mais l'effort que fit le cavalier ouvrit la veine. Le prêtre appela par signe le chirurgien qui revint sur ses pas. Pendant qu'il prenait dans une boîte la compresse et la bande nécessaires au pansement, le prêtre soutenait le bras du soldat ; alors je vis tomber du front de l'aumônier deux grosses larmes de sang, elles glissèrent lentement sur ses joues pâles, et tombèrent sur la main du dragon.

Le sang du prêtre s'était mêlé au sang du soldat. Ce qui se réalisait depuis longtemps dans le monde idéal venait de s'accomplir dans le monde matériel.

Lorsque j'eus vu cette chose, je fermai les yeux, et sous ce toit de chaume entouré de morts et de mourants, incertain du lendemain, loin de la famille et des amis, je me sentis saisi d'un frisson religieux. J'évoquai les pieux souvenirs de l'enfance chrétienne. Je revis ma mère, la sainte femme, nous enseignant la prière ; je revis le vieux curé de mon village montrant le catéchisme aux enfants ; je revis mes beaux habits de la première communion ; — puis des nuages obscurcirent mes souvenirs. La jeunesse était venue, puis la caserne, puis la guerre, et l'âme s'était voilée...

Le voile se déchirait dans cette grange lointaine. Ces gouttes de sang du prêtre et du soldat, ouvraient pour moi tous les célestes horizons.

Le R. P. de Bengy, l'un des martyrs de la rue Haxo, a publié une lettre où se trouve ce souvenir : « Je m'approchai, à l'ambulance, du lit d'un jeune soldat breton, blessé au cou, de manière à effrayer au premier abord, et à donner de sérieuses inquiétudes. Voulant relever son moral, je lui dis : Soyez bien tranquille, cher enfant ; je viens de consulter les docteurs, ils affirment que votre blessure est sans gravité. A ces mots le jeune campagnard fixa sur moi ses regards avec un sentiment indicible de douceur et de résignation : Mais je veux bien mourir, me dit-il, — puis il ajouta : Mais, non, je n'ai pas encore assez souffert pour le mériter. »

Sortie de la bouche d'un homme habitué aux plus graves méditations, cette parole serait magnifique. Mais dite par un villageois, elle mérite d'être reportée à celui qui est la lumière de tout homme venant en ce monde, et qui seul peut donner aux petits et aux simples de pareilles lumières, seul est capable de leur inspirer d'aussi sublimes pensées, et d'aussi magnifiques sentiments.

M. l'abbé de Marhallach, d'une ancienne famille du Finistère, avait quitté sa belle résidence du Pérénou pour accompagner à Paris, en qualité d'aumônier, le bataillon des mobiles de Quimper. La première fois que ce bataillon marcha au feu l'aumônier fit agenouiller les Bretons sur le champ de bataille et, après les avoir bénis, se plaça en avant du premier rang, et prit le pas de charge. Un général, voyant ce prêtre ainsi exposé, accourut au galop et, d'un ton fort rude, fit observer à l'abbé que ce n'était pas sa place. A l'instant même l'ennemi commença une vive fusillade, et les vêtements du prêtre furent percés de balles.

Le général qui venait de s'approcher tomba dans les bras de l'aumônier : « Vous voyez bien, mon général, que je suis à ma place, puisque ma place est partout où il y a des blessés. » Telle fut la réponse du prêtre. Il fit transporter le général à l'ambulance.

Mis à l'ordre du jour de l'armée pour d'autres actes de courage et d'humanité, l'abbé du Marhallach reçut la croix de la Légion d'honneur, malgré sa modestie bien connue. A son retour en Bretagne, l'abbé refusa l'évêché de Quimper qui lui fut offert. Envoyé à l'Assemblée nationale par ses compatriotes, il ne tarda pas à donner sa démission pour se consacrer dans la retraite aux soins de la charité.

Le P. Tailhan de la compagnie de Jésus, ancien missionnaire au Canada, avait désiré être attaché au 7ᵉ bataillon des mobiles de la Seine en qualité d'aumônier. Il y fut bien accueilli par tous, officiers et soldats. Son esprit et son courage exercèrent une séduction irrésistible.

Au combat de Buzenval, le P. Tailhan ayant perdu son bataillon se joignit aux mobiles de Seine-et-Marne et courut au feu avec ce bataillon.

Le premier de tous, il fut atteint d'une balle qui lui fit une large blessure à la tête. Entouré par un grand nombre d'officiers et de soldats qui voulaient le faire conduire à l'ambulance, car le sang coulait à flots, le jésuite répondit : « Ce n'est rien. Une blessure à la tête n'empêche pas de marcher. Je resterai ici tant qu'un soldat pourra avoir besoin de mon ministère. »

La tête du prêtre fut entourée d'un mouchoir, bientôt rouge de sang, et l'on vit ce jésuite demeurer sous le feu, allant aux blessés pour les secourir ou les bénir.

Ce dévouement faillit coûter la vie au P. Tailhan, car un érésipèle se déclara quelques jours après, qui mit ses jours en péril. Le Père fut mis à l'ordre du jour de l'armée.

Si nous étions peintre, nous trouverions là le sujet d'un tableau que nous offririons aux P. P. jésuites de la part des soldats reconnaissants.

V

Nous étions de nouveau réunis dans le salon de la mère de famille. Les deux fils poursuivaient leurs récits, interrompus par de longs silences.

Mes yeux s'arrêtaient parfois sur un portrait suspendu à la droite de la cheminée et qui représentait un colonel d'infanterie en uniforme du second empire. Il me semblait que son regard se fixait sur nous et que nos paroles arrivaient jusqu'à lui. Cette physionomie grave et douce, ce front chauve, cette dignité bienveillante, appartenaient bien au soldat. La profondeur du regard et le relief ciselé des traits, auraient aussi bien pu représenter une tête de moine. J'avais déjà remarqué ce rapprochement dans la figure du général Drouot, tant il est vrai que le sacrifice imprime son divin cachet sur la physionomie de l'homme.

Ce chef de famille, ce colonel avait été enseveli sous les remparts de la tour Malakoff, laissant à la France trois enfants, une fille pour la prière, un fils pour la prédication, un autre pour la défense du pays.

Depuis quelques instants nous nous taisions, assaillis par mille pensées diverses.

Le prêtre interrompit la méditation en disant d'une voix lente : Mère, nous pourrions multiplier longtemps encore ces récits de nos campagnes, mais pourquoi dévoiler ce que Dieu a voulu cacher dans le tumulte des combats, dans la solitude des bois, dans l'immensité des vastes plaines couvertes de neige? Ne connaît-on pas la charité de l'aumônier et le courage du soldat?

Craignons qu'en jetant une trop vive lumière sur des œuvres bénies de Dieu, l'orgueil ne se glisse dans nos cœurs.

Ce serait un crime à nous, d'être orgueilleux de nos pensées, de nos paroles ou de nos actes.

Depuis longtemps la religion nous avait couverts de son armure. La pratique du devoir quotidien, le respect de l'autorité, l'amour de l'ordre, l'esprit de sacrifice, nous avaient dès l'enfance préparés à toutes les épreuves. Il n'était pas de fardeau trop lourd pour nos épaules habituées au poids de l'obéissance passive, il n'était pas de joug trop dur pour nos fronts que la main capricieuse de l'opinion publique n'a pu courber.

Nous ne pouvions que faire ce que nous avons fait; un bras invisible nous soutenait, un souffle divin nous animait, une étoile céleste nous guidait à travers les ténèbres. Sentinelles fidèles et vigilantes, nous exécutions notre consigne qui ne venait ni des hommes ni de la terre.

Ne croyez pas, mère chérie et vénérée, que

nous ayons mérité une page glorieuse dans l'histoire de ces temps d'affliction. Nous ne sommes que les obscurs serviteurs d'une grande cause.

Cette grande cause est celle de la France, fille aînée de l'Eglise, mais en même temps héritière de longs siècles pleins de magnificence.

Si Dieu a voulu lui envoyer de cruelles épreuves, si même le châtiment s'est fait sentir, oh ! croyez-le, il n'y a pas eu abandon.

Le mal a triomphé, il a pris toutes les formes, et l'on a pu croire que la croix des chrétiens allait disparaître. Alors, Dieu a suscité quelques-uns de ses serviteurs qui, par leur seule présence, ont protesté contre le mal. Ils ont représenté la France catholique, le crucifix ou l'épée à la main.

Savez-vous, chère mère, ce que nous avons fait de mieux ?

C'est de prouver que la religion fortifie le cœur et donne du courage. Les croyants se sont montrés mieux disciplinés, plus énergiques et bien autrement braves que les incrédules. Donc la patrie trouve une meilleure protection dans l'homme religieux que dans l'indifférent ou l'impie. On peut dès lors avoir la certitude que le patriotisme est inséparable de la religion.

Il serait facile de le prouver par le raisonnement, mais nous préférons maintenant des exemples.

Toute l'armée d'Afrique connaissait le général Renaut, qui avait reçu le surnom de *Renaud de l'arrière-garde*, parce qu'il soutenait les retraites avec une éclatante bravoure.

Nous l'avions vu souvent au feu, le regard perçant, le geste prompt, la parole vive. Le sang qui bouillonnait dans ses veines agitait tout son corps, il semblait ne plus toucher à la terre. Sa figure maigre et pâle était éclairée par une flamme intérieure. Le parfum de la poudre l'enivrait, il respirait ce parfum avec un visible bonheur.

Pendant le siége de Paris, le général Renaut, sénateur de l'empire, commandait le 1er corps de la 2e armée.

A la bataille de Champigny un éclat d'obus le renversa. Les frères des écoles chrétiennes le relevèrent et il fut transporté à l'hôpital Lariboisière. En arrivant, le blessé demanda une religieuse. L'aumônier ne tarda pas à venir. En le voyant, le général lui tendit la main et son regard exprima le contentement. Puis, sans attendre une question du prêtre, le blessé dit à haute voix :

« Je crois en Dieu le Père, le Fils et le Saint-Esprit... J'ai confiance dans les prières de ma sœur qui est religieuse à Tours ; oh ! oui, elle prie pour moi..... »

Le général se tut et promena un long regard autour de lui ! ses yeux s'arrêtèrent sur une image de la sainte Vierge... « Oh ! oui, je l'aime et je l'invoque, » s'écria le blessé.

La mort était prochaine, le général intrépide au feu, brillant aux combats, brave entre les braves, demanda le crucifix qu'il pressa sur ses lèvres pendant l'extrême-onction.

Autour de son lit les assistants priaient et les religieuses agenouillées tenaient en mains leurs chapelets. Le général interrompit le silence et dit : « Oui, priez pour moi, priez pour la France;.... je meurs pour la France. »

Le général Blaise fut tué au combat de la Ville-Evrard pendant le siége de Paris. La veille de sa mort, il avait écrit sur son agenda : « De sombres préoccupations m'assiégent et m'empèchent de dormir. Que Dieu protége la France, ma famille et moi. » Ces lignes ne furent lues qu'après sa mort le 22 décembre 1870.

Le général de Sonis, blessé à la bataille de Patay, subit l'amputation d'une jambe. Il avait déployé une admirable bravoure en entraînant les zouaves pontificaux. Agé de quarante-six ans et père de dix enfants, M. de Sonis était soutenu par la religion et les sentiments chevaleresques. Trois de ses fils servaient comme soldats en 1870; le plus jeune n'avait pas seize ans.

Voici quelques lignes écrites par le général de Sonis et qui donnent la mesure de son grand cœur de Français et de chrétien :

« Lorsque Dieu se mêle de donner des leçons,

il les donne en maître. Rien ne manque à celle que la France reçoit en ce moment. »

— « Pour nous, ne parlons pas ; mais demandons à Dieu qu'il ne nous abandonne pas, et qu'il nous fasse la grâce de savoir mourir comme un chrétien doit finir, les armes à la main, les yeux au ciel, la poitrine en face de l'ennemi, en criant : Vive la France ! »

— « En partant pour l'armée, je me condamne à mort, Dieu me fera grâce, s'il le veut ; mais je l'aurai tous les jours dans ma poitrine, et vous savez bien que Dieu ne capitule jamais, jamais. » En vérité si la France eût eu beaucoup de fils ainsi trempés, notre salut se serait accompli.

Soyons indulgents pour l'ignorance et réservons notre mépris pour la mauvaise foi. La bonne éducation est seule capable de mettre au cœur de l'enfant et du jeune homme des germes de croyances religieuses. L'expérience de la vie, les chocs de la société font plus tard sortir de ces germes les fleurs et les fruits qui charment et consolent.

Cette éducation chrétienne ne se trouve qu'au foyer des familles qui respectent les traditions.

Mais au milieu du tourbillon qui entraîne la société française vers les précipices, les liens de la famille se sont affaiblis comme les autres liens ; les croyances, cet héritage moral des générations, se sont envolées à tous les horizons.

Une ignorance épaisse et lourde, s'alliant aux vanités les plus puériles, a composé cette jeunesse languissante et sceptique, rieuse dans son épuisement, qui ne croyant ni à Dieu ni à la patrie, a le bras trop faible pour la croix ou pour l'épée.

Combien n'en avons-nous pas vu pendant la dernière guerre qui, la veille si menaçants, venaient confier aux agents du recrutement le secret d'infirmités survenues tout à coup. L'un avait la vue faible, et l'autre une faible poitrine. Ils ne savaient pas, les malheureux, que ce qu'il y avait de faible en eux, c'était le cœur, c'était l'âme, c'était aussi l'esprit.

Ils mendiaient des places de commis aux écritures; ils aspiraient aux honneurs et aux profits des fournitures; ils se précipitaient dans les antichambres, sollicitant la livrée des laquais. Tout leur était bon, qui pouvait préserver de la balle et de l'obus.

Pendant ce temps, mais ailleurs, des mères bénissaient leurs fils et les envoyaient au-devant de l'ennemi; des épouses armaient leurs jeunes époux et les donnaient à la patrie; des vieillards reprenaient leur armure d'autrefois. L'on voyait sur les grands chemins des hommes du monde, aller, sac au dos, les pieds ensanglantés, du côté où le canon faisait entendre sa grande voix.

Ces mères, ces épouses, ces enfants, ces vieillards, se nommaient de Chevreuse et de Luynes, de Chaulnes et de Sabran... Mais respectons les mystérieux sacrifices, et bornons-nous à rappeler que Charles de Luynes fut tué par un obus ; son frère Paul de Chevreuse avait été blessé la veille.

Tous aimaient la France, parce que l'éducation de la famille leur avait appris ce qu'était la France. Autour de leurs berceaux des voix avaient murmuré les grandeurs de la patrie et les magnificences de l'Eglise. Ils avaient grandi au milieu des nobles souvenirs. On ne leur avait pas enseigné l'autorité, le respect, la hiérarchie, le dévouement, la charité : tout cela vivait autour d'eux, et ils respiraient, pour ainsi dire, l'honneur et la foi.

Peut-être s'en est-il trouvé parmi eux que l'Université n'eût pas couronnés des lauriers académiques ; mais lorsque la patrie fut en danger, ils ne demandèrent ni à Cicéron ni à Démosthènes des exemples de courage.

Il y avait dans l'armée française en 1870, un jeune officier qui avait trente ans à peine. Après avoir fait les campagnes de Chine et de Cochinchine, il défendit la papauté au combat de Mentana. Puis il se distingua à Wissembourg, à Reischoffen et à Sedan. Prisonnier de guerre, il put s'échapper pour le service de la France. Cet officier se nommait de Boissieu. Le 10 octobre il partait de Bourges revenant d'Allemagne, et le 11 il tombait mort sur le champ de bataille d'Orléans.

Profondément religieux, doué par conséquent de cette bravoure chrétienne qui semble briller d'un éclat surnaturel, le commandant de Boissieu eut une de ces morts simples et pleines d'espérances comme Dieu en réserve pour ceux qu'il aime.

Il est des noms qui réveillent subitement des souvenirs. L'un rappelle la science, l'autre la piété. Le nom de d'Estourmel fait penser à l'esprit; désormais il rappellera le courage religieux et militaire.

Le 19 janvier 1871, le jeune comte d'Estourmel, lieutenant dans la garde nationale de Paris, fut blessé à Buzenval. Transporté à la ferme de la Fouilleuse, il y passa la nuit sur le pavé d'une écurie. Un prêtre vint lui offrir les consolations divines, et pendant cette longue nuit la tête du blessé reposait souvent sur les genoux du prêtre. Celui-ci soulageait parfois les douleurs du corps par un verre d'eau saumâtre qu'il allait puiser dans la mare voisine.

Lorsque le jour fut venu, d'Estourmel qui se montrait plein de reconnaissance pour l'aumônier, fut placé par celui-ci sur une voiture d'ambulance. Le prêtre suivit à pied ce cruel trajet qui dura jusqu'au soir, car les chemins étaient tellement défoncés et le blessé si souffrant qu'il fallait souvent s'arrêter.

Le prêtre était l'abbé Guérin, attaché à l'ambulance des missions étrangères. Le blessé exprima le désir d'être porté à cette ambulance. De nombreuses visites prouvèrent à d'Estourmel combien il était aimé. La nuit fut affreuse. Le lendemain, dans la matinée, le blessé demanda à rester seul avec le prêtre, et lui dit : « Le temps presse. Je sens que je m'en vais. Si vous voulez bien me donner l'extrême-onction, je suis prêt. »

Après la confession le blessé reçut le sacrement avec une grande piété. Il pria l'abbé Guérin de lui suspendre au cou une médaille de la sainte Vierge. Les mains jointes, les yeux levés vers le ciel, le mourant garda le silence.

Au milieu du jour, Dieu mit un terme à ses souffrances. Le soldat s'éteignit dans les bras du prêtre.

Nous savons à merveille qu'il ne faut pas accorder à la vie et à la mort plus d'importance qu'elles n'en méritent. Cependant lorsque la vie est belle, l'avenir plein de promesses, le présent entouré de bonheur, lorsque l'existence entière semble être à l'abri des orages, il y a quelque mérite à bien mourir. La croyance religieuse peut seule donner les morts douces comme l'espérance, ces morts qui ne sont pas la fin, mais le commencement.

D'Estourmel avait été officier dans l'armée.

Un mariage projeté venait de le rendre à la vie civile. Le jour de l'union était fixé. Mille rêves délicieux berçaient le jeune homme ; il entrevoyait son foyer domestique, charmant réduit que l'avenir peuplerait de jeunes enfants. Enfin il savourait toutes les pures joies de ce monde, lorsque le cri de guerre se fit entendre. L'ennemi foulait le sol de la patrie. Le jeune comte d'Estourmel quitta tout : le pays qui l'avait vu naître, la fiancée si près de l'autel, et la famille qui versait des larmes ; il déposa au seuil de la maison de ses pères toutes ses espérances de jeunesse et d'âge mûr, et n'emportant que son épée, il partit pour Paris.

Pour de tels sacrifices, il faut une âme chrétienne et un cœur chevaleresque.

VI

Qui ne connaît cet évêque de Marseille qui, pendant la peste de 1720 et 1721, donna l'exemple des plus héroïques vertus en soignant les pauvres, les malades et les abandonnés. Il brava le fléau avec un courage surhumain. Cet évêque se nommait de Belzunce.

Un autre Belzunce, son neveu, fut massacré à Caen aux premiers jours de la révolution de 1792. Il ne put être sauvé par son ami M. de Gonneville, gouverneur de la ville, qui faillit périr sous les coups des assassins. Une femme de la populace arracha le cœur de M. de Belzunce, et le dévora.

A la suite de l'illustre prélat et du brillant officier, voici venir un Belzunce, pieux comme l'évêque, brave comme le capitaine.

Il appartenait en effet à la même famille, vieille famille du Périgord qui depuis des siècles honore le nom de Castel Moron de Belzunce.

Au début de la guerre, le jeune Belzunce s'engagea comme simple soldat au 125e de ligne.

Sa vie militaire fut courte. Le 30 novembre on le trouva sanglant sur le champ de bataille de Villiers.

Nous l'avons vu arriver à l'ambulance du Grand-Hôtel. Le temps était sombre et Paris semblait enveloppé d'un voile funèbre. On entendait le canon du Mont-Valérien, et des pièces d'artillerie qui passaient sur le boulevard des Italiens, faisaient résonner le pavé; des clameurs lointaines remplissaient l'air. Sur la place de l'Opéra des gardes nationaux s'exerçaient au maniement des armes. Une foule assez considérable s'était réunie à la porte du Grand-Hôtel, pour assister à l'arrivée des voitures d'ambulance. Cette foule exprimait une vaine curiosité bien plus qu'une patriotique pitié. Cependant, d'ordinaire, le Parisien est rempli de bonté ; mais dans ces jours de révolution, le génie du mal semble dominer. De sinistres figures se montrent partout, de grossières paroles frappent les oreilles et le vice apparaît sous mille formes hideuses.

Les voitures d'ambulance formaient une longue file. La descente des blessés exigeait de minutieuses précautions ; pendant ce temps, les voitures stationnaient sous les regards de la foule.

Sur le devant de l'une de ces voitures, dans une sorte de cabriolet, je vis un sergent d'infanterie, un prêtre, et un corps entièrement enveloppé d'un manteau blanc de cavalier.

Le prêtre semblait épuisé de fatigue, le sergent avait les yeux fermés, le manteau blanc restait immobile.

Après une heure d'attente, les blessés de cette voiture furent descendus et déposés sur des matelas. Le prêtre aida les infirmiers à transporter ces pauvres soldats dans une grande salle où des hommes qui semblaient appartenir au monde financier, causaient des journaux à la main. Leur képy, orné de la croix de Genève, indiquait la qualité d'infirmiers volontaires.

Le 1er janvier 1871, je retournai à l'ambulance du Grand-Hôtel pour y voir un blessé. Près de nous se trouvait un lit où reposait un jeune soldat dont les traits annonçaient une cruelle agonie. Je reconnus l'un de ceux qu'avait descendus l'aumônier ; un prêtre tenait dans ses mains la main décharnée du pauvre soldat ; son visage avait la teinte de la cire, des cheveux humides couvraient son front, et ses yeux dilatés par la fièvre brillaient dans l'ombre.

Le prêtre reçut la confession du jeune soldat et lui administra les derniers sacrements.

Celui que je venais visiter s'agenouilla et fit le signe de la croix, puis, il dit à voix basse : « C'est aujourd'hui le 1er de l'an, jour des fêtes de famille, des étrennes, des joies.. »

Dans ce moment le prêtre s'éloignait pour aller à un autre malade ; il était triste et des larmes se devinaient dans ses yeux.

Je revins le lendemain 2 janvier pour apporter des gants à mon blessé, honnête paysan du Limousin.

En le voyant je lui demandai des nouvelles de son camarade.

— Il est mort, dit-il, mort en priant Dieu.

— Comment se nommait-il ?

— Gaston, comte de Belzunce, soldat au 125e régiment de ligne.

Pendant la guerre de 1870-1871, un corps militaire avait été formé sous le nom de *légion des volontaires de l'Ouest.* Ce corps est plus généralement connu sous un autre nom, celui de *zouaves pontificaux.*

Le patriotisme religieux des soldats de cette légion présente un caractère des plus remarquables, surtout au milieu des passions déchaînées par la révolution récente. Il faudrait remonter jusqu'aux croisades pour trouver des gens de guerre d'une telle nature. Leur bravoure éclatante, leur dévouement silencieux, leur attitude fière et respectueuse, faisaient l'admiration de l'armée. L'ennemi les redoutait en les admirant aussi.

« Le respect s'en va, » avait dit Royer-Collard. Eh ! bien les zouaves pontificaux ramenaient le respect. Ils respectaient et se faisaient respecter.

Leur recrutement volontaire ne frappait pas seulement à la porte des châteaux. Les chaumières du paysan donnaient pour camarades aux gentilshommes, des laboureurs aux cœurs simples, aux esprits droits et aux bras forts.

Semblables aux guerriers du moyen âge les zouaves pontificaux ouvraient leurs rangs à toutes les vaillances, et l'aïeul aux cheveux blancs combattait près du petit-fils, enfant la veille. On vit ainsi le marquis de Coislin, le comte de Bouillé donner l'exemple à l'âge où d'autres se réfugient dans le repos.

Le combat de Loigny aurait suffi pour immortaliser un régiment de ligne. Les zouaves pontificaux y furent héroïques ; ils étaient 350 seulement, et 207 restèrent sur le champ de bataille. Quatre officiers échappèrent au carnage. Les autres étaient morts ou blessés : parmi les morts se trouvaient : le commandant de Troussures, le capitaine de Gastebois, le sous-lieutenant Wetch ; les blessés étaient le chef de corps M. de Charette, le commandant de Montcuit, le capitaine du Réau, l'adjudant-major de Ferron, le lieutenant de Boischevalier, le lieutenant de la Begassière, le sous-lieutenant Ferdinand de Charette, frère du colonel.

Le 10 janvier, près du Mans, les zouaves pontificaux se distinguèrent encore.

Le général Gougeard, passant le soir devant le front de bataille des zouaves, leur dit d'une voix retentissante : « Zouaves, vous êtes des braves, vous avez aujourd'hui sauvé l'armée. »

Sur six capitaines, quatre avaient été tués. Lorsque, au mois d'août 1871, les zouaves pontificaux furent licenciés, le ministre de la guerre leur adressa un ordre du jour où se lisent ces mots : « L'armée vous remercie par ma voix. »

On pourrait dire avec non moins de vérité que la France remercie ce corps de volontaires du noble exemple qu'il a donné. Prouver à l'Europe et à nous-mêmes que la foi n'est pas morte, montrer que la bravoure du chrétien est la plus grande, n'étaient pas choses faciles. Ne serait-ce qu'une lueur, nous devrions encore la bénir, car cette lueur prouve que la cendre n'a pas étouffé toutes les étincelles.

Un nouveau silence régna dans le salon de la veuve. La mère, la fille, le prêtre et l'officier méditaient sur le même sujet. Leurs esprits entraînés dans les sphères supérieures découvraient peut-être la mystérieuse harmonie qui existe entre la religion et le patriotisme.

Pour la première fois, je pris la parole :

Pardonnez à un profane, s'il exprime un doute. Les zouaves pontificaux marchaient sous une bannière, ouvrage d'une religieuse de la Visitation de Paray-le-Monial. La bannière portait cette inscription : *Sacré cœur de Jésus, sauvez la France*, et sur le revers : *Saint Martin, patron de la France, priez pour nous*. Le fanion était blanc.

Je ne sais, mais il me semble que le drapeau, emblème de la patrie, doit avoir le caractère viril du guerrier. La bannière, au contraire, est la vierge timide qu'abritent les voûtes saintes de l'église. Le drapeau est fait pour les parfums de la poudre ; la bannière ne doit aimer que l'encens de la prière. A l'ombre du drapeau les hommes se réunissent pour verser le sang, à l'ombre de la bannière les jeunes filles et les enfants marchent en envoyant au ciel les saintes hymnes. Pourquoi exposer aux souillures de la terre une bannière que l'air seul doit caresser? Pourquoi emporter loin du sanctuaire cette relique bénie qui montre aux regards distraits ou impies le cœur de Jésus? Pourquoi exposer cette bannière aux déchirures de la balle et de l'obus? Pourquoi rougir de sang humain, cette blanche étoffe, symbole de l'angélique pureté? Pourquoi risquer de voir saint Martin, le grand et saint patron, tomber aux mains d'un Allemand luthérien? La perte du drapeau est grande, mais la perte de la bannière serait plus grande encore.

L'étendard de la France n'est-il donc pas assez beau? N'est-ce pas dans ses plis glorieux que se réfugie notre honneur national?

Lorsque nos légions se présentent aux Germains pour le combat du désespoir, ce n'est pas la sainte bannière des croisades qu'il faut montrer, mais le glorieux drapeau d'Austerlitz et d'Iéna.

Un bataillon des mobiles d'Eure-et-Loir était commandé par Hippolyte de la Molère. Cet officier de piété profonde était d'une bravoure chevaleresque. Il fut tué au combat d'Epernon, inutile combat provoqué par la vaniteuse ignorance de l'élément civil si prompt à la fuite.

Quelques jours avant sa mort, la Molère dit à ses jeunes soldats : « Mes amis, je fais dire aujourd'hui une messe pour nous tous. Je n'oblige personne à y assister, mais en venant prier avec moi celui qui tient en main les destinées de la France et les nôtres, vous me ferez plaisir. » Tous se réunirent pour prier, tant la voix de leur chef était sympathique.

Le jour de sa mort, la Molère rencontra un prêtre dans la grande rue d'Epernon. Il marchait au combat, et savait que son seul bataillon ne pouvait résister. Il allait d'un pas ferme, le sabre à la main, lorsque le prêtre lui apparut.

L'officier s'agenouilla en disant : « Mon père, je puis mourir, recevez l'aveu de mes fautes et daignez m'absoudre. »

Deux heures après, il avait rendu à Dieu sa belle âme, et le prêtre, prisonnier des Prussiens, marchait sur la route vers le camp ennemi.

Lisez cette lettre écrite par un soldat des mobiles de Maine-et-Loire, et conservée par M. Blandeau, ancien sous-préfet, lisez et admirez :

« Je vais te raconter la mort héroïque et chrétienne d'un capitaine d'une compagnie de mobiles de Maine-et-Loire; il se nomme d'Epinay Saint-Luc. Il a été atteint d'un éclat d'obus au côté ; se sentant mortellement blessé, il s'est fait porter à cent mètres plus loin. Là, l'aumônier est venu le confesser et lui donner la sainte communion. Mais avant de recevoir son Dieu, il a fait approcher ses hommes autour de lui et leur a dit : « Mes amis, je vous ai appris à combattre en soldats, je vais vous apprendre à mourir en chrétien. »

« Puis d'une voix mourante, mais forte encore, il a commandé : « Portez armez, présentez armes, genou terre. » Pendant que les soldats fondant en larmes présentaient les armes au roi des rois, le chrétien qui allait mourir recevait avec bonheur le viatique de l'éternité. Après avoir reçu son Dieu, M. de l'Epinay a ajouté : « Adieu, mes amis ; en avant ! au feu ! »

« Pendant que les soldats couraient au feu, le capitaine priait Dieu de bénir sa pauvre mère et ses six enfants. Il était veuf depuis un an. Son fils aîné, élève de l'Ecole militaire de Saint-Cyr, était au nombre des défenseurs de Paris.

« Le capitaine Bouvière était adjudant-major au 77e de ligne. Officier fort instruit, brillant, chevaleresque, il s'était distingué au Mexique. Au commencement de la guerre, se trouvant à Saint-Avold il voulut communier ; peu de jours après, une blessure mortelle l'atteignit.

« Couché sur la terre sanglante, il fit un suprême effort, et se soulevant, il dit d'une voix assurée : « Maintenant que j'ai reçu l'extrême-onction, je vous prends à témoin que je meurs en soldat et en chrétien. »

VII

Au moment où commençait la déroute de Forbach, dit M. Blandeau dans son précieux ouvrage, un capitaine arriva à l'ambulance du quartier général avec six hommes. Ils étaient tous criblés de blessures. Le vieux soldat dont la figure était inondée de sang et de sueur, s'approcha du personnel de l'ambulance et dit avec une animation extrême : « Messieurs, voici le capitaine et sa compagnie. De tous mes pauvres enfants, voici les six qui me restent. Messieurs, je ne sais si vous avez la foi. Mais je dois vous dire que ces hommes et leur capitaine portent le scapulaire et qu'ils professent hautement, que c'est à ce signe qu'ils doivent leur salut. » Et se découvrant la poitrine, le vieux capitaine montra son scapulaire avec un tel élan de foi, que les assistants ne purent répondre que par un silence de respect et d'admiration.

Un détachement de jeunes soldats bretons s'arrêtait à la gare du Mans. Des voyageurs les regardaient en souriant d'un air moqueur : « Priez pour nous qui allons mourir pour vous, » dit un soldat. Parmi les voyageurs se trouvait cet homme égoïste et sceptique que l'on rencontre à chaque pas ; il détourna les yeux avec un profond dédain. Le soldat, lui frappant sur l'épaule, reprit énergiquement : « Oui, bourgeois, priez pour nous, qui allons mourir pour vous. »

Ce soldat ne connaissait certainement pas le mot du gladiateur antique : *Ave, Cæsar, morituri te salutant.*

Encore moins ce soldat savait-il comment l'une des illustrations de la bourgeoisie, M. Guizot avait jugé le bourgeois : « Ceci est vrai, non-seulement des bourgeois du XIIe siècle, mais de leurs plus lointains descendants. Ils n'ont point le goût des grandes entreprises ; quand le sort les y jette, ils en sont inquiets et embarrassés ; la responsabilité les trouble ; ils se sentent hors de leur sphère, ils aspirent à y rentrer ; ils traiteront à bon marché. Aussi, dans le cours de l'histoire de l'Europe, de la France surtout, voit-on la bourgeoisie estimée, considérée, ménagée, respectée même, mais rarement redoutée. Elle a rarement produit sur ses adversaires l'impression d'une grande et fière puissance, d'une puissance vraiment politique ; il n'y a point à s'étonner de cette faiblesse de la bourgeoisie moderne ; la principale cause en est dans son origine même... »

M. Guizot était attaché par trop de liens à la bourgeoisie moderne qui gouverne la France, pour se montrer sévère à son égard. Il n'a pas osé dire que les idées de la bourgeoisie se meuvent dans un espace très-borné, que ses sentiments ne s'élèvent pas jusqu'à comprendre le sermon sur la montagne. Lancé à corps perdu sur la route de la fortune, plongé dans l'enivrement des jouissances matérielles, le bourgeois ne pardonne pas qu'on lui frappe sur l'épaule, pour lui parler de prière et de martyre. Disons-le, la bourgeoisie a déployé des vertus privées, a conquis la richesse par d'habiles calculs, s'est montrée savante, philanthropique, courageuse, mais elle n'a jamais mesuré les grandeurs, pas plus les grandeurs de l'humanité que les grandeurs divines.

Ce paysan breton, soldat illettré, connaissait son pays lorsqu'il disait : « Oui, bourgeois, priez pour nous, qui allons mourir pour vous. »

Le lendemain de la soirée où ces choses avaient été dites, je me rendis dans la maison de la veuve, et je pris congé de la famille. Un devoir me rappelait au loin...

Je songeai plus tard aux aumôniers militaires et je veux, en peu de mots, vous faire part de mes réflexions.

Lorsque la guerre fut déclarée, l'aumônerie militaire n'était point organisée, les règlements de l'armée française étaient muets sur les devoirs imposés par la religion. Sous prétexte de liberté de conscience, le soldat ne trouvait jamais près de lui des secours auxquels il avait droit.

Organisée à la hâte, l'aumônerie tout en donnait de grandes preuves de dévouement n'eut pas cette puissance, cette autorité, cette influence que donnent les constitutions longuement préparées. Il y eut des forces perdues. Peut-être y eut-il aussi des efforts mal employés. Le zèle, lorsqu'il est mal guidé, peut quelquefois dépasser le but ; l'inexpérience peut égarer.

Il importait donc, au suprême degré, que des règles fussent tracées.

Un digne prêtre, M. l'abbé Baron, aumônier

de l'hôpital militaire du Val-de-Grâce, ancien aumônier de l'armée du Rhin, a mis son expérience au service de ses successeurs. Sous ce titre : *Le directoire des aumôniers de l'armée française*, M. l'abbé Baron a publié un livre que l'on peut considérer comme le code de l'aumônerie militaire.

L'auteur examine successivement les diverses questions : Mission de l'aumônier militaire ; — personnel de l'aumônerie militaire ; — l'armée et ses aumôniers ; — spécialité du service religieux dans l'armée ; — ministère des aumôniers de l'armée ; — uniformité du service des aumôniers ; — liberté religieuse dans l'armée ; — direction de l'aumônerie ; — l'aumônier militaire et ses attributions ; — l'aumônier en garnison ; — l'aumônier au camp ; — les aumôniers en temps de guerre.

L'éloquence de Bossuet, la tendresse de Fénelon ne suffiraient pas au milieu des soldats. Il faut ce je ne sais quoi qui gagne les cœurs ; ni trop d'humilité, ni trop de hauteur ; la bonhomie du curé de campagne mélangée de dignité ; la discrétion du confesseur avec l'indulgence du père de famille ; une grande confiance sans duperie ; puis des paroles, mais bonnes, affectueuses, confiantes jusqu'à la tendresse. Jamais un propos hasardé, car le respect est une fleur qui se fane au moindre contact.

Ce qu'il faut surtout à l'aumônier militaire,

c'est la charité. La charité n'est pas l'aumône. Celle-ci se contente de l'obole ou du morceau de pain; celle-là demande un souffle seulement, mais un souffle de l'âme. On fait la charité avec un geste, un regard, une goutte d'eau dans la marche, un brin de paille au bivac.

Nous avons voulu, dans ce chapitre, montrer la guerre, et dans la guerre le soldat chrétien et le ministre de Dieu.

La pensée qui nous a inspiré serait incomplète, si nous ne présentions le prêtre qu'à la bataille.

Voyons maintenant la place qu'il occupe dans l'histoire de France.

CHAPITRE III

LA FRANCE

> Je m'enfonce dans les âges barbares, et j'y vois la sagesse de l'Église et sa magnanimité. Je ne méconnais pas les désordres du moyen âge; mais je m'assure que la vérité catholique y lutta seule contre le mal, et tira de ce chaos les prodiges de vertu et de génie que nous admirons. Je suis passionné pour les conquêtes légitimes de l'esprit moderne; j'aime la liberté et je l'ai servie; mais je crois que nous devons à l'Évangile la liberté, l'égalité et la fraternité.
>
> A. F. Ozanam.

> L'histoire elle-même rend justice à cette grande institution de l'ordre monastique, aux efforts surhumains de ces moines, qui, pendant cinq siècles *indomptables laboureurs*, ont défriché les âmes de nos pères en même temps que le sol de l'Europe chrétienne.
>
> Mgr Dupanloup.

I

Les peuples de l'univers tournent tous leurs regards vers la France dont le voyageur leur a dit les merveilles. A travers les espaces, les grandes pensées de la France ont ému les nations lointaines. Les voix de Bossuet et de Fénelon ont retenti au delà des mers ; les livres de Descartes, de Buffon, de La Bruyère, de nos grands écrivains se sont répandus dans le monde; sous le soleil des Antilles aussi bien qu'aux champs glacés de la Norwége, on a récité les vers de nos poëtes.

En même temps, l'industrie de la France éblouissait les peuples, et son commerce leur versait, sous mille formes, d'incalculables richesses.

Peuples et rois regardaient la France, ceux-ci pour revoir les grandes figures d'Henri IV, de Louis XIV, et de Napoléon ; ceux-là pour comprendre, s'il se pouvait, l'ennoblissement du simple paysan.

« Si j'étais roi de France, disait le roi de Prusse, Frédéric II, il ne se tirerait pas un coup de canon en Europe sans ma permission. » Cette parole explique pourquoi l'Europe perd le repos lorsque la France s'agite. Mais elle explique aussi notre puérile vanité et la jalousie qui veille autour de nous.

Ce ne sont pas seulement les œuvres de la France qui intéressent et captivent les peuples. Nos gloires et nos malheurs, nos alternatives de puissance infinie et de défaillances maladives, éveillent tour à tour chez l'étranger l'admiration et la pitié.

Mais l'étranger ne saurait oublier qu'entre nos mains l'épée reste toujours humaine. L'épée de la France a trop souvent protégé la faiblesse, la justice et le droit, pour ne pas mériter respect et reconnaissance.

Qu'on nous admire ou qu'on nous maudisse, qu'on soit reconnaissant ou ingrat, il sera impossible aux peuples et aux rois de méconnaître la supériorité de la France. L'intelligence de ses habitants, la richesse de son sol, la beauté de son climat, font de la France une contrée favorisée du ciel.

Quelque favorisée que soit cette contrée, l'esprit et la main de l'homme ont fait beaucoup pour le développement de sa grandeur. La civilisation française a imprimé le grand mouvement intellectuel qui a donné naissance à la civilisation européenne.

Or, la civilisation française n'a été autre chose que la civilisation chrétienne.

Les écrivains modernes ont fait honneur de notre civilisation à des causes diverses.

Leurs yeux ne peuvent se fermer à la lumière, et la vérité les oblige à reconnaître que le prêtre n'a pas été étranger aux progrès de l'humanité.

L'orgueil philosophique n'a point permis aux disciples de M. Guizot de s'incliner humblement devant l'Eglise. Le maître a écrit ceci : « Le christianisme, je ne dis pas seulement au moment de son apparition, mais dans les premiers siècles de son existence, le christianisme ne s'est nullement adressé à l'état social ; il a annoncé hautement qu'il n'y toucherait pas ; il a ordonné à l'esclave d'obéir au maître ; il n'a attaqué aucun des grands maux, aucune des grandes injustices de la société d'alors... »

Comment, le christianisme n'a pas attaqué le mal dans sa racine, en changeant l'homme intérieur, ses croyances et ses sentiments ? Le christianisme n'a pas brisé les chaînes de l'esclave, en régénérant l'homme moral, en éclairant l'homme intellectuel ?

La civilisation ne pouvait sortir d'une Révolution telle que la comprennent les modernes, c'est-à-dire révolte à main armée. Le christianisme savait que le bien doit venir de la vie intérieure pour se répandre dans la vie extérieure, et non partir de la vie extérieure pour améliorer, rectifier, épurer la vie intérieure. En d'autres termes, le chrétien pensait qu'une société ne saurait être bonne si les éléments qui la composent sont mauvais ; donc il améliorait l'homme.

Quoi qu'il en soit, M. Guizot, étudiant le ve siècle, laisse échapper cet aveu : « Le clergé seul était moralement fort et animé... Ce fut un immense avantage que la présence d'une force qui reposait uniquement sur les convictions, les croyances et les sentiments moraux, au milieu de ce déluge de force matérielle qui vint fondre à cette époque sur la société. Si l'Eglise chrétienne n'avait pas existé, le monde entier aurait été livré à la pure force matérielle. L'Eglise seule exerçait un pouvoir moral.

« Elle faisait plus : elle entretenait, elle répandait l'idée d'une règle, d'une loi supérieure à toutes les lois humaines ; elle professait cette croyance, fondamentale pour le salut de l'humanité, qu'il y a, au-dessus de toutes les lois humaines, une loi appelée, selon le temps et les mœurs, tantôt la raison, tantôt le droit divin, mais qui, toujours et partout, est la même loi sous des noms divers. »

Il y a longtemps que les esprits éclairés cherchent à connaître les véritables causes de la civilisation. Bossuet, dans le *Discours sur l'histoire universelle,* et Montesquieu, dans l'*Esprit des lois*, ont élevé deux monuments. Le premier pense que les croyances religieuses ont enfanté la civilisation ; le second cherche à prouver que la civilisation sort des institutions politiques et civiles. Placés entre ces deux opinions, les modernes ont ramené aux passions du moment toutes les grandes choses du passé, et le voile a été jeté sur l'histoire intime du prêtre mis en présence du barbare.

On a reproché à l'Eglise d'avoir constamment cherché à confondre le pouvoir temporel avec le pouvoir spirituel, afin de régner et de gouverner. M. Guizot qui appartient au protestantisme répond ainsi :

« Enfin, l'Eglise commençait un grand fait, la séparation du pouvoir spirituel et du pouvoir temporel. Cette séparation est la source de la liberté de conscience : son principe est le même que celui qui sert de fondement à la liberté de conscience la plus rigoureuse et la plus étendue. La séparation du temporel et du spirituel se fonde sur cette idée que la force matérielle n'a ni droit ni prise sur les esprits, sur la conviction, sur la vérité. Elle découle de la distinction établie entre le monde de la pensée et le monde de l'action, le monde des faits intérieurs et celui des faits extérieurs, en sorte que ce principe de la liberté de conscience, pour lequel l'Europe a tant combattu, tant souffert, qui a prévalu si tard, et souvent contre le gré du clergé, ce principe était déposé, sous le nom de séparation du temporel et du spirituel, dans le berceau de la civilisation européenne; et c'est l'Eglise chrétienne qui, par une nécessité de sa situation, pour se défendre alors contre la barbarie, l'y a introduit et maintenu.

« La présence d'une influence morale, le maintien d'une loi divine et la séparation du pouvoir temporel et du pouvoir spirituel, ce sont là les trois grands bienfaits qu'au ve siècle, l'Eglise chrétienne a répandus sur le monde européen. »

Ainsi, d'après M. Guizot, trois grands bienfaits ont été répandus sur l'Europe par l'Eglise.

Mais l'invasion des barbares ne se renferme pas dans le Ve siècle seulement, et le clergé ne se contente pas de lutter pendant cent ans, dans le domaine moral, contre la force matérielle de la barbarie. La lutte est bien autrement longue, bien autrement universelle. Le prêtre n'est pas seulement la lumière des grands conseils, il sait se faire humble et petit, il travaille de ses mains, il quitte ses livres pour la bêche et la charrue, il abandonne sa cellule et son cloître, pour abattre les arbres de la forêt, dessécher les marais pestilentiels, tracer des routes, construire les villages, instruire les enfants du pauvre aussi bien que du riche. On le voit se placer courageusement entre l'oppresseur et l'opprimé, braver les épidémies, racheter les captifs, associer les hommes par les progrès de l'agriculture, les éclairer, les protéger, et préparer la transformation de l'esclave et du serf en homme libre, en citoyen de nos modernes cités.

Ce sont là, aux yeux d'une certaine école historique, les côtés les moins importants de la question. Elle ne voit dans la civilisation qu'un monument colossal, aux splendides contours, aux lignes correctes dont la base et l'élévation inspirent autant de respect que d'admiration. Mais elle veut ignorer quels furent les ouvriers de la première heure ; elle ne cherche pas à savoir quels bras ont fouillé les entrailles de la terre pour arracher la pierre et le marbre, quelles mains ont taillé ces blocs et les ont ciselés, et quelles têtes ont combiné les proportions de l'édifice.

Ce monument que nous nommons la civilisation est admirable ; admirons donc l'ouvrier qui l'a élevé. Son labeur a été rude et de longue durée.

L'Église ne lutte pas seulement contre les Germains et les Slaves venus du Nord, et qui souvent écoutent la voix du christianisme. Mais un ennemi plus terrible se présente au Midi. Les Arabes musulmans paraissent aux rivages de la Méditerranée. A l'esprit de conquête se mêle l'esprit de prosélytisme. Le cimeterre répand une foi nouvelle, le soldat de Mahomet est en même temps conquérant et missionnaire. La civilisation musulmane menace la civilisation chrétienne, l'esprit des hommes est prodigieusement frappé, et leurs passions les entraîneraient souvent vers cette religion sensuelle qui fait si belle la part du corps. Le prêtre mesure la grandeur du péril. Il abandonne le livre et la charrue, et s'arme de l'épée ; alors on voit les ordres militaires religieux. Ce n'est pas le prêtre qui combat, mais son frère le chevalier. C'est sur l'autel qu'il prend l'épée, c'est sous les voûtes de l'église qu'il prononce ses vœux, c'est au nom du Christ qu'il va combattre.

Empruntons encore quelques lignes à M. Guizot : « L'Eglise était une société régulièrement constituée, ayant ses principes, ses règles, sa discipline, et qui éprouvait un ardent besoin d'étendre son influence, de conquérir ses conquérants. Parmi les chrétiens de cette époque, dans le clergé chrétien, il y avait des hommes qui avaient pensé à tout, à toutes les questions morales, politiques, qui avaient sur toutes choses des opinions arrêtées, des sentiments énergiques, et un vif désir de les propager, de les faire régner. Jamais société n'a fait, pour agir autour d'elle et s'assimiler le monde extérieur, de tels efforts que l'Eglise chrétienne du ve au xe siècle. Elle a, en quelque sorte, attaqué la barbarie par tous les bouts, pour la civiliser en la dominant. »

L'école philosophique et politique reconnaît donc que l'Eglise a sa grande part dans la civilisation moderne. Il nous a plu de mettre en relief des opinions professées par l'école libérale.

Nous serons maintenant complétement à l'aise pour faire connaître notre sentiment.

Nous voulions expliquer historiquement le patriotisme du clergé français. Il aime la France, parce que la France est son œuvre. Il a construit la France de ses mains et l'a animée de son souffle.

II

La France moderne est justement fière de l'égalité qui règne parmi tous ses enfants. Celui qui est né sous le chaume parvient par son mérite au sommet de la société. L'armée lui offre le bâton de maréchal, l'Église le chapeau de cardinal. Cette conquête n'est pas nouvelle comme le pensent les ignorants, et tout l'honneur en revient à l'Église. En ces temps où la force matérielle dominait, le seigneur ne permettait jamais que l'homme né dans une humble condition pût s'élever jusqu'aux dignités. L'autorité appartenait exclusivement à la noblesse conquérante. Le peuple conquis était à tout jamais lié à la terre qu'il cultivait pour un maître orgueilleux.

Le clergé voulut briser ce lien, non par la révolte comme les révolutionnaires du XVIIIe siècle, mais par un travail patient et surtout par l'exemple.

« Notre sainte milice, dit saint Isidore de Séville, ne se recrute pas seulement parmi les hommes libres, mais surtout parmi ceux de condition servile, qui, dans le cloître, viennent chercher la liberté. Il en vient aussi du sein de la vie rustique et des professions ouvrières, et du labeur plébéien, et avec d'autant plus d'avantage qu'ils sont mieux dressés au travail. Ce serait un grave délit que de ne pas les admettre... Il ne faut pas chercher si le novice est riche ou pauvre, jeune ou vieux. Ni l'âge, ni la condition n'importent chez les moines ; car Dieu ne fait aucune différence entre l'âme de l'esclave et celle de l'homme libre... Beaucoup de plébéiens ont brillé par d'éclatantes vertus et ont mérité d'être élevés au-dessus des nobles. »

Y a-t-il rien dans nos déclamations modernes de plus digne, de plus calme, de plus humain que le langage du prêtre. Il arrivait à faire comprendre l'égalité des hommes sur la terre, en proclamant l'égalité des âmes dans le ciel.

Mais celui qui sortait d'une humble condition, ne trouvait pas dans le prêtre la basse flatterie que nous voyons prodiguer aux parvenus de nos jours. Saint Isidore ajoute : « Que ceux qui sortent de la pauvreté pour venir au monastère, ne se laissent pas gonfler par l'orgueil en se voyant les égaux de ceux qui paraissaient être quelque chose dans le siècle. Il serait indigne que, là où les riches, en abdiquant toute hauteur mondaine, descendent à l'humilité, les pauvres se laissassent aller à l'arrogance. Il leur faut, au contraire, déposer toute vanité, comprendre humblement leur nouvelle position et ne jamais perdre la mémoire de leur ancienne misère. »

Le clergé donnait donc naissance à l'égalité à une époque où la noblesse était toute-puissante, et qui n'avait pas encore vu naître la bourgeoisie.

Qu'on ne croie pas que pour sortir des rangs obscurs, il fallût forcément prendre l'habit religieux. Le prêtre cherchait, avant tout, l'émancipation de la race humaine.

Cette lettre de saint Grégoire le prouve :

« Puisque le Rédempteur et le Créateur du monde a voulu s'incarner dans l'humanité afin de rompre par la grâce de la liberté la chaîne de notre servitude et de nous restituer à notre liberté primitive, c'est bien et sainement agir que de rendre le bienfait de la liberté originelle aux hommes que la nature a faits libres et que le droit des gens a courbés sous le joug de la servitude. »

Les esclaves appartenant aux domaines du clergé étaient donc affranchis en très-grand nombre. Ils se fixaient avec leurs familles près du couvent qui leur offrait travail et protection. Ils y construisaient des maisons à l'ombre de l'église. De là sont nés les villages qui n'existaient pas dans la civilisation romaine, où la cité seule était connue.

Les siècles sont passés sur les villages enrichis et embellis. Le monastère s'est écroulé, l'église a été mutilée, et les descendants des malheureux que protégeait saint Grégoire sont devenus de vaniteux bourgeois et de riches paysans. Ils foulent aux pieds les débris du cloître sans se douter que leur liberté est sortie de là.

Nous avons dit que le prêtre travaillait de ses mains. Après avoir élevé les âmes, rendu à l'humanité sa dignité première, le prêtre cultivait la terre pour enseigner aux hommes qu'ils devaient manger le pain quotidien à la sueur de leur front. En un mot, le prêtre a voulu ennoblir le travail, abandonné jusque-là aux esclaves. Il a sanctifié pour ainsi dire le beau métier du laboureur.

Si le prêtre n'avait mis la main à la charrue, l'agriculture était morte pour toujours. Saint Jérôme disait : « Tout ce qui se trouve entre les Alpes et les Pyrénées, entre le Rhin et l'Océan, a été dévasté par le Quade, le Vandale, le Sarmate, l'Alain, le Gépide, l'Hérule, le Burgonde, l'Alaman, et, ô calamité ! par le Hun. »

Ces riches plaines de la Beauce où le blé ondule comme les vagues de la mer, n'étaient que de vastes forêts ; ces coteaux qui nous donnent un vin généreux restaient couverts de bruyères sauvages. L'arbre fruitier n'existait plus et les bêtes fauves répandaient la terreur. Quelques voies romaines presque détruites conduisaient d'une cité à une autre, mais aucune route ne traversait le pays.

Les moines se mirent au travail. Ils formèrent de véritables ateliers et vécurent longtemps dans la solitude, abattant les forêts, défrichant la terre, semant le grain, récoltant la moisson.

Combien sont belles et naïves les légendes religieuses de cette époque ! Nous ne pouvons résister au désir d'en rapporter deux :

Léonor était un saint homme venu des Iles-Britanniques, au VIe siècle. Il s'était établi dans un site désert avec soixante disciples. Ils labouraient la terre, mais le grain leur manquait pour la semence. Un jour Léonor priait Dieu de leur venir en aide. Sa prière terminée, il leva les yeux vers le ciel. Sur la branche d'un arbre voisin un petit oiseau au blanc plumage vint se poser en battant des ailes. Il portait dans son bec un magnifique épi de blé. Il y a donc, dans cette solitude, dit Léonor, un coin de terre où Dieu fait germer le blé qu'il a semé de sa puissante main. Après une nouvelle prière, le saint homme appela un disciple, lui montra l'oiseau et son épi doré. Le petit oiseau s'envola d'arbre en arbre et servit de guide au disciple.

Dans une clairière inconnue de la forêt le jeune prêtre vit l'oiseau s'arrêter et laisser tomber l'épi pour faire entendre un chant joyeux qui s'éleva vers le ciel. Une harmonie divine anima la solitude, et l'oiseau s'envolant se perdit dans l'immensité. Ramenant ses regards vers la terre, le disciple vit quelques pieds de froment, derniers débris d'un champ que les chevaux du barbare avaient foulé aux pieds.

Léonor fit répéter aux échos de la forêt le *Te Deum* des chrétiens.

Le lendemain, dès que parut le jour, le saint homme suivi de ses soixante disciples vint bénir les gerbes du froment.

Autour du petit champ les arbres furent abattus, la forêt disparut peu à peu. Mais le travail était au-dessus des forces humaines, et malgré la voix de Léonor, les disciples se laissèrent aller au découragement. Ils demandèrent à quitter ces lieux où ne se trouvaient ni bœufs ni chevaux pour le labour.

Léonor se remit à la prière. Une nuit entière, il supplia Dieu de ne pas abandonner ses fidèles serviteurs.

Le lendemain, douze grands et beaux cerfs vinrent eux-mêmes s'atteler aux charrues. Ils travaillèrent tout le jour, guidés par les disciples, qui n'avaient jamais vu de meilleurs bœufs. Lorsqu'on les délia le soir , les cerfs prirent leur course vers les sources au plus profond des vallées. Ils revinrent le jour suivant et les autres encore pendant cinq semaines et trois jours.

Lorsque les champs furent ensemencés et préparés pour la moisson, on ne revit plus les cerfs.

La seconde légende que nous voulons rappeler n'est pas moins poétique :

Le fils d'une noble famille d'Aquitaine avait abandonné le monde, ses plaisirs et ses richesses pour prendre le froc du moine. Il s'était retiré au pays rémois, sur la montagne de Hor, et s'occupait d'agriculture. Il avait pour compagnons de labeur deux grands bœufs roux qui pendant vingt ans ne le quittèrent pas. Ils travaillaient ensemble soutenus par le chant des cantiques et des hymnes saintes. Théodulphe, c'était le nom du prêtre, qui est plus connu sous le nom de Saint-Thiou, priait une partie des nuits, tandis que les bœufs reposaient. Ceci se passait au VIe siècle.

Un jour, Théodulphe venait de quitter son sillon et s'acheminait vers le monastère. Il s'aperçut que sa charrue avait besoin d'une réparation. Il arrêta ses bœufs et posa en terre, en y enfonçant l'une des extrémités, le long bâton armé de l'aiguillon qui lui servait à diriger ses bêtes. Ce bâton desséché par le temps, usé par le travail, présentait cette surface unie que produit la main calleuse de l'ouvrier. Pendant que le moine réparait sa charrue, le bâton semblait tressaillir, un souffle l'animait. Il s'attachait à la terre par des racines, il respirait l'air par un feuillage vert. Bientôt ce fut un arbre. L'an qui vint, les branches de l'arbre prêtaient leur ombrage au pèlerin, et les oiseaux du ciel y cachaient leurs nids. Les habitants du hameau voisin prirent la charrue de Théodulphe et la suspendirent dans leur église, comme une relique.

Le comte de Montalembert qui emprunte cette légende à Bolland, s'écrie : « Noble et sainte

BIBLIOTHÈQUE NATIONALE

relique que je baiserais aussi volontiers que l'épée de Charlemagne et la plume de Bossuet. »

Ces légendes et d'autres encore ont un sens facile à comprendre.

Elles prouvent aussi que les religieux au milieu de leurs rudes travaux et sous leurs habits grossiers, savaient apprécier toute la poésie de la nature. Saint-Bernard écrivait au commencement du XIIe siècle : « Les bois, les forêts et les rochers renferment des leçons qu'aucun maître n'a jamais enseignées. »

Aussi peut-on remarquer que les sites où se construisaient les monastères étaient presque toujours riants, voisins d'une claire fontaine, d'une belle forêt ou de vastes prairies.

Lorsque le sol était défriché et la terre rendue fertile, les paysans serfs de la veille, accouraient autour des moines qui les avaient affranchis. Ces paysans continuaient la culture des champs désormais facile et productive. Des maisons s'élevaient autour de l'église et formaient les hameaux, les villages et les bourgs.

Lorsque le voyageur suit le cours capricieux de la Loire et se dirige vers la mer, il voit, du bateau qui l'entraîne, fuir les coteaux des deux rives. Les villages passent avec rapidité. L'un se mire dans les eaux du fleuve, l'autre assis au sommet du mont, domine la vallée. Mais tous se ressemblent, parce que tous ont la même origine.

Vous voyez toujours la flèche de l'église s'élever dans les airs, et les murs noircis par le temps embrasser largement la terre et s'y poser avec une solidité qui défie les siècles. Au-dessus de l'église la cloche fait entendre sa voix, qui tantôt se réjouit d'un baptême, et tantôt se lamente d'une mort imprévue. A l'ombre de l'église, se pressant à ses pieds, sont les tombes des aïeux avec leurs simples croix de bois.

Dans la vaste circonférence qu'abrite l'église, s'élèvent les maisons du village, les unes sombres sous leur couverture de chaume, les autres coquettes et riantes avec leurs toits de briques rouges et leurs contrevents verts.

De loin, on croirait voir une poule entourée de ses poussins aux couleurs variées. Les poussins s'ébattent pendant que la mère veille. Si le milan ou le faucon plane dans l'air, la mère étend ses ailes protectrices, et les poussins s'y réfugient en cachant leur tête sous le duvet de la plume. Lorsque le péril s'éloigne ils reprennent leur insouciance, oubliant les ailes maternelles.

III

Le tiers du territoire de la France a été mis en culture par les moines. Non-seulement ils se livraient à l'agriculture, mais conservaient et perfectionnaient les métiers. D'après la règle de Saint-Benoît, le monastère devait se suffire, et ne rien emprunter au dehors. Les moines étaient donc meuniers, architectes, maçons, charpentiers, menuisiers, tailleurs, cordonniers, ingénieurs, forgerons. Entourés de jeunes apprentis, ils enseignaient les arts mécaniques et maniaient le marteau aussi bien que la charrue.

Peu à peu les villages qu'entouraient le monastère grandissaient et devenaient des villes qui ont conservé le nom du couvent d'où sortait leur berceau. C'est ainsi que nous avons Saint-Brieuc, Saint-Malo, Saint-Léonard, Saint-Yrieix, Saint-Junien, Saint-Maixent, Saint-Servan, Saint-Valery, Saint-Riquier, Saint-Omer, Saint-Paul, Saint-Amand, Saint-Quentin, Saint-Venant, Saint-Germain, Saint-Dié, Saint-Avold, Saint-Séver, Saint-Pons, Saint-Gérons, Saint-Denis, Saint-Claude, Saint-Jean d'Angely, et cent autres cités dont le premier magistrat et le premier ouvrier furent des abbés, dont la première charte fut l'évangile.

Nous ne rappellerons pas que le prêtre de cette époque, en convertissant le barbare au christianisme, a mis un terme aux invasions du Nord.

Notre but est seulement de rappeler que la France est l'œuvre de l'Eglise et d'expliquer ainsi le patriotisme du clergé, qui aime la France, comme la mère aime l'enfant pour lequel elle a souffert, enfant qui lui a demandé veilles et labeurs, larmes et prières.

Nous avons montré le moine cultivateur et ouvrier, le moine travaillant pour le corps.

Présentons maintenant le moine conservant et perfectionnant la science et l'art, montrons le prêtre savant, lettré, artiste, le prêtre travaillant de la tête.

Le réformateur de la Trappe, l'abbé de Rancé a dit que l'étude était une occupation peu convenable pour des solitaires. Oui, si l'étude du cloître était, comme celle du monde, une occasion d'orgueil, un moyen de domination et souvent une voie perfide, qui par une demi-lumière conduit au doute et à la révolte.

Mais le monastère entendait autrement l'étude qui n'était jamais placée au-dessus de la vertu. Ambroise, abbé de Saint-Vincent-de-Vulture, en Italie, avait composé un commentaire sur l'Apocalypse. Effrayé lui-même de tant d'études, épouvanté de sa science, il écrivit cette prière au dernier feuillet de son livre : « Je supplie votre divine Majesté de m'accorder, avec la science, l'étude et la pratique de la vertu ; mais si je ne puis avoir le bonheur de joindre l'une avec l'autre, qu'ayant la vertu en moi, je passe aux yeux des hommes pour un insensé plutôt que, sans elle, pour un savant ! Car enfin, je n'ai pas quitté mon pays et mes parents pour devenir un savant, mais pour travailler à mon salut par la pratique des vertus chrétiennes et religieuses... Je consens de bon cœur à être sans science, pourvu que je ne sois pas sans vertu. »

Les couvents conservaient donc les sciences humaines et les perfectionnaient. Un ordre religieux était savant, mais chaque religieux en particulier ne prétendait nullement à la réputation de savant. Le livre ne portait point le nom de l'auteur, il restait l'œuvre de tous; les entreprises étaient collectives et la communauté seule connaissait les habiles et les faibles ; aux yeux du monde, tous les religieux se ressemblaient en savoir et en piété.

Ils ne cultivaient donc les lettres, les sciences et les arts que dans l'intérêt des autres, abandonnant complétement toutes pensées d'orgueil et toutes vanités personnelles.

Dans le couvent, celui qui travaillait le mieux la terre, celui qui construisait le plus habilement un mur, jouissaient d'autant d'estime que le savant et l'artiste. Le travail manuel était honoré comme le labeur de l'intelligence ; le moine docteur ne s'élevait pas au-dessus du moine artisan.

Un historien, Guillaume de Saint-Thierry, raconte qu'au temps de la moisson, saint Bernard versait des larmes de ne pouvoir travailler aux champs avec ses frères, parce que les forces lui manquaient.

Dans la congrégation de Saint-Maur, plus spécialement créée pour les études scientifiques et littéraires, les règlements ordonnaient une heure de travail manuel par jour.

Pendant la première moitié du ve siècle, les études furent portées, dans les monastères, à une hauteur incroyable. Tous les grands problèmes de la philosophie furent creusés, toutes les questions débattues. La littérature, qui allait sommeiller pendant trois siècles, prend dans les monastères ces allures françaises, ce choix d'expressions, cette simplicité naturelle, cette naïveté charmante, qui contrastent avec les prétentieuses frivolités des beaux esprits du temps. On vit encore au VIe siècle, les grands historiens qui se nomment Grégoire de Tours et Frédégaire en même temps que le poëte Fortunat. Histoires et poésies s'écrivaient dans la cellule.

Les monastères seuls possédaient les bibliothèques : ce qui fait dire à M. Guizot : « C'est par là que les lettres se sauvèrent de la ruine qui les menaçait... L'esprit humain proscrit, battu de la tourmente, se réfugia dans les églises et les monastères; il embrassa en suppliant les autels pour vivre sous leur abri et à leur service jusqu'à ce que des temps meilleurs lui permissent de reparaître dans le monde et de respirer en plein air. »

En reparaissant dans le monde, en respirant en plein air, l'esprit humain s'est-il montré plus grand?

On en pourrait douter. L'étude véritable ne s'épanouit que dans le silence de la solitude. Il faut méditer avant d'écrire ; il faut observer avant de méditer ; il faut évoquer des images lointaines, écouter leur voix presque éteinte, ne la point troubler par le bruit du monde.

Un monastère à l'ombre de la forêt, dans ce monastère, une cellule mystérieuse, et dans cette cellule un prêtre courbé sur les livres, voilà pour nous ce qui convient à l'esprit humain pour s'élever dans les cieux et descendre jusqu'aux entrailles de la terre.

Le prêtre avait devant lui de longues heures sans distraction et sans préoccupation. Il ne se hâtait pas, car son travail n'était point attendu ; il cherchait en lui même ses idées, et ne songeait nullement à exprimer les sentiments d'un public ignorant afin de lui plaire. Comment l'esprit humain, en reparaissant dans le monde, aurait-il plus de puissance? Comment le grand air augmenterait-il sa force?

L'écrivain moderne est enfermé dans une fournaise. Paris, qu'il préfère avec raison, lui laisse à peine quelques heures de la nuit. Le jour appartient aux affaires, à la famille, au monde, à la politique, à ces milliers de devoirs grands et petits, qui comme un réseau, enserrent tout homme dans ses liens. On écrit donc la nuit, l'âme et le cœur remplis des échos de la veille; on n'est plus soi, on ne pense pas, mais on se ressouvient.

Durant le jour, l'écrivain a fait sa provision d'esprit, il a glané dans les champs de la science, il a dérobé quelques pailles aux gerbes des anciens moissonneurs, et chargés de butin, pour ne pas dire de larcins, les écrivains composent, avec de vieux matériaux, des constructions nouvelles, riantes et coquettes, hardies, originales dit-on, mais qu'une génération voit naître et mourir.

IV

Au VIIe siècle toutes les écoles sont dans les mains de l'Eglise. Ces écoles ne sont pas seulement ouvertes à ceux qui se destinent au service divin, mais la noblesse y envoie ses enfants. L'abbé Francard reçoit le nom de *nutritor et doctor filiorum nobilium*. Les serfs sont reçus à ces écoles, et pour la première fois, l'enfance apprend l'égalité en présence du prêtre. Uldaric *(Uldarici antiq. cons. monast. Clun.)* a dit : « Le plus grand prince n'était pas élevé avec plus de soin dans le palais des rois, que ne l'était, à Cluny, le plus humble des enfants. »

On suivait dans ces écoles la logique d'Aristote, l'arithmétique de Nicomaque, les éléments d'Euclide, la mécanique d'Archimède, et le système astronomique de Ptolémée. On lisait

Virgile, Cicéron, Horace, quelques orateurs grecs, la grammaire de Varron, et les principes de dialectique de saint Augustin.

Dans les bibliothèques des monastères, on a retrouvé des recueils de légendes que l'on récitait aux enfants. Cette poésie allait aux imaginations et peuplait les campagnes d'images de saints et de saintes prenant part aux travaux et aux fêtes, et présidant le soir aux veillées de la chaumière. Tout cela s'est envolé, les charmes se sont évanouis, et le pauvre paysan courbé par la fatigue ne trouve près de son foyer que le journal de la ville voisine, hargneux et montrant ses crocs.

Charlemagne voulant donner une grande impulsion aux lettres, aux sciences et aux arts, fonde la célèbre école du palais dont lui-même suit les cours comme un simple écolier. Les maîtres ont été choisis dans l'Eglise ; leurs élèves vont bientôt diriger d'autres écoles dans toutes les provinces de l'Empire. Des prêtres se rendent à Rome pour en rapporter les œuvres de Salluste, de Cicéron, de Quintillien et ces livres de l'antiquité sauvés par eux du naufrage.

Les grandes universités du XIIe et XIIIe siècles sortirent des écoles monastiques. Ces écoles étudièrent les langues, l'histoire ancienne et surtout la poésie. Que ceci ne cause aucune surprise. Les moines se montrèrent passionnés pour la poésie. Ils n'ont produit aucun grand poëme, mais par eux la tradition poétique a été conservée dans de naïfs récits, des drames religieux et des romans chevaleresques.

Les lettres, jusqu'au XIIe siècle, seront plus cultivées dans les monastères que les sciences physiques; mais les arts sont en grande faveur. La peinture, la musique, la sculpture, purifiées en quelque sorte par la pensée religieuse, brillent d'un éclat surnaturel. L'architecture, s'inspirant dans la solitude des forêts, crée les églises, véritables forêts de pierres, où les rayons du soleil tamisés par les vitraux semblent avoir traversé le feuillage ; où les colonnes sont des troncs d'arbres ; où la voûte est un enroulement de branches ; où le son de l'orgue imite la brise du vent; où la chapelle est mystérieuse comme l'étroite clairière au milieu des grands bois.

On ne peut pénétrer dans ces vieilles églises, noircies par les siècles, mutilées par les hommes, sans être saisi d'un frisson religieux. L'âme s'agrandit, l'esprit s'élève, tandis que le corps s'incline vers la terre. On se sent sous la main puissante du maître, et dans le silence solennel, on entend des voix lointaines chanter l'hymne des générations passées.

L'imprimerie n'étant pas inventée, il existait à peine quelques exemplaires d'un ouvrage. Les religieux dans les monastères multiplièrent les manuscrits en les recopiant. Ce fut une œuvre immense qui sauva d'une perte certaine toute la littérature grecque et romaine. Ainsi les *Annales* de Tacite ont été recopiées et conservées à l'abbaye de la nouvelle Corbie. Non-seulement, les religieux recopient, mais ils comparent, discutent l'authenticité des textes, et créent la critique moderne.

Dans la plupart des monastères deux ou trois cellules étaient réservées pour l'orfévrerie ; des moines conservaient l'art des mosaïques, montaient des pierres précieuses, ciselaient des vases sacrés, et créaient, de leurs mains, les admirables croix, les reliquaires, les trésors d'art religieux que les musées se disputent toujours. La sculpture sur bois était familière aux moines, qui ornaient leurs églises de siéges majestueux, et leurs sacristies d'armoires et de tables d'un charme inimitable.

L'un des plus grands bienfaits de l'Eglise, bienfait presque ignoré même par les lettrés, est la constitution de la propriété.

Dans notre civilisation chrétienne la propriété est un droit divin. Ce droit a été proclamé par l'Eglise.

En foulant le sol, en y passant le fer et la torche à la main, en conduisant en esclavage ou chassant devant eux les habitants, les barbares avaient détruit jusqu'aux notions de la propriété.

Elle fut reconstruite par les religieux qui défrichèrent la terre, entourèrent le champ d'un mur ou d'une haie, et firent savoir que ce champ, ce verger, cette prairie, cette forêt, n'appartenaient ni à tout le monde, ni au passant parce qu'il était fort.

Dans le principe, la propriété fut sauvegardée par une idée religieuse. Elle appartenait à l'Eglise et empruntait à cette Eglise, un caractère presque sacré.

Peu à peu l'idée de propriété individuelle, d'une chose appartenant à un homme, entra dans les esprits.

Dans l'antiquité, le droit de propriété dérivait de l'Etat. L'Église le fit remonter au travail, et le mit sous la garde de Dieu.

Le droit de propriété fut le plus respecté de tous et ne contribua pas peu à adoucir les mœurs.

M. l'abbé Martin, missionnaire apostolique, auteur d'un excellent ouvrage sur les moines, rapporte ceci : « On allait ensevelir Guillaume le Conquérant ; la fosse était ouverte ; le corps du *grand baron* était sur le point d'être déposé dans la terre ; un nommé Asselin, sortit de la foule et dit à haute voix : Evêques et clercs, ce terrain est à moi ; l'homme pour lequel vous priez me l'a pris par force pour y bâtir son Eglise ; je n'ai point vendu ma terre ; je ne l'ai point forfaite ; je ne l'ai point donnée ; *elle est de mon droit;* je la réclame. *Au nom de Dieu*, je défends que le corps du ravisseur y soit placé et qu'on le couvre de *ma* glèbe. »

La cérémonie fut suspendue, les évêques se tinrent immobiles près du cercueil de Guillaume le Conquérant, et le paysan Asselin rentra dans son droit de propriétaire qu'il invoquait *au nom de Dieu.*

La terre fut achetée au paysan, et Guillaume le Conquérant put reposer en paix dans le coin de terre qu'il n'avait pu conquérir.

Les philosophes modernes reprochent au clergé l'étendue des terres possédées par les monastères jusqu'à la Révolution française.

Nous pourrions expliquer historiquement l'origine de ces richesses ; mais nous préférons citer les paroles que Pierre, abbé de Cluny, adressait à saint Bernard. Ces paroles sont instructives :

« Tout le monde sait de quelle manière les maîtres séculiers traitent leurs serfs et leurs serviteurs. Ils ne se contentent pas du service usuel qui leur est dû ; mais ils revendiquent sans miséricorde les biens et les personnes. De là, outre les services accoutumés, ils les surchargent d'autres services innombrables, de charges insupportables et graves, trois ou quatre fois par an, et toutes les fois qu'ils le veulent. Aussi voit-on les gens de la campagne abandonner le sol et fuir en d'autres lieux. Mais, chose plus affreuse ! ne vont-ils pas jusqu'à vendre pour de l'argent des hommes que Dieu a rachetés au prix de son sang ? Les moines, au contraire, quand ils ont des possessions, agissent bien d'autre sorte. Ils n'exigent des colons que les choses dues et légitimes ; ils ne réclament leur service que pour les nécessités de leur existence ; ils ne les tourmentent d'aucune exaction ; ils ne leur imposent rien d'insupportable; s'ils les voient nécessiteux, ils les nourrissent de leur propre substance; ils ne les traitent pas en esclaves, en serviteurs, mais en frères... et voilà pourquoi les moines sont propriétaires à aussi bon titre, à meilleur titre même que les laïques. »

Les seigneurs se combattaient les uns les autres, la guerre était partout, le sang coulait de toutes parts. Les religieux ne pouvaient que gémir et prier, lorsque saint Odillon, abbé de Cluny, fonda la *trève de Dieu*, admirable création, invention presque divine, que nos institutions modernes ne sauraient faire oublier.

La guerre de château à château ruinait l'agriculture, étouffait l'industrie et détruisait la population. Le clergé ne pouvait supprimer le mal, il voulut du moins l'affaiblir en créant le droit des gens et le droit de la guerre, droits mal définis même de nos jours. En 1034, un évêque annonça qu'il avait reçu du ciel, d'une façon miraculeuse, l'ordre de prêcher la paix aux hommes. Alors, dans les monastères, les religieux s'assemblèrent et formant des conciles sur tous les points du territoire de la France appelèrent les seigneurs. Il en vint un grand nombre. On rédigea les règles de la *trève de Dieu*. Ces règles n'ont pas été les mêmes partout. Mais nous avons sous les yeux les canons du concile de Tuluges, en Roussillon, qui portent la date de 1041 : « Pour rendre au dimanche l'honneur convenable, personne n'attaquera son ennemi depuis l'heure de nones (neuf heures du soir), du samedi jusqu'au lundi à l'heure de prime (une heure du matin); personne n'attaquera en quelque manière que ce soit un moine ou un clerc marchant sans armes, ni un homme allant à l'église, ou en revenant, ou faisant route avec des femmes ; personne n'attaquera une église, ni les maisons voisines à trente pas, sous peine d'excommunication. »

L'Eglise soumettait ainsi les hommes à la religion, à l'humanité, à l'honneur. Le droit des gens a donc été établi par l'Eglise chrétienne.

En 1046, la *trève de Dieu* fut étendue, même pour les gens de guerre, du mercredi soir au lundi matin ; plus tard cette *trève* comprit des semaines, comme depuis le premier dimanche de l'avent jusqu'à l'Épiphanie, du 29 novembre au 6 janvier.

Cette législation est peut-être la plus glorieuse des entreprises du clergé. La *trève de Dieu* adoucit les mœurs, développa les sentiments humains, protégea l'agriculture, le commerce, les relations sociales.

Le paysan trouva dans cette *trève* une telle protection, que les seigneurs féodaux firent de grands efforts pour la supprimer. Il y eut une lutte violente entre les grands qui voulaient dominer le peuple et le clergé qui le protégeait. Les rois de France eux-mêmes, Henri Ier et Philippe Ier, s'opposèrent à la trève. Louis le Gros la reconnut et le pape Urbain II la confirma en 1095 au concile de Clermont. La France et l'Angleterre adoptèrent la *trève de Dieu*. Richard, abbé de Vannes, parcourait les campagnes prêchant la trève et faisant entendre des paroles de paix et d'amour.

Sous Philippe-Auguste, en 1183, la *trève de Dieu* fut remplacée par la *Confrérie de Dieu*.

Le moine Udalric a laissé par écrit les *Coutumes de Cluny*. On y trouve le règlement des voyageurs et des pauvres. « Les hôtes à cheval étaient reçus par le custode et les voyageurs à pied par l'aumônier. Chacun recevait le pain et le vin... en outre, chaque jour, on donnait des tourtes aux orphelins et aux veuves, aux aveugles et aux boiteux, aux vieillards et aux malades. Une fois par semaine, l'aumônier allait au loin visiter les malades qui ne pouvaient marcher, et leur remettait *ce qu'on pouvait avoir de meilleur*. »

Le monastère était un asile sacré, la *trève de Dieu* y étant de tous les jours. Les seigneurs n'osaient forcer les barrières du couvent, car les religieux, par la seule puissance du caractère, tenaient en respect la force brutale. Dans son magnifique livre : *Les Moines d'Occident*, le comte de Montalembert dit : « Jamais hommes ne connurent moins que les moines la crainte du plus fort ni les lâches complaisances envers le pouvoir. Les grands caractères, les cœurs vraiment indépendants, ne se trouvèrent nulle part plus nombreux que sous le froc. »

Il est un bienfait immense que la civilisation moderne doit à l'Eglise. Ce bienfait se trouvait d'ailleurs dans l'Evangile.

L'antiquité païenne considérait le dépositaire d'un pouvoir quelconque comme un maître. Le christianisme mit en honneur une idée qui, peu à peu, transforma le pouvoir en service public. Le dépositaire de ce pouvoir devint donc un serviteur, le serviteur des autres. Dans les armées modernes, on désigne un bon officier par les mots : *bon serviteur ;* un maréchal de France est *au service*, et le recueil des actions d'un vieux capitaine prend le nom *d'états de services.*

Il y a là une immense révolution morale.

V

M. de Maistre dit, en parlant des croisades : « Aucune n'a réussi, mais toutes ont réussi. » Rien n'est plus vrai. Nul n'ignore que ce grand mouvement politique est l'œuvre des religieux qui parlaient par la voix de Pierre l'Ermite ; Grégoire VII et Urbain II sont deux moines de Cluny ; saint Bernard est encore un moine.

Ces pauvres moines dont la pensée embrasse le monde comprennent qu'il faut purifier l'homme de guerre, le sanctifier en quelque sorte, en plaçant sur son cœur la croix, symbole du sacrifice.

L'homme de guerre n'avait été, jusque-là, qu'une sorte de barbare sans foi ni loi, n'obéissant qu'aux instincts, aux passions, aux intérêts. La bravoure était la seule vertu que le chef demandait à ceux qui le suivaient.

Le moine créa le soldat moderne, en instituant les chevaliers de Saint-Jean-de-Jérusalem et du Temple. Les premiers chevaliers sortirent des monastères, et prêchèrent en quelque sorte la discipline militaire. Ils créèrent en Espagne les ordres de Calatrava et d'Alcantara ; dans le Nord ils instituèrent les chevaliers teutoniques. A côté de ces guerriers couverts d'armures, entre eux et les ordres religieux proprement dits, marchaient les *frères du rachat des captifs*, les *religieux de Notre-Dame-de-la Merci*.

L'esprit de sacrifice prenait toutes les formes ; on *servait* de cent façons diverses, par la prière, par l'épée, par la parole, par tous les genres de travaux.

Ces ordres militaires sortis du cloître en perpétuaient l'esprit. Cet esprit se modifiait au contact du monde et, d'exclusivement religieux, devenait chevalcresque.

Mais il conservait la pureté sinon la sainteté du monastère. En rendant hommage aux dames, le chevalier honorait la faiblesse et rendait un éclatant hommage à la femme chrétienne.

Ce n'est pas ici le lieu de dire ce que fut la chevalerie. Mais il importe de constater que l'esprit militaire qui animait Bayard est devenu l'héritage des armées modernes. Cet héritage a été mis en lambeaux par le temps et les révolutions, mais il en reste assez pour que la France y trouve son salut.

Ce que l'on nomme l'esprit militaire, ressemble encore à l'esprit religieux : même discipline, même désintéressement, même abnégation et même fidélité.

Si les hommes d'Etat et les peuples dédaignent les dernières lueurs prêtes à s'éteindre, l'esprit militaire sera bientôt remplacé par l'esprit guerrier. Celui-ci a la barbarie pour origine, celui-là sortait de la religion. César et Pompée connaissaient l'esprit guerrier, Turenne était animé de l'esprit militaire.

VI

Autour des couvents, sous l'œil des moines, les établissements industriels s'élevaient et prospéraient. Les contre-maîtres étaient des religieux. D'autres religieux formaient des confréries des ponts et chaussées, traçaient les routes et construisaient les ponts.

Les *frères pontifes* élevaient des hospices le long des rivières. Saint Benazet fit bâtir en 1177 un pont sur le Rhône à Avignon ; il y travailla pendant onze ans. Le célèbre pont du Saint-Esprit, également sur le Rhône, fut l'œuvre des moines, qui le commencèrent en 1265. Ce ne fut qu'en 1519, que le corps des ponts et chaussées fut sécularisé. Il était jusqu'alors un ordre religieux qui portait sur ses manteaux un *grelet* ou marteau de maçon. L'étymologie du mot pontife se trouve dans *pontem facere*. Le pontife chrétien construit un pont entre la terre et le ciel.

Les *frères humiliés* dont saint Bernard a établi la règle, fabriquaient des étoffes.

Un détail qui semblera de bien faible importance peut ici trouver sa place. La culture des fruits avait été entièrement perdue. Les monastères firent venir des pays étrangers des arbres fruitiers et des fleurs ; cultivés par les mains habiles d'hommes instruits, les jardins produisirent mieux et plus qu'ils ne l'ont fait depuis.

On lit dans un rapport d'une commission agricole de la Haute-Saône du 26 décembre 1863 : « Les couvents possédaient à peu près seuls les bons fruits et connaissaient les méthodes de les propager et de les cultiver. Ces établissements ayant été dispersés, l'arboriculture est revenue, à peu de chose près, à son état primitif. »

Un adversaire de l'Eglise, implacable ennemi du christianisme, M. Littré, n'a pu s'empêcher d'écrire : « Quiconque est avec la civilisation doit être à cette époque (moyen âge) avec l'Eglise et avec les moines, milice de l'Eglise. »

M. Viollet-le-Duc, aujourd'hui si révolutionnaire, écrivait autrefois : « La charité alors (chez les moines du moyen âge), la charité alors ne se couvrait pas de ce manteau froid de nos établissements modernes ; mais elle accompagnait ses dons de paroles consolantes ; elle était toujours là, présente, personnifiée par l'Eglise. »

La plus terrible épreuve subie par le catholicisme est l'événement qui, dans l'histoire, porte le nom de réforme.

On composerait une immense bibliothèque avec les seuls livres publiés par la réforme.

L'homme qui ne se laisse éblouir ni par le faste des mots, ni par les séductions de la rhétorique, et qui sait conserver en toutes circonstances la liberté d'esprit et le sang-froid d'un juge, voit parfaitement quelles furent les véritables causes de la réforme.

Le roi de Prusse Frédéric II qui n'était ni catholique, ni protestant, et se piquait d'incrédulité, a dit avec son cynisme habituel : « Si l'on veut réduire les causes des progrès de la réforme à des principes simples, on verra qu'en Allemagne ce fut l'ouvrage de l'intérêt;... Joachim II (de Brandebourg) acquit par la communion sous les deux espèces les vastes évêchés de Brandebourg, de Havelberg et de Lebus, qu'il incorpora à la Marche. » Frédéric oublie l'acquisition du duché de Prusse, par Albert, son cousin.

La rapide propagation de la réforme eut pour cause, non la supériorité des dogmes nouveaux, mais la convoitise. Les biens du clergé tentèrent les réformateurs. Walter Scott le constate, dans le *Monastère* et dans l'*Abbé*, œuvres fort historiques.

La noblesse française montra pour la réforme une propension très-marquée. Elle y vit, non pas une question religieuse, mais le moyen de s'enrichir des dépouilles du clergé et de reprendre l'indépendance qu'elle avait perdue dans sa lutte contre la couronne. De son côté, la royauté, d'abord indécise, se ravisa en comprenant qu'elle était menacée. La royauté ne tarda pas à voir que l'émancipation religieuse tournerait promptement à l'émancipation politique, et qu'après avoir méconnu l'autorité du pape, on briserait l'autorité du roi.

Il n'y eut donc pour défendre l'antique Eglise catholique que le prêtre et le roi, mais derrière eux la nation, c'est-à-dire le peuple des campagnes, fidèle aux croyances de ses pères.

Plus de quatre mille gentilshommes adoptèrent la réforme, la noblesse d'épée se fit protestante, et les grandes familles de France, les Rohan, les Châtillon, les La Trémouille, les Latour-d'Auvergne, etc., etc., donnèrent l'exemple de l'abandon du catholicisme.

Les parlements, les grandes villes, l'administration royale restèrent fidèles à la religion ancienne. Il est remarquable que le protestantisme se recruta parmi ceux qui devaient naturellement entrer en possession des biens du clergé et des monastères.

Longtemps après, lorsque vint la Révolution française, les Rohan, les La Trémouille, les Chatillon, les Latour-d'Auvergne, et la haute noblesse, se virent attaquer à leur tour. Ils étaient rentrés dans l'Eglise, mais ils possédaient de grands biens.

Il existe ici-bas une logique inflexible, terrible souvent, qui fait que l'homme récolte ce qu'il a semé.

Toujours est-il qu'à l'époque de la réforme, le prêtre seul, par son influence sur le peuple, sauva le catholicisme, et avec le catholicisme le principe d'autorité.

VII

Nous avons voulu expliquer le patriotisme du prêtre, il est dans notre histoire. La France est bien la fille aînée de l'Eglise. La main du religieux a défriché le sol, son esprit a porté la lumière en tous lieux, son âme a purifié l'air que respire le peuple. Plus que les autres, le prêtre devait donc aimer la France ; tout ce qu'elle a de grand et de noble vient de lui. Il ne peut faire un pas sans retrouver l'empreinte de ceux qui l'ont précédé dans l'Eglise ; il ne peut ouvrir un livre utile sans y rencontrer la pensée de notre civilisation chrétienne. Institutions sociales et politiques ont été, en germes, dans le monastère. Le peuple doit sa liberté à l'Eglise, les grands leur autorité, et la couronne cette majesté que lui imprime la croix dont elle est surmontée.

CHAPITRE IV

—

L'INVASION

> Aucun homme que je sache ne peut être assez dépourvu de jugement pour ne point voir que, si abîmé que soit ce royaume, à peine échappé du naufrage, il est encore le premier, le plus grand de tous.
>
> PÉTRARQUE, *au roi Jean, en 1360, après la défaite de Poitiers et le traité de Brutigny.*

> Dieu a caché dans la douleur un baume réparateur et mystérieux.
>
> R. P. LACORDAIRE.

I

L'idée que tout Français se faisait de la guerre s'est modifiée depuis 1870. Tout en reconnaissant que la guerre était une terrible épreuve pour les peuples, tout en déplorant les conséquences de la bataille, le Français ne maudissait pas la guerre, il lui accordait même une estime particulière et l'honorait comme une source de vertus privées et de grandeur publique.

Le peuple devine que pour lui la guerre n'est

point une occasion de fortune ; le nom du paysan devenu soldat ne retentira pas dans le monde, son sacrifice passera sans laisser de traces, et sa mort même n'éveillera pas un écho.

Mais il devine que la guerre est le champ ouvert à son activité ; il y prendra la mesure de sa force morale ; il y mettra en œuvre toutes ses facultés, montrera sa puissance, et s'élèvera aux yeux de tous par ces vertus qui se nomment bravoure, fermeté, patience, humanité, résignation.

En temps de paix, aux villes aussi bien qu'aux villages ces vertus sommeillent, s'endorment souvent pour toujours. La guerre les tient en éveil, les développe et quelquefois même les fait naître.

Puis, il faut aussi le dire, l'homme a pour l'émotion le goût le plus vif et le plus profond. La chasse, le voyage, le jeu procurent des émotions. Le théâtre, le roman, la littérature, l'éloquence, sont pour beaucoup des sources d'émotions.

La guerre est la plus grande des émotions. Au milieu de sensations qu'il serait impossible d'analyser, puisque chacun les éprouve d'après sa nature, la plupart des hommes trouvent dans la guerre un charme mystérieux.

La mort toujours présente, l'inconnu à tous les horizons, des souffles qui ressemblent à de lointains gémissements, des marches dans l'obscurité de la nuit au milieu de pays inconnus, des haltes soudaines, silencieuses, dont le terme sera peut-être une pluie de mitraille.

Il y a bien aussi, dans ces jours d'émotions, les heures délicieuses de la victoire, les heures cruelles de la défaite. On songe alors à la patrie, à la famille absente, aux amis tombés dans la bataille, et l'âme s'élève vers le ciel.

Telle est la suprême émotion. Dans cette fournaise, le peuple se trempe comme l'acier à l'ardent foyer de la forge. Il en sort meilleur, plus résistant et plus brillant.

Ce sont des souvenirs pour les vieux jours, d'héroïques légendes à raconter autour du foyer où le sarment petille ; et puis l'estime et la considération des villages d'alentour, une sorte de noblesse populaire.

Et par-dessus tout un esprit nouveau, l'esprit militaire, que M. Guizot définit ainsi dans ses Mémoires : « L'esprit militaire est cet esprit d'obéissance, de respect, de discipline et de dévouement, l'une des gloires de l'humanité, et qui est le gage de l'honneur, comme il est celui de la sûreté des nations. »

Quant à ceux qui ne prennent point place dans les armées et qui consacrent leurs facultés à d'autres services, quant aux gens de loisir, ils regardent de loin les armées et la guerre avec un sentiment de sympathique admiration. Nous devrions parler au passé, car l'invasion récente a détruit plus d'une illusion, affaibli plus d'une croyance.

Qui ne se souvient du retour de l'armée de Crimée, marche triomphale s'il en fut jamais. Couverts d'uniformes déchirés, les bataillons se pressaient sur les boulevards de Paris, marchant de la barrière vers la place Vendôme. Des blessés appuyés sur de longs bâtons ou soutenus par leurs compagnons, formaient des rangs nombreux. Tous ces visages amaigris et bronzés, ces regards fiers et bons, ces physionomies souriantes qui exprimaient la surprise, étaient bien l'expression ou pour mieux dire l'image de la nation française. Les vieux drapeaux mutilés planaient dans l'air et la musique guerrière réveillait tous les échos.

Eh bien ! dans ce spectacle immense, l'armée disparaissait, elle était comme engloutie par les flots d'un peuple en délire. Un cri sublime, le cri de la patrie saluant son soldat, enveloppait tout Paris. Aux fenêtres des milliers de têtes s'agitaient. Un déluge de fleurs descendait des maisons sur les soldats, et les fusils ornés de bouquets prenaient un air riant.

L'atmosphère semblait purifiée. Paris oubliait pour quelques heures ses disputes et ses rivalités. C'était plus qu'une fête, plus qu'un spectacle, plus qu'une cérémonie officielle. Le peuple, avec son cœur, cette fois, avait fait de cette journée quelque chose où la grandeur de l'antiquité romaine se mariait aux magnificences de la religion chrétienne.

C'était, en effet, le char du triomphateur allant au Capitole, mais le triomphateur était le soldat, paysan la veille, paysan le lendemain. C'était aussi le retour de l'enfant dans la famille chrétienne, et l'on entendait le mot *frère* sortir de toutes les bouches.

Le peuple avait été bien intelligent et bien noble, le jour de l'entrée à Paris de l'armée de Crimée. Ce n'était pas la victoire qu'il saluait : nous étions, en ce temps-là, habitués aux victoires. Le peuple saluait le sacrifice. Son héros était moins le grenadier montant à l'assaut de Malakoff, que le simple fusilier couché dans la neige de la tranchée pendant les froides nuits de l'hiver. Le peuple admirait surtout la résignation. Cela est si vrai que le héros populaire fut moins le maréchal Pélissier, conquérant de la forteresse, que le général Canrobert, donnant l'exemple des grandes vertus militaires et soutenant le moral de son armée.

Le peuple comprit que l'esprit de sacrifice est le premier de tous. Mais, en ce temps-là, le peuple était loin de penser que le sacrifice lui serait prochainement demandé ; il ne croyait pas non plus que le prestige qui entourait le noble métier de soldat allait recevoir une cruelle atteinte.

Les jours sont venus où chacun a pris une

part plus ou moins active à la guerre, où tous les Français, sans en excepter un seul, ont été condamnés aux sacrifices.

Nous ne voulons rappeler ici que les sacrifices du curé de campagne.

II

Le 17 janvier 1871, lorsque la guerre touchait à sa fin, les Prussiens se trouvaient entre Salmaise et Verrey, département de la Côte-d'Or. Après un engagement avec les mobiles, l'ennemi se précipita sur le village de Verrey, massacrant tout ce qui se trouvait sur son passage. Les femmes, les enfants, les vieillards n'étaient pas épargnés.

Le curé de la paroisse, M. l'abbé Frérot, âgé de trente-sept ans, donnait aux mourants les secours de la religion. Les Prussiens blessèrent ce digne prêtre de deux coups de baïonnette.

L'abbé Frérot, tout sanglant, voulut chercher un refuge dans son jardin. Poursuivi par les Allemands, qui tiraient sur lui avec rage, le prêtre reçut une balle dans la tête et eut la joue gauche traversée. Il parvint à se relever et se traîna dans une maison voisine où le docteur Lamarche, son ami, donnait des soins à un enfant grièvement blessé.

Le médecin pansa les plaies du prêtre, le ranima, puis s'armant du drapeau de la société internationale, il en couvrit le malheureux curé, et voulut le conduire dans sa propre maison où se réfugiaient les blessés comme dans un asile sacré.

Les soldats prussiens reconnurent le prêtre qui marchait en chancelant appuyé sur le bras du médecin. Ils se précipitèrent de nouveau sur lui, l'accablèrent de coups de crosse, les uns faisant feu, les autres le chargeant à la baïonnette.

Le prêtre tomba couvert d'affreuses blessures. Les ennemis crurent que leur victime était morte, et s'éloignèrent.

Le docteur releva son ami et parvint à l'emporter; l'abbé Frérot ne pouvait être rappelé à la vie. L'agonie dura quelques jours.

Les Prussiens s'étaient éloignés pour incendier les campagnes voisines. Le curé du village se mourait entouré de ses paroissiens. Le docteur lui prodiguait ses soins, mais le sacrifice devait être consommé. Le pasteur devait donner sa vie pour son troupeau, et il accomplissait le sacrifice avec une joie céleste.

Lorsque la dernière heure fut venue, le pauvre curé donna sa bénédiction, puis d'une voix encore assurée prononça ces paroles : « Je meurs sans regrets ; mais je serais heureux que Dieu permît que ma mort servît à quelque chose et fût utile à mon pays. »

L'abbé Miroy, curé du village de Cuchery près

de Reims, venait d'apprendre que son père et sa mère avaient péri dans l'incendie d'un hameau peu éloigné de sa demeure, hameau brûlé par les Prussiens. Plongé dans la douleur, il dit des messes pour le repos de l'âme de ceux qu'il aimait et vénérait. Ses paroissiens prenant part à son malheur se réunirent à l'église, et mêlèrent leurs prières à celles du prêtre.

Quelques jours après l'affreuse mort des deux vieillards, des habitants du village prièrent leur curé de permettre que des fusils de chasse fussent cachés dans un grenier du presbytère. Accablé par la douleur, ou peut-être même pour rendre service, l'abbé Miroy laissa faire, et les fusils, presque tous démontés, furent déposés dans la cure du village.

Y eut-il dénonciation? on ne sait. Mais le lendemain le curé fut arrêté par les Prussiens, conduit à Reims, jeté dans un cachot, jugé par un conseil de guerre et condamné à la peine de mort.

Le dimanche 12 février 1871, à six heures du matin, le jour paraissait à peine, le froid se faisait vivement sentir et le silence régnait dans la ville de Reims.

L'une des rues qui conduisaient à la porte principale retentissait, cependant, des pas cadencés de plusieurs hommes. Des fenêtres s'ouvrirent discrètement et quelques habitants de la ville purent voir briller le fer des fusils.

Douze soldats prussiens marchaient sur deux files enveloppés de leurs sombres capotes. Ils étaient l'arme au bras et ne prononçaient pas une parole. Un prêtre catholique français revêtu de sa soutane, se trouvait au milieu des Prussiens. Sa tête, couverte d'une calotte en velours noir, semblait un peu inclinée sur sa poitrine. Ses mains liées derrière le dos par une corde, ne lui permettaient pas de toucher au chapelet suspendu autour de son cou. L'extrémité de la corde était tenue par un caporal. Le prêtre marchait dans le plus religieux silence.

Depuis son arrestation, il ne lui avait été donné que de l'eau et du pain noir ; il sortait d'un humide cachot, et malgré la faiblesse de son corps, son âme restait ferme.

M. l'abbé Miroy, car c'était le digne curé du village, allait à la porte de Reims pour y être fusillé.

La veille, il avait refusé de signer un pourvoi en grâce. Il avait répondu : « Je n'aspire qu'à rejoindre dans un monde meilleur mon père et ma mère. »

L'horloge de la ville sonna six heures un quart et quelques passants s'arrêtèrent en saluant le prêtre. Une détonation se fit entendre, et le corps de M. l'abbé Miroy roula sur la terre ensanglantée. Il était mort avec la résignation du martyr et le courage du soldat.

Ce crime fut commis pendant l'armistice, alors

que les armes étaient sans danger, quatre jours après les élections générales.

De pieuses mains donnèrent au martyr la sépulture chrétienne. Sa tombe fut couverte d'immortelles, et sur la croix tumulaire on peut lire ces mots : *Ici repose l'abbé Ch. Miroy, mort victime de son patriotisme.*

Ceux qui revenaient du cimetière où avaient été déposés les restes mortels du curé de campagne, purent voir cette annonce allemande, affichée sur les murs de la ville de Reims, et reproduite par le journal officiel :

« Dans la nuit du 6 au 7 février courant, on a tiré des montagnes environnantes, à plusieurs reprises, des coups de fusil contre des troupes de réquisition entrées à Belval. Charles Miroy, curé de Cuchery, âgé de quarante-deux ans, à la paroisse duquel appartient Belval, et qui avait caché et distribué aux habitants des armes, a été arrêté comme instigateur de ces actes hostiles, et, en vertu d'un arrêt du conseil de guerre, fusillé aujourd'hui matin à Reims *pour crime de trahison envers des troupes allemandes.*

» Signé : *Le gouverneur général.*

» DE ROSENBERG-GRUSZCZYNSKI,
Lieutenant-général.

» Reims, le 12 février 1871. »

III

Le curé de campagne est une étincelle du grand foyer de lumière qui se nomme la papauté. Les balles prussiennes peuvent percer le cœur de l'homme et teindre en rouge de sang sa noire soutane ; le prêtre ne meurt pas.

Son immortalité est l'immortalité même de la papauté. Depuis dix-huit siècles elle règne sur le monde, malgré les entraînements, les passions, les révoltes, les intérêts et les persécutions. Tout glisse sur la papauté, comme le torrent sur le rocher. Le rocher est d'autant plus uni, brillant et solide, que l'onde l'attaque avec une force nouvelle à l'heure des orages. Ce rocher peut pour quelques jours disparaître sous les vagues amoncelées, ou seulement se voiler sous les lames, il reparaîtra aux premiers rayons du soleil.

Depuis que la papauté règne, les empires ont disparu, les dynasties se sont éteintes, les peuples se sont transformés, les guerres ont ravagé le monde, Rome est tombée au pouvoir de l'ambitieux; mais le premier des prêtres catholiques est resté debout sous les voûtes de son église.

Le curé Miroy n'était ni un Léon X, ni un Sixte-Quint ; le village de Cuchery ne ressemblait point à la Rome chrétienne ; l'humble presbytère paraissait bien petit à côté du Vatican, et cependant le simple curé de ce village a l'immortalité de Léon X et de Sixte-Quint.

Les prisonniers français évadés de Montmédy ont rapporté cet épisode de la guerre, recueilli par M. Blandeau :

« Nous sommes du Jura, soldats au 4e bataillon de chasseurs. Faits prisonniers à la bataille de Mouzon, nous étions conduits, au nombre de cinquante-trois, par un peloton de cavaliers prussiens. Le quatrième jour nous arrivâmes dans un petit village de la Meuse, épuisés de fatigue aussi bien que nos conducteurs.

» Les Prussiens, pour nous garder plus facilement, exigèrent du curé les clefs de l'église et nous y fûmes enfermés. Les portes solidement barricadées, et surveillées par des sentinelles, nous enlevaient tout espoir d'évasion.

» Le curé de la paroisse avait demandé aux Prussiens l'autorisation d'enlever le saint sacrement ; l'église était vieille, il y avait des chapelles du temps des seigneurs, et des murailles percées de trous donnant sur l'autel, tout comme dans l'église de Pesmes (Jura) qui est proche de chez nous.

» Nous étions rangés de notre mieux sur les bancs, et je crois que je dormais déjà, quand j'entendis sur le coup de minuit, une voix qui me dit : Chasseur ! chasseur !

8

» Je me frotte les yeux, je regarde et j'aperçois la tête du curé qui sortait dans l'épaisseur du mur, par un trou carré que j'avais pris pour un placard à mettre les burettes.

» — Voulez-vous vous sauver des Prussiens? nous dit le curé.

» — Certes, je le crois bien! par où passe-t-on?

» — Ici; réveillez vos camarades, laissez brûler les cierges que j'ai allumés exprès, et surtout pas de bruit, car les Prussiens sont tout près.

» Chacun fut bientôt sur pied. Nous voilà l'un après l'autre, rampant dans l'ouverture de la muraille. Cette ouverture donnait sur une ancienne chapelle, où l'on déposait le matériel de l'église. Il y avait un vieux lutrin, des catafalques, des chandeliers noirs et tout l'attirail des morts. La fenêtre qui n'avait point de barreaux était assez élevée, mais le curé y avait placé une échelle pour descendre dans le jardin du presbytère, que chacun traversa tenant ses souliers à la main. Une petite porte nous donna bientôt sortie sur la campagne, et le curé nous dit :

» — Etes-vous tous là?

» — Oui, mon prêtre, répondit un sergent.

» — Eh! bien, mes amis, mettez vos souliers et détalons.

» Nous suivions le bon curé sans rien dire, et nous ne sentions plus de fatigue, le sentiment de la liberté nous donnant des ailes. Nous avions déjà marché pendant deux heures, lorsque le curé nous dit : Mes enfants, vous voilà hors de danger du côté de vos gardiens, vous allez, dès que le petit jour paraîtra, apercevoir trois villages où il n'y a pas de Prussiens ; vous vous séparerez, vous tâcherez d'y trouver des habits, et maintenant, bon voyage et que le bon Dieu vous conduise.

» — Mais vous, monsieur le curé, qu'allez-vous devenir? Les Prussiens seront furieux ; s'ils vous trouvent ils vous fusilleront.

» — Ils ne me trouveront pas, car je ne peux pas rentrer.

» — Mais ils brûleront votre cure, votre église !

» — Est-ce que la liberté de cinquante-trois braves soldats comme vous ne mérite pas que j'aie risqué ma cure et mon église?

» Nous étions attendris, nous pleurions; le curé nous a tous embrassés, et nous sommes partis ! »

» Oh ! le brave homme ! et dire que des gredins accusent les curés d'avoir amené la guerre et les Prussiens !

» Qu'on aille le demander au 4e bataillon de chasseurs. »

Lorsqu'ils furent entrés à Sarreguemines, les Prussiens demandèrent à M. l'abbé Muller, curé de la paroisse, les clefs de l'église.

Le vieillard refusa.

— Monsieur le curé, dit un officier, votre résistance nous fatigue. Nous sommes vainqueurs, tout nous appartient. Si vous ne donnez les clefs à l'instant même, nous les prendrons de force, et vous serez...

— Je vous comprends, dit le vénérable prêtre, en interrompant le Prussien ; dans une exécution militaire, combien de balles tirez-vous sur celui qui est condamné à mort ?

— Huit et le coup de grâce.

— Eh bien ! avant d'entrer dans mon église et de la profaner, vous me tirerez huit balles et vous me donnerez le coup de grâce. Alors seulement vous entrerez dans l'église en passant sur mon corps.

L'abbé Muller ne fut pas le seul à refuser les clefs de son église.

M. Jacobs, curé de Fourquemont, ne voulant pas livrer ses clefs fut conduit chez le major Vilhem-Fritz, qui lui dit brutalement la main appuyée sur son sabre :

— Curé, tu vas donner de suite la clef, ou bien...

— Major, reprit l'abbé Jacobs, on rapporte, dans l'histoire de la Grèce, qu'à la bataille de Salamine un Athénien saisit un vaisseau avec la main droite. Quand cette main fut coupée, il le saisit de la main gauche ; lorsqu'elle fut encore coupée, il le saisit avec les dents, et retint le vaisseau jusqu'à ce qu'il eût été tué.

Je ferai de même pour les clefs de mon église; je les garderai avec ma main droite. Si elle est coupée, je les prendrai de la gauche; si elle est coupée, je les retiendrai avec les dents jusqu'à la mort. Choisissez : Je reste maître de mon église ou vous me tuerez.

Le curé de Neuville, département des Ardennes, était M. l'abbé Cor, âgé de plus de quatre-vingts ans. Accusé d'avoir favorisé la marche des Français, et retardé celle des Prussiens, le vieillard fut arrêté. Les Prussiens l'attachèrent à la queue d'un cheval et le traînèrent ainsi sur les chemins et dans les terres labourées. Souvent le vieillard tombait, mais un cavalier prussien, qui avait attaché une corde à la jambe du curé, tirait cette corde. Ses mains et son visage étaient ensanglantés, ses membres meurtris, ses vêtements en lambeaux.

Les Prussiens le jetèrent enfin dans un fossé de la route.

Malgré son grand âge et ce long martyre, l'abbé Cor revint à la vie.

En le voyant ainsi couvert de boue et de sang, un de ses paroissiens lui dit :

« — Monsieur le curé, dans quel état vous voilà!

» — Oh! répondit le curé, c'est ma vieille soutane. »

Y a-t-il dans l'histoire une plus belle réponse? Nous en savons qui sont sublimes de grandeur, d'autres admirables d'esprit. On en cite d'héroïques, de majestueuses, et de fières. Mais qui a prononcé un mot aussi simple, aussi philosophique?

Le prêtre catholique peut seul, dans sa sainte résignation, dans sa divine abnégation, trouver dans son âme la réponse de ce curé de village.

« C'est ma vieille soutane. » Le corps n'y est pour rien, l'âme encore moins.

Après la bataille de Forbach, le curé de Gunstatt fut saisi et conduit devant une sorte de conseil de guerre prussien. Nous ignorons ce qu'on exigeait de lui, mais à la demande faite par l'ennemi il opposa le refus le plus formel. Quelques heures lui furent accordées pour la réflexion. Le temps écoulé, le curé refusa de nouveau. Le conseil le condamna à la peine de mort. Un sursis de deux heures fut encore donné au prêtre. Il passa ces deux heures en prières. Lorsque les soldats prussiens vinrent le chercher pour le conduire au supplice, il dit en langue allemande : « Je préfère la mort au crime de trahir la France. »

Quelques minutes après, il était fusillé.

Le 2 novembre 1870, dans la matinée, un corps prussien arrivait à Etuffont, village près de Belfort. Le curé était à l'autel et terminait l'office des morts. Le vicaire, M. l'abbé Miclaud, se tenait près de la porte de l'église.

Les Prussiens franchirent cette porte et s'emparèrent des deux prêtres. Le curé et le vicaire se virent placés en tête d'une colonne qui se rapprochait de la forteresse, afin d'être les premiers frappés par les projectiles. Heureusement pour les deux prêtres, la colonne prussienne fut attaquée en flanc par des francs-tireurs embusqués dans un fourré. Bientôt, de part et d'autre, le nombre des morts devint considérable et, dans le désordre de l'engagement, le curé et l'abbé Miclaud purent donner des soins aux blessés et assister les mourants.

En se retirant les Prussiens laissèrent les deux prêtres en liberté. Ils retournaient au presbytère d'Étuffont, lorsqu'une nouvelle colonne prussienne arrivant de Petit-Magny s'empara d'eux. Cette colonne avait commis à Petit-Magny des atrocités sans nom. Les soldats étaient ivres de colère et de sang. Trois Prussiens se précipitèrent avec rage sur le vicaire et l'attaquaient à coups de baïonnette, lorsqu'un quatrième Allemand déchargea son fusil sur le prêtre. La balle avait traversé la poitrine, mais le mourant put se traîner jusqu'au bord de la route où il tomba sans connaissance. Un officier prussien arrivait à cheval et vit le curé rendant les derniers devoirs à son vicaire. L'officier s'arrêta, et prenant un pistolet dans les fontes de sa selle, fit feu sur le curé. Un mouvement de celui-ci le sauva. L'officier, ne sachant s'il avait bien ou mal visé, s'éloigna au galop en fredonnant quelque ballade germanique.

L'agonie de l'abbé Miclaud dura dix jours. Pendant dix jours le jeune prêtre souffrit cruellement, mais avec une angélique douceur. Le onzième jour, il mourut dans les bras de son curé, en disant d'une voix éteinte : « Je pardonne... pauvre France... mon Dieu, acceptez ma vie pour elle. »

Le prince Frédéric-Charles fut invité à un grand dîner officiel donné à Rome par M. de Tauffkirchen, ambassadeur de Bavière. Ce repas avait lieu le 26 février 1872. Au milieu d'un profond silence, le prince Frédéric-Charles prononça ces paroles qui trouvent ici leur place : « Il n'y a en France qu'une classe debout et digne, noble et patriotique, véritablement influente, c'est le clergé. Il était impossible de ne pas l'admirer sur les champs de bataille. »

IV

Au début de la dernière guerre une forte colonne française arriva dans un village de la Lorraine. Cette troupe se dérobait aux poursuites de l'ennemi par une marche rapide, et cherchait à rejoindre le corps d'armée dont elle faisait partie. Le pays, boisé et accidenté, rendait la retraite périlleuse, tandis que le manque de renseignements sur les forces et les positions des Allemands imprimaient aux mouvements des Français un caractère d'indécision qui ressemblait au découragement.

En entrant dans le village, le général français Camb... arrêta sa troupe, et manda les autorités. Le maire et les habitans s'étaient éloignés. Seul le curé demeurait à son poste avec quelques infirmes hors d'état de supporter les fatigues.

Le curé, M. Pontac, parut donc devant le général qui, une carte sous les yeux, étudiait le terrain. Cette carte, de petite dimension, et fort incomplète, laissait l'état-major dans l'incertitude.

Lorsque le curé parut, le général ne chercha point à dissimuler son désappointement. En effet le bon prêtre semblait peu propre au rôle que les hasards de la guerre lui destinaient.

Plus que septuagénaire, d'une taille au-dessous de la moyenne, le corps prodigieusement développé, la tête près des épaules, le visage bouffi, les mains enflées et les pieds dans de lourds sabots, le curé marchait difficilement appuyé sur un bâton. Il dit au général que la goutte le tourmentait et qu'il n'était qu'un pauvre serviteur ignorant.

Le général, qui n'était pas un sot, devina dans la physionomie du prêtre une grande intelligence. Ses petits yeux gris petillaient sous d'épais sourcils, sa bouche avait un sourire d'une extrême finesse, et sous un air de bonhomie villageoise, le général vit un esprit fin, un caractère énergique et la franchise d'un brave et honnête homme.

Jeune encore, mais fatigué par la guerre, le général s'assit sur un banc de bois devant une table sur la grande route même ; près de lui, le vieux prêtre prit une place. La carte du pays était sous leurs yeux.

— Nous allons, monsieur le curé, tenir un petit conseil de guerre, vous et moi, dit le général en souriant.

Le curé prit sa tabatière, l'ouvrit lentement, et savourant une prise, répondit gaîment :

— Je pourrais, général, vous rappeler que l'histoire nous a montré souvent l'Eglise éclairant les conseils des souverains de la terre, et indiquant à leurs armées le meilleur chemin... Mais allons au plus pressé... Quel est votre but, général ? d'où venez-vous ? Où allez-vous ? Cherchez-vous le combat, ou voulez-vous l'éviter ?

Le général répondit à ces questions avec une entière confiance.

Le curé prit un crayon et traça des lignes sur la carte, puis, après un moment de silence, il dit au général :

— L'ennemi est à vingt ou vingt-cinq kilomètres d'ici au point que j'ai indiqué par un **A** ;

il ne sera pas sur vos talons avant demain matin. Votre troupe est fatiguée, elle peut donc se reposer, mais pas dans le village qui est dominé de tous côtés par des hauteurs. A trois kilomètres, en suivant la route, au sommet de cette petite côte, vous trouverez un plateau qui contourne la rivière et qui forme une presqu'île boisée, vous y serez en sûreté.

L'ennemi, pour vous suivre, abandonnera la grande route qui est plus longue que la traverse, et qui exige un passage de pont comme vous l'avez vu. Craignant que le pont ne soit détruit, le Prussien se dirigera par les bois suivant la ligne A B. Il débouchera donc demain matin en B où nous sommes.

Dès qu'il paraîtra, vous entendrez le tocsin de mon église. Les vingt ou trente soldats que vous aurez laissés dans le village se retireront sans tirer un coup de fusil, non par la route, ce qui indiquerait votre direction, mais par le petit sentier B C. De votre côté, vous quitterez la grande route, et prendrez à gauche, au point D où se trouve l'auberge du *Cheval blanc*. Vous vous éloignerez ainsi de l'ennemi et placerez entre vous deux la rivière E F qui n'a pas un seul gué. Votre marche sera masquée par des collines. Le soir vous aurez rejoint votre corps d'armée.

Je vais maintenant vous indiquer les maisons du village où vous trouverez ce qui est nécessaire à votre troupe. Je prendrai note de ce que vous enleverez et vous me signerez un reçu; mais pas de désordre, je vous en supplie, et respect au bien d'autrui ; tous les habitants contribueront à la dépense dans la mesure de leurs ressources, car il faut que nos défenseurs vivent... D'ailleurs, ajouta le curé en prenant une nouvelle prise de tabac, d'ailleurs les Prussiens devant nous piller demain, il ne faut pas être trop avare aujourd'hui.

Après un moment de silence, le prêtre reprit :

— Vous allez, monsieur le général, me donner quatre soldats. Deux seront placés dans le clocher pour observer les horizons ; les deux autres s'embusqueront avec moi, aux abords du village, près de la fontaine de la vieille chapelle. Nous serons donc trois aux avant-postes. Choisissez deux gaillards déterminés, insensibles au froid des nuits et aux tentations du sommeil; donnez-moi deux soldats à toute épreuve, car je ne sais trop ce qui nous attend.

— Mais, monsieur le curé, s'écria le général, vous êtes un héros !

Le vieux prêtre fut saisi d'un accès d'hilarité qui provoqua une toux violente. La tabatière vint à son aide, et il dit au général :

— Les séminaires sont pleins de héros de ma sorte, et les casernes aussi. Aimer son pays n'est pas de l'héroïsme.

Le général tendit la main au curé et le considéra respectueusement. Celui-ci sourit avec simplicité, et du ton le plus naïf prononça ces paroles :

— Lorsque vous aurez donné vos ordres, monsieur le général, et que nous aurons fait la distribution, je vous conduirai à la cure, et vous y trouverez une bonne omelette, un poulet rôti, et du vieux vin de Bar. Tous les héros n'en ont pas autant, et souvent M. de Turenne aurait donné quelques branches de laurier pour une omelette.

S'appuyant sur sa canne de jonc, précieux souvenir de son prédécesseur, le vieillard s'éloigna.

La nuit fut longue et froide. Sous un hangar couvert de chaume, trois hommes veillaient prêtant l'oreille au moindre souffle, interrogeant l'espace du regard, et courbés derrière des fagots de sarments. Ces trois hommes attendaient l'ennemi pendant le sommeil de la troupe. Deux d'entre eux étaient de jeunes et vigoureux grenadiers, le troisième se reconnaissait facilement à sa soutane et à ses cheveux blancs : les soldats s'appuyaient sur leurs fusils, le prêtre tenait en main la petite cloche de l'autel.

Il sonnerait en apercevant les Prussiens, et les hommes placés dans le clocher devaient, au signal du curé, faire entendre le tocsin.

Le silence régnait sous le hangar, on n'entendait que le faible murmure du vieillard qui priait Dieu. Vers trois heures du matin, un grenadier dit : « Ils ne viendront peut-être pas, les brigands ! le moment serait bon pour filer. »

Quelques minutes après, le curé posa sa main sur l'épaule du soldat, et lui indiqua du doigt un point presque invisible dans la profondeur de la forêt.

A cent mètres du hangar de grands arbres formaient un vaste cercle. C'était le bois de Fontaine si connu dans le pays. Une large tranchée traversait la forêt et formait une route praticable aux voitures. Mais, en ce moment, la tranchée était libre, et le regard en pouvait sonder la profondeur.

Les soldats ne voyaient donc rien que les arbres immobiles et les buissons agités par la brise du matin.

— Voyez, dit à voix basse le curé, ils marchent courbés derrière le tronc des chênes. Ils s'arrêtent pour écouter.

— Je ne vois rien, dit un grenadier.

— Ni moi, non plus, dit l'autre.

— Ils se réunissent, reprit le vieux curé et vont prendre leur course. Voici un officier qui leur parle à voix basse. Il est temps de sonner. Vous, mes enfants, allez sans bruit et sans vous montrer. Que Dieu vous protége !

— Nous ne voulons pas vous abandonner, monsieur le curé, que deviendriez-vous?

— Moi, mes enfants, je suis vieux et infirme, le bon Dieu disposera de moi. Mais l'ordre de votre général est de vous retirer au son de la cloche, obéissez... Je vous bénis.

En prononçant ces paroles, le prêtre fit entendre le son argentin de la petite cloche, et le tocsin y répondit, du clocher de l'église.

Des coups de feu retentirent. La forêt brilla de mille feux, d'immenses clameurs troublèrent le silence de la nuit, des nuages de poudre s'élevèrent dans l'air.

Le vieux curé s'agenouilla, fit le signe de la croix et n'eut que le temps de prononcer ces mots : Notre Père qui êtes aux cieux.....

Une balle l'atteignit et il tomba. La colonne française s'éloigna, sans avoir perdu un seul homme. Le soir elle rejoignit son corps d'armée.

Arrivé au bivac, le général fit son rapport au maréchal qui dit, en allumant un cigare : « Ce curé était un brave homme. »

Hâtons-nous d'ajouter que le prêtre n'était pas mortellement atteint. Les Prussiens le transportèrent sur un fourgon. Traduit devant un conseil de guerre, pendant sa convalescence, il fut condamné à mort, pour crime de trahison envers l'armée allemande. Sa peine, à cause de son grand âge, fut commuée en emprisonnement.

Conduit en Allemagne, il y rencontra, dans une petite ville, le général qui le croyait mort.

Le prêtre s'approchant du soldat lui dit en riant : Comment avez-vous trouvé mon omelette ?

— Vous êtes un héros, répondit le général.

Et ils se précipitèrent dans les bras l'un de l'autre.

V

Vers la fin du mois de novembre 1870, un gendarme entra au galop dans un village de la vallée de l'Ouche, non loin de Beaune. Arrêté devant la porte de la mairie, le gendarme se vit entouré de femmes et d'enfants. Les hommes étaient au loin pour surveiller les mouvements de troupes, car les Prussiens et les garibaldiens sillonnaient le pays, pillant à tour de rôie.

Le gendarme venait avertir la commune qu'un bataillon de mobiles la traverserait le jour même. Il faisait savoir aux habitants que, par ordre de M. le sous-préfet, le bataillon ne devait point s'arrêter au village, parce qu'un grand nombre de soldats étaient atteints de la petite vérole noire. Cette troupe, ajoutait le gendarme, se rendait dans un camp isolé où déjà les baraques-infirmeries étaient préparées.

La terreur se peignit sur tous les visages et plus d'une bouche maudit les soldats. Des groupes se formèrent, on discuta, et chacun reprit le chemin de sa demeure l'effroi dans le cœur et l'esprit troublé.

Un cri s'éleva, répété pour mille voix : Les voilà ! les voilà !

Les portes et les fenêtres se fermèrent brusquement, on entendit le grincement des clefs et des verrous, puis un silence de mort se fit dans le village.

Le bataillon arrivait lentement. Tambours et clairons étaient muets. La tête basse, le regard morne, épuisés par les fatigues et la maladie, les soldats se traînaient péniblement. Aucun d'eux ne quitta son rang pour frapper à une porte. Ils regardaient autour d'eux avec douleur et reportaient leurs regards vers la terre.

Ce désespoir était touchant. Pauvres enfants de la campagne, ils avaient, depuis quelques semaines seulement, quitté leurs chaumières pour défendre la patrie ; ils avaient pu espérer la mort glorieuse du champ de bataille, et voilà que la mort les enveloppe vivants dans le suaire le plus hideux. Ils font horreur, on les fuit avec dégoût en les maudissant, car ils sont pestiférés. On les chasse comme des lépreux.

Le bataillon traverse le village. On n'entend que le bruit des pas alourdis. Après les dernières maisons, il s'en trouve encore une presque isolée. Elle est habitée par le cantonnier François ; sa porte est close, et il attend près de sa femme et de sa fille que le bataillon soit éloigné.

En passant devant cette maison, un pauvre soldat s'affaisse. Un sergent et quelques fusiliers le relèvent et le déposent au seuil. Ils frappent en vain, le cantonnier ne répond pas.

Les soldats reprennent leur rang, tandis que le sergent revient sur ses pas jusqu'au village.

Le corps du malade reste près de la porte. Quelques minutes s'écoulent et cette porte s'entr'ouvre. Alors le cantonnier, sa femme et sa fille soulèvent le soldat et l'emportent au loin sur le bord du chemin au pied d'un vieux chêne. Et puis ils l'abandonnent en fuyant.

Le sergent qui se rendait au village pour prévenir le maire, aperçoit, dans un chemin de traverse, le curé M. Cloti qui revenait après une absence de quelques heures. Le brave homme ne savait rien; il ignorait la venue du gendarme et le passage du bataillon.

Voyant que le sergent l'attendait, il hâte le pas. Bientôt le curé peut apprécier toute l'horreur de la situation.

Le sous-officier pressé de rejoindre sa troupe, prie le curé de prévenir le maire. Le curé accompagne le sergent jusqu'à la maison du cantonnier. Leur surprise est grande de n'y pas trouver le soldat évanoui. François entr'ouvre une fenêtre et leur indique de la main l'arbre qui sert d'abri à l'enfant abandonné des hommes.

Après avoir salué militairement, le sergent s'éloigne, tandis que le curé se dirige vers l'arbre. Le cantonnier François referme sa fenêtre.

Un silence funèbre règne partout, les champs

sont déserts, et le village semble inhabité. On ne voit même pas la fumée tourbillonner au faîte des maisons.

L'arbre était isolé à l'extrémité d'un champ et ses racines soulevant la terre formaient une sorte de monticule assez semblable à une tombe que nulle main amie ne cache sous les fleurs. Sur cette tombe le mobile est couché. Ses cheveux sont épars et le front reste à découvert. Ce front aussi bien que le visage sont d'une teinte sombre. Les lèvres enflées restent entr'ouvertes et laissent voir deux rangées de dents blanches.

Sous de noires paupières le globe de l'œil se dessine immobile et rigide.

Les mains crispées sont pleines de terre. Les vêtements déchirés indiquent la souffrance, et les pieds se voient sous le cuir usé de la chaussure.

Le curé s'arrête et regarde. Il se baisse et pose sa main sur le cœur du soldat. Ce cœur n'a pas cessé de battre.

Le prêtre entoure le soldat de ses bras, et chargé de ce précieux fardeau, prend le chemin du presbytère. Il y arrive, épuisé de fatigue, dépose le moribond sur son propre lit, et adresse à Dieu une courte prière.

La vieille gouvernante du curé rentre bientôt après, en proie à la plus vive agitation.

— Monsieur, s'écrie-t-elle, la paroisse est en révolution, et sans le respect que chacun a pour vous, il y aurait du désordre. On dit que vous avez recueilli un soldat dont la maladie va se répandre ; le village sera envahi... écoutez, les cris s'entendent, on menace... nous sommes perdus !

— Dame Geneviève, dit froidement le prêtre, vous allez me laisser seul ici. Vous irez demeurer chez la femme du chantre ; deux fois par jour, vous apporterez ma soupe dans le corridor d'en bas. Personne n'entrera que le médecin. La maison est isolée au milieu du jardin, bien aérée, soyez donc sans inquiétudes. Le vicaire du village de Taillát qui est proche, me remplacera pour le service religieux. Envoyez-lui cette lettre et faites partir, en même temps, ce billet pour le docteur Averne. Allez, dame Geneviève.

Le curé descendit avec la gouvernante et se dirigea vers les groupes réunis devant la mairie. A son approche, la foule recula d'épouvante. Levant la main droite, il montra les trois mots tracés en grosses lettres, sur la façade de la maison commune ; et d'une voix forte prononça ces paroles : *Liberté*, *égalité*, *fraternité*. N'ai-je pas la *liberté* de secourir mon prochain ? Ce pauvre soldat n'est-il pas notre *égal*, et la *fraternité* ne vous oblige-t-elle pas à tout faire pour lui sauver la vie ? En vérité, je vous le dis, vos cœurs sont sans courage. Quant à moi, je n'oublierai jamais que le pasteur doit donner sa vie pour la moindre brebis de son troupeau.

— Il n'est pas de la paroisse, crièrent vingt voix. — Aujourd'hui, reprit le curé avec un élan surnaturel, aujourd'hui, ma paroisse, c'est la France malheureuse, mes paroissiens sont les pauvres soldats qui meurent pour vous ! Allez, insensés que vous êtes, la peur vous aveugle, mais Dieu aidant, le repentir entrera dans vos âmes.

Revenu dans sa demeure le curé bassina son lit, y coucha le soldat et lui donna les premiers soins, car le prêtre est toujours un peu médecin. Le livret du mobile était tombé de sa poche, pendant que le curé le déshabillait. Sur le livret on lisait à l'état civil : Jean Dauphin, né à Larguel, canton de Luzech (Lot), le 3 juin 1849, cultivateur.

Le curé approcha sa tête de celle du soldat et murmura à son oreille : « Jean, mon ami, Jean, écoutez-moi. »

Un mouvement imperceptible, moins que cela, un frisson passager, un souffle firent voir au prêtre que le soldat vivait encore.

Il se releva, posa sa large main sur le front de Dauphin et tomba sur ses genoux en essuyant deux larmes qui glissaient le long de ses joues.

Pendant sa prière, Jean ouvrit les yeux et promena autour de lui un long regard ; un son s'échappa de ses lèvres et le curé entendit ces deux mots : « Ma mère. »

— Votre mère n'est pas là, mais votre père

en Dieu ne vous abandonnera pas, il vous tiendra lieu de la mère absente.

Jean Dauphin considérait le curé avec la profonde attention des malades ; il semblait comprendre.

Un long silence se fit. Le soldat suivait les moindres mouvements du prêtre, et attachait les yeux sur le crucifix placé près du lit.

La porte s'ouvrit et le docteur entra.

Après avoir examiné le malade, qui ne put répondre à une seule question, le médecin de campagne conduisit le curé près de la fenêtre et dit gravement : La maladie est confluente ; suivant les expériences de Bretonneau et de Serres, j'emploierai la méthode ectrotique. Vos paysans voudraient faire partir le jeune homme, mais il ne serait pas au bout du village que la mort l'aurait frappé.

— S'il reste ici, fit le curé, nous pourrons le sauver ?

Ces mots furent prononcés avec émotion, d'une voix tremblante.

Après un instant de silence le docteur murmura : Un miracle seul peut le sauver.

Soixante-cinq jours et soixante-cinq nuits se passèrent. Le soldat fut longtemps entre la vie et la mort, puis vinrent les rechutes. Les alternatives de mieux et de plus mal se succédaient. Le délire troublait la raison et parfois celle-ci reprenait le dessus.

Le bon prêtre ne se coucha pas une seule fois. Assis dans un fauteuil, il veillait son malade et ne goûtait que quelques instants d'un repos agité par la crainte. Le jour, il balayait la maison, car le docteur avait recommandé la plus grande propreté. Après les soins domestiques, il préparait les boissons et les aliments du pauvre soldat; le soir, il faisait le lit de Jean, pour que la nuit fût meilleure.

Vers le quarantième jour, le soldat put prêter quelque attention au prêtre. Celui-ci lisait à haute voix quelque livre intéressant; souvent aussi, il parlait de Dieu, de sa grandeur et de sa miséricorde.

Le miracle s'opéra donc dans la maison du curé : le soldat fut sauvé.

Mais un autre miracle non moins éclatant s'opéra dans le village. Une seule personne fut atteinte par la maladie.

La fille de François, le cantonnier, se vit frappée de la petite vérole. Dieu permit qu'elle survécût, mais sa beauté disparut pour toujours.

Jean Dauphin comprit tout. Nul ne lui avait répété ce qu'avait fait le curé, nul ne lui avait dit l'égoïsme des habitants, mais la solitude fut plus éloquente que toutes les paroles humaines.

Un soir, après la prière du curé, Jean Dauphin se jeta à ses pieds, et couvrit ses mains de larmes. Mon père, dit-il, me permettrez-vous d'aller embrasser ma mère, avant de rejoindre mon bataillon?

Le curé se leva et remit à Jean un congé qu'il avait obtenu pour lui, et une lettre de cette mère, qui n'avait même pas connu la maladie de son enfant.

Quelques mois après le médecin rencontrant le curé, lui dit : Saviez-vous, monsieur l'abbé, qu'en vous enfermant avec ce soldat, atteint d'une affreuse maladie, vous vous exposiez à une mort presque certaine.

— Je le savais, répondit le curé de campagne.

VI

Un terrible combat se livrait à quelques lieues du village des Horties, le bruit arrivait confus, faisant tressaillir tout ce qui vivait. L'air était déchiré par la mitraille, le canon réveillait les échos et, dans le lointain, on apercevait les noirs tourbillons de la poudre.

Le curé était à l'autel priant pour la sainte patrie. Autour de lui, le front courbé, pâles de terreur, les villageois suppliaient Dieu de les protéger.

Le bruit des clairons et des trompettes se fit entendre, de sombres fantômes apparurent dans la vallée, courant à la bataille. Leur nombre était grand et ils précipitaient le pas pour arriver à temps.

Les Allemands voulaient avoir leur part de proie, ils apportaient le fer et le bronze pour écraser les Français. Leurs soldats n'étaient que trois contre un, il fallait être plus nombreux encore.

Avant d'entrer dans le cercle enflammé, ils réunirent toutes leurs forces et firent une halte au carrefour des Châtaigniers. Un cercle de sentinelles protégeait leur repos qui devait être de courte durée.

Quelque rapprochées que fussent ces sentinelles mobiles, leur surveillance ne put empêcher deux jeunes gens de se glisser de buisson en buisson, de s'approcher doucement et de tirer sur les Prussiens. Quatre coups de feu se firent entendre et l'on vit les deux enfants bondir comme des chevreuils et se précipiter dans un champ de blé. Vingt balles sifflèrent à leurs oreilles, mais on ne trouva sur la terre aucune goutte de sang; plusieurs fois, dans leur course, les deux tireurs avaient été vus. Ils étaient fort jeunes, alertes et audacieux. Nous devons ajouter qu'ils tiraient habilement, car trois Prussiens roulaient à terre atteints en pleine poitrine. La quatrième balle couronnait l'aigle à deux têtes qui ornait la plaque d'un casque d'officier.

— Fusils de chasse à deux coups, disait cet officier.

On vit alors un détachement de soldats allemands se diriger vers le village. En y entrant ils s'emparèrent de six habitants, les premiers venus, et les conduisirent chez le maire. Le chef du détachement dit à ce fonctionnaire : « Vous êtes ici la première autorité, je viens donc, au nom de mon auguste souverain, vous dire que des coups de feu ont été tirés sur les soldats de Sa Majesté, près de votre village. Etant les plus rapprochés du théâtre du crime, vous êtes responsables. Il faut nous livrer les coupables, ou bien six habitants seront fusillés, pour l'exemple. Hâtez-vous de faire les désignations, j'attendrai jusqu'à demain à onze heures. L'exécution devant avoir lieu à midi, vous n'avez pas de temps à perdre; en attendant, votre village est occupé militairement et je garde les six prisonniers. »

On ne saurait peindre la désolation des pauvres gens du village. Les femmes poussaient des cris lamentables, les hommes cherchaient à fuir, mais les Allemands faisaient bonne garde. Les habitants se réunirent, et il fut convenu, au milieu des sanglots, que le sort désignerait les victimes.

Ceux qui avaient fait feu sur les Allemands n'appartenaient point à la commune, ils venaient de loin et suivaient la colonne prussienne pour choisir le moment favorable à la vengeance. Peut-être leur père était-il assassiné, leur mère morte de douleur, leur maison incendiée !

La journée se passa en discussions, en gémissements, en désespoirs.

Le maire, le curé Mr Gerd et deux vieillards plus qu'octogénaires supplièrent vainement l'officier prussien de pardonner ; on lui prouva que les habitants étaient étrangers à cette *trahison ;* les femmes vinrent pleurer à ses pieds. Tout fut inutile. Le capitaine faisait exécuter sa consigne avec une bienveillante raideur, une froide politesse, mais sans colère et sans injures.

Les six malheureux que le sort avait désignés furent livrés à cinq heures du soir et enfermés dans la salle d'école au rez-de-chaussée de la mairie.

L'officier prussien autorisa le curé à porter à ces hommes les consolations de la religion. Ils avaient les mains attachées derrière le dos. Une même corde leur liait les jambes.

Le prêtre trouva ces hommes dans un tel état de prostration qu'ils comprenaient à peine ses paroles. Deux d'entre eux semblaient évanouis, un autre était en proie au délire de la fièvre. A l'extrémité de la corde, la tête haute et le front calme en apparence, se trouvait un homme de quarante ans, veuf et père de cinq enfants en bas âge, dont il était l'unique soutien.

Il sembla d'abord écouter avec résignation les paroles du prêtre, mais saisi par le désespoir, il se laissa bientôt aller aux plus abominables imprécations. Il maudissait la nature entière. Passant du désespoir à l'attendrissement, il pleurait sur ses enfants voués à la mendicité, à la mort peut-être. Alors, il voulait que ces cinq enfants fussent, avec lui, livrés aux Prussiens ; saisi d'un rire satanique il s'écriait : Oui, c'est le petit Bernard, âgé de trois ans, qui a tiré sur ces gredins !

Tous les efforts du prêtre furent inutiles pour ramener la paix dans cette âme brisée. Le curé sortit et marcha lentement vers le corps de garde où se tenait l'officier. Celui-ci fumait dans une grande pipe de faïence. Il écouta le curé sans l'interrompre, laissant échapper de ses lèvres ces légers tourbillons que le soleil colore.

« — Monsieur le capitaine, dit le curé, on vous a livré six otages qui, dans quelques heures, seront fusillés. Aucun d'eux n'a tiré sur votre troupe. Les coupables s'étant échappés, votre but n'est pas de punir ceux qui ont attaqué, mais bien de faire un exemple pour les habitants des autres localités. Peu vous importe donc de fusiller Pierre ou Paul, Jacques ou Jean. Je dirai même que plus la victime sera connue, plus l'exemple sera salutaire. Je viens, en conséquence, vous demander la faveur de prendre la place d'un pauvre père de famille, dont la mort plongera dans la misère cinq petits enfants. Lui et moi sommes innocents, mais ma mort vous sera plus profitable que la sienne.

— Soit, dit l'officier.

Quatre soldats conduisirent le curé dans la prison ; il fut garrotté avec les autres victimes.

Le paysan, père des cinq enfants, embrassa son curé et rentra dans sa demeure, félicité par tous.

Nous ne chercherons pas à peindre les angoisses de la nuit. Lorsque le jour parut, le curé avait ranimé le courage de ses compagnons d'infortune. Ces misérables abrutis par la peur, étaient devenus, à la voix du prêtre, de glorieux martyrs que soutenaient la foi du chrétien et l'espérance d'une vie meilleure.

A onze heures, une escorte attendait à la porte et les prisonniers se mirent en marche. Le curé était en tête, récitant à haute voix l'office des morts. Sur le chemin, les villageois agenouillés, jetaient un dernier regard sur leur pasteur.

On approchait du lieu choisi pour l'exécution, lorsqu'un major prussien qui passait par hasard avec une ordonnance s'arrêta.

La vue du prêtre fixa son attention. Le capitaine lui expliqua la chose, qui parut au major moins naturelle qu'à son subordonné. Le major fit suspendre l'exécution, et adressa un rapport au général. Celui-ci fit comparaître le curé.

L'explication fut courte. Le général était un

homme de cœur qui comprit tout. Il dit au curé : « Monsieur, je ne puis faire une exception en votre faveur, et cependant je ne veux pas votre mort. Allez, et dites à vos paroissiens, qu'à cause de vous, je leur fais grâce à tous. Que ce soit la première et la dernière fois. »

Lorsque le curé fut parti, le général prussien dit aux officiers témoins de cette scène : « Si tous les Français avaient le cœur de ce simple prêtre, nous ne resterions pas longtemps de ce côté du Rhin ! »

VII

Pourquoi soulever le voile derrière lequel se cache le prêtre? Pourquoi rappeler ces actions que le pasteur voudrait dérober aux yeux de son troupeau? Fidèle à une promesse, nous avons évité de prononcer des noms. Mais cette parole de l'archevêque de Reims, monseigneur Langenieux, nous est revenue en mémoire : « On dirait que l'apôtre a besoin, pour l'honneur de son ministère, de l'assentiment du peuple chrétien, même après avoir entendu le témoignage de sa conscience et l'approbation de Dieu. »

Cependant un scrupule s'élève en nous. Ces pages ne pourraient-elles soulever dans les cœurs des pensées de vengeance? Au spectacle de tant de cruautés, le Français ne sentira-t-il pas un mot lui venir sur les lèvres, le mot trop souvent répété de *revanche?*

Gardons-nous de ce mot qui n'est trop souvent que l'expression d'un orgueil aux abois.

Pendant un voyage en Amérique je m'arrêtai dans une vaste plaine couverte des plus riches moissons. Un fleuve majestueux semblait se promener à travers cette plaine qu'il rendait fertile. Ses eaux étaient couvertes de barques. Des usines et de riantes maisons se miraient sur les bords tranquilles, et une hymne de bonheur s'élevait des rives fleuries pour monter vers le ciel.

Un vieillard considérait le cours du fleuve avec admiration. Je m'approchai de cet homme et il me dit : Au temps de mon enfance le fleuve que vous voyez était un torrent qui dévastait tout dans sa course furieuse, les hommes lui opposaient des digues construites avec des blocs de rochers ; on lui creusait péniblement un lit dans les profondeurs de la terre, il était toujours plus fort que les hommes. Ces gouttes d'eau réunies formaient des vagues, les vagues se réunissaient en cascades, et trop souvent, les vagues, cascades, flots immenses brisaient les obstacles, s'échappaient en mugissant, et portaient au loin la terreur et la dévastation.

Au mal qui se renouvelait tous les quinze ou vingt ans, on opposait sans cesse le même remède. Les hommes espéraient toujours, malgré de vaines expériences, arrêter le flot aveugle, par la force des bras. Alors, sur les ruines des digues s'élevaient de nouvelles digues, et près du lit tourmenté par la tempête se creusaient de nouveaux lits.

Les habitants de la plaine, maîtres des champs fertiles que vous voyez, désespéraient de l'avenir et parlaient entre eux de s'en aller au loin demander à d'autres climats la moisson de leur famille.

Encore quelques mois, et le torrent serait seul maître de la plaine, il renverserait les maisons, arracherait les arbres du sol, et s'étendrait au loin, roulant dans ses flots bourbeux tous les débris de la civilisation, tous les fruits d'un long travail.

Alors un homme parut, arrivant d'un royaume inconnu. Le voyageur était un vieillard comme je le suis aujourd'hui. Il avait franchi les monts, et parcouru les provinces que nous ne connaissions pas.

Nos pères lui offrirent l'hospitalité généreuse des fermiers américains. Après quelques jours de repos, le vieillard exprima le désir de parler aux chefs de nos villages.

Il dit :

« Frères et amis, écoutez un voyageur dont les pieds ont foulé les terres les plus lointaines, dont les yeux ont vu les spectacles les plus étranges, dont les oreilles ont entendu les voix mystérieuses du ciel, dont l'esprit s'est humilié devant la grandeur de Dieu.

» Vous chercherez en vain à opposer votre force éclairée, à la force aveugle des torrents. Vos œuvres seront englouties par les flots. Allez à la source du mal, remontez le cours de ces ondes en suivant les bords avec prudence, marchez pas à pas.

» Vous arriverez ainsi à de formidables rochers, qui se dressent à pic, et dont les flancs déchirés laissent entendre des bruits sinistres. Là sont des gouffres où les vagues bouillonnent. Lorsque viennent les débordements à la suite des orages, les flots se précipitent en masses épouvantables; on entend les glaçons se briser contre les pics. De sourds mugissements remplissent l'air, des nuages sombres s'élèvent de toutes parts, et la nature entière est frémissante.

» Cependant, frères et amis, cette eau arrive près des rochers, douce et limpide sur un lit de mousse. Elle coule ainsi depuis le lever du soleil jusqu'à son coucher et n'atteint les rocs qu'au moment où la lumière disparaît. Je m'en suis assuré dans mes voyages, en parcourant plusieurs fois les rivages aux premières heures de la journée.

» Lorsqu'elle s'est engouffrée dans les déchirures des montagnes rocheuses, l'eau se trouble, s'agite, s'accumule et se précipite sur vos plaines avec une aveugle furie.

» Jamais, je vous le répète, vos bras n'auront la force d'arrêter la course folle du torrent; il brisera vos œuvres, et bientôt vous brisera vous-mêmes.

» Remontez donc à la source, allez aux bords tranquilles, placez-vous entre la première goutte d'eau qui jaillit de la terre, et le noir rocher. Détournez le ruisseau de sa pente fatale, donnez-lui un cours paisible. Loin des abîmes, qu'il arrive à vous, non par des chutes horribles, mais doucement, sur la pente insensible des collines, en reflétant dans les flots limpides les étoiles du ciel et le feuillage des grands arbres.

» Alors, frères et amis, ce qui est pour vous un fléau sera un bienfait ; ce qui vous menace, vous soutiendra, et votre bouche bénira les vagues que vous maudissez. »

La parole du vieillard fut entendue. Le ruisseau détourné de son cours, ne connut plus les rochers. Le torrent se changea en rivière, la plaine devint fertile, et ceux qui l'habitaient bénirent le passage du vieillard voyageur.

Ce voyageur est le prêtre. Le ruisseau, à sa source, ressemble au peuple ; le rocher désolé rappelle la révolution.

Pour détourner le cours de ce ruisseau, pour le faire couler paisiblement sous le ciel bleu, pour le conduire dans la plaine qu'il rendra heureuse, belle et fertile, une seule chose est nécessaire : la religion de l'Eglise catholique.

Les Américains avaient pris leur *revanche.* Faisons comme eux, et Dieu nous rendra tellement forts et puissants, qu'il ne se tirera pas un coup de canon en Europe, sans notre permission. Ainsi se réalisera la pensée d'un roi de Prusse.

Cette page n'est pas aussi étrangère qu'on pourrait le supposer au sujet de ce chapitre. L'*invasion*, telle que nous avons eu la douleur de la subir, est la conséquence d'un manque total de principes religieux.

Dans les ateliers, aux champs et au milieu du monde lettré, on rencontre des hommes qui ne craignent que trois choses : le gendarme, le juge, le geôlier.

L'éducation publique et privée a fait ainsi la société moderne. Pas plus au foyer domestique qu'aux bancs de l'université, l'enfant n'apprend le respect de soi et de ses semblables. L'amour de Dieu et l'amour de la patrie sont considérés comme des faiblesses indignes de la moderne philosophie.

Les polémiques quotidiennes, la littérature, le théâtre, la tribune politique, sèment comme à plaisir les idées mesquines et fausses qui envahissent tous les terrains.

Ceux qui ont charge de diriger les sociétés, sont convaincus que le gouvernement des hommes suffit, et que tout est pour le mieux lorsque la police veille, et que l'impôt n'est pas rebelle.

Mais, du grand enseignement moral, on ne se soucie guère. Les masses restent plongées dans une profonde ignorance, tandis que les classes bourgeoises, plus aveugles encore, s'il est possible, s'agitent pour ramasser leur grain de mil sur le fumier.

Avec de telles sociétés qui ignorent à la fois la grandeur du commandement et la grandeur de l'obéissance, il ne saurait exister autre chose que la répression et la révolte. Révoltes et répressions se succèdent donc avec une effrayante logique. Mais, à la longue, le gendarme vieillit, le juge sommeille, et le geôlier laisse la rouille ronger les barreaux de la prison. En d'autres termes, la répression se meurt, tandis que la révolte prend des forces et se drape dans le manteau arraché aux victimes.

Le salut est dans l'éducation. Nous ne disons pas dans l'instruction. Celle-ci charme la vie, mais n'est point indispensable à la conservation des sociétés. L'éducation, au contraire, est le pain de chaque jour, le pain des forts aussi bien que des faibles.

Nous avons exilé Dieu dans le ciel, et ne lui conservons, sur la terre, que l'église souvent déserte.

Rendons à Dieu sa place ici-bas. Qu'il domine les lois, que son esprit les éclaire et que sa justice les marque d'un sceau que la main de l'homme ne pourra ni briser ni souiller. Que Dieu soit avec les armées et que son souffle agite les drapeaux. Qu'il soit aux écoles et que son nom devienne le premier sur les lèvres de l'enfant. Que le foyer domestique se place sous la garde de Dieu.

Alors la grande âme de la France sortira du linceul qui l'enveloppe, nos bras soutiendront les épées de Bayard et de Turenne ; nos lèvres retrouveront les accents de Corneille et de Bossuet.

Le vieil amour de la patrie renaîtra dans les cœurs, et les *invasions* ne seront plus à craindre.

VIII

Nous ne vous rappellerons pas le curé de Buc près de Belfort, qui, n'ayant pas voulu instruire les Prussiens de la marche de notre armée et de ses positions, fut arrêté, frappé, outragé, et enfin conduit au pied d'un arbre, la corde au cou, pour y être pendu.

Le général Prescow daigna le délivrer, sans que le prêtre eût montré un seul instant de faiblesse.

En arrivant au village de Sermange, dans le Jura, les Prussiens exigèrent des impositions supérieures aux ressources de la paroisse. Le curé défendit les habitants avec une énergie prodigieuse. Il fut arrêté et emprisonné ; les coups dont le pauvre curé fut accablé par les Prussiens le firent mourir pour son troupeau.

Moigny est un village près de Milly, département de Seine-et-Marne. Le curé de Moigny assistait à l'arrivée d'un bataillon de francs-tireurs. Il vit un soldat plus fatigué que les autres, et l'invita au frugal repas du presbytère. Pendant que le prêtre et le soldat étaient à table, des coups de fusil se firent entendre. Les Prussiens attaquaient le village. Le franc-tireur courut à sa troupe suivi du curé, qui criait : Aux armes, enfants ! aux armes !

On gagna la campagne, bien connue du pasteur, qui, par des sentiers étroits, guida les Français et leur fit prendre les meilleures positions du combat. Les francs-tireurs, toujours conduits par le curé qui se montrait aux premiers rangs, firent éprouver à l'ennemi des pertes sensibles.

Dans une mêlée, après une charge, le curé tomba aux mains de l'ennemi. Attaché par les poignets, il fut livré à deux dragons qui le placèrent entre leurs chevaux et partirent au galop. Le prêtre ne tarda pas à tomber, et son corps traîné dans les pierres ne fut bientôt qu'une plaie. Ainsi tendue, la corde que tenaient les dragons se brisa, et avant qu'ils pussent en trouver une autre, le curé se glissa dans un buisson et gagna le bois.

Il ne put retourner à sa cure où la mort l'attendait. Mais, lorsque plus tard, il revint dans la paroisse, les habitants lui firent une entrée triomphale.

Dans le département de la Sarthe, au village de Saint-Calais, les Allemands trouvèrent quelques fusils de chasse cachés près de la cloche de l'église. Ces soldats allemands saisirent le maire, M. le baron de Jaubert, le curé et cent quarante-trois habitants. Tous furent condamnés à recevoir la bastonnade.

On vit cent quarante-cinq Français marcher deux à deux lentement, entre deux haies de Prussiens qui, armés de bâtons, frappaient à tour de bras, sur les épaules, sur la tête et sur le dos des victimes.

Le curé qui avait été placé seul, à la gauche, recevait les coups des deux rangs de soldats, tandis que ses compagnons n'étaient frappés que par le rang devant lequel ils défilaient ; le pauvre prêtre tomba donc évanoui, couvert de sang. On le releva et un verre d'eau lui fut offert. Lorsqu'il eut repris assez de forces pour se soutenir, le supplice recommença. Il tomba une seconde fois, la tête fendue en cinq endroits. Son corps fut jeté de côté.

Cependant il revint à la vie, après une longue et cruelle maladie. Le baron Jaubert, maire de la commune, mourut des suites de ce supplice atroce.

Le comte Jaubert, père de ce martyr, fut député à l'Assemblée nationale. Il a été rejoindre son fils, la veille du jour où nous traçons cette ligne. Le vieillard ne cessait de pleurer son fils.

M. Pierre Zaccone habite Paris. Ses amis ont pu voir chez lui une soutane conservée comme une relique. Ce vêtement noir rappelle le dévouement d'un prêtre.

Le 20e régiment de ligne se battait à Sedan avec cet héroïsme qui fait de la journée du 1er septembre 1870 une date mémorable dans l'histoire de la bravoure militaire. Parmi les officiers du 20e régiment se trouvait le lieutenant Zaccone. Au moment de la capitulation, il vint frapper à la porte d'un presbytère.

Les Allemands cherchaient partout, et dans leur colère n'épargnaient pas un seul Français.

L'officier demanda l'hospitalité au prêtre. Elle fut bravement accordée.

Mais il fallait pour traverser les lignes prussiennes autant d'adresse que d'audace.

Le curé avait deux soutanes. Il en donna une au lieutenant, puis tous deux se mirent en route, rencontrant à chaque pas les Allemands.

Après mille dangers, le curé et le lieutenant arrivèrent au village de Corbillon, sur la frontière belge.

Le prêtre embrassa le soldat. Celui-ci gagna le chemin de fer, et de Namur revint en France. Il avait quitté Paris en uniforme, il y rentra en soutane.

Arrivé chez son oncle qui le croyait mort, l'officier y laissa le vêtement du bon curé de campagne.

Voilà comment M. Pierre Zaccone peut montrer une relique à ses amis.

Nous mettons un terme à ces récits. Nous ne rappellerons pas le supplice infligé à M. le curé d'Ardenay, du diocèse du Mans. Nous ne montrerons point ce digne prêtre, traîné par les Prussiens dans une colonne de prisonniers. Nous jetterons un voile sur les actes de barbarie commis par les Allemands. Le seul crime de ce curé était d'avoir conservé sur le clocher de l'église un drapeau tricolore qui flottait là depuis 1830.

Nous ne rappellerons pas non plus l'assassinat de M. l'abbé Valter, curé à Valmont près de Metz ; nous chercherons à oublier les conseils de guerre prussiens qui eurent l'audace de condamner l'abbé Wurtz, M. Ravaud, curé de Fixun, l'abbé Hées, nouveau venu dans les ordres sacrés, et cent autres dont les jugements sont sous nos yeux.

M. l'abbé Baron, aumônier de l'hôpital militaire du Gros-Caillou, rapporte que des prêtres allaient sur les champs de bataille prendre les cartouches sur les morts pour les apporter aux combattants ; il s'est même trouvé, à l'armée de la Loire, un aumônier, ancien militaire, qui, l'épée à la main, conduisait une compagnie d'infanterie au feu.

Le digne abbé Baron désapprouve ces excès de

zèle, et s'écrie : *Abhorret a sanguine Ecclesia*. Si le patriotisme a parfois troublé la conscience du prêtre, Dieu lui pardonnera sans doute.

Puisque nous avons rappelé le nom de M. l'abbé Baron, plaçons-nous à l'abri de ce nom respectable pour exprimer un vœu. M. Baron regrette qu'après la guerre, des aumôniers aient publié, sans autorisation de leurs chefs hiérarchiques, des lettres, brochures, articles de journaux, traitant de questions délicates relatives au service religieux dans les troupes.

Le mal a été plus profond que ne le suppose M. l'abbé Baron. Quelques prêtres, en très-petit nombre, il est vrai, ont jugé les opérations militaires, condamné les généraux, approuvé les mesures les plus regrettables des agents civils, et traité les questions politiques les plus délicates.

L'armée a été péniblement froissée de se voir ainsi abandonnée par des alliés naturels. Des mains prêtes à se tendre se sont retirées, et nous avons souffert d'un malentendu qui ne sera que passager.

IX

Nous avons montré le curé de campagne dans son village. Peut-être devrions-nous montrer les évêques dans leurs palais, transformés en ambulances.

Le sentiment des convenances nous retient. Comment nous arrêter un seul instant, fussent pour les admirer, devant des prélats qui se nomment : Messeigneurs Rœs, évêque de Strasbourg ; Dupont des Loges, de Metz ; Guibert alors de Tours ; Dupanloup, d'Orléans ; Lavigerie, d'Alger; Landriot, de Reims ; de Bonnechose, de Rouen ; Mathieu, de Besançon. Il faudrait être doué d'une hardiesse singulière pour louer l'archevêque de Lyon, l'évêque d'Angers, l'archevêque de Rennes, l'archevêque de Bordeaux.

Oui, messeigneurs, vous avez fait un grand bien. Vos demeures, vos églises, vos ressources personnelles ont été mises à la disposition de ceux qui souffraient. Vous vous êtes immolés corps et biens. Des milliers de soldats vous doivent la vie, et vous bénissent chaque jour.

Mais à nos yeux, vous avez, messeigneurs, accompli une œuvre plus grande encore, en donnant le bon exemple.

Les autorités civiles étaient dispersées par la révolution, les autorités militaires avaient subi le sort de la guerre, la magistrature soumise à de cruelles épreuves et toute mutilée demeurait impuissante. Les Prussiens marchaient triomphants sur les routes aplanies par l'incrédulité.

La terreur de l'inconnu régnait dans les villes, que de nouveaux venus, apôtres politiques, effrayaient de leurs blasphèmes.

Paris était étouffé dans une ceinture de fer.

Cette bourgeoisie toujours frondeuse et rebelle devint tout à coup tremblante. Elle chercha un point d'appui et ne le trouva pas.

Il fallut bien reconnaître alors que tout s'était évanoui excepté l'Eglise.

Non-seulement l'Eglise resta debout, mais grâce à Dieu, on la vit s'élever à une hauteur inconnue de nos pères. L'Eglise encouragea la force et soutint la faiblesse ; elle put braver les colères de l'ennemi, et souvent lui fit courber le front. L'Eglise eut la gloire, en ce siècle débile, d'honorer le caractère humain, par le calme, la justice et la dignité. Elle fut notre dernière ancre de salut. La tempête allait nous engloutir pour toujours, lorsque le prêtre se dressant dans la barque nous ramena vers le rivage.

Soyez bénis, messeigneurs, pour ce grand exemple de patriotisme que vous avez donné à la France. Vous êtes les instruments de la main divine, car Dieu seul pouvait vous inspirer d'aussi grands sacrifices et vous donner la force de les accomplir.

Recevez, messeigneurs, l'expression de la reconnaissance des soldats de l'armée française.

Pendant qu'autour de vous chacun tremblait pour sa vie et pour son or, vos pensées, comme vos actions, ont été pour le ciel et pour la France.

CHAPITRE V

—

LA SŒUR

J'ai laissé pour toujours la maison paternelle;
Mes jeunes sœurs pleuraient; ma pauvre mère
[aussi.
Oh! qu'un regret tardif me rendrait criminelle.
Ne suis-je pas heureuse ici?
. . . .
Ignorante du monde avant de le quitter,
Je ne le hais point; et peut-être
(Un mourant me l'a dit) j'aurais dû le connaître,
Pour ne jamais le regretter.

ALEXANDRE GUIRAUD.

Pour moi, je prête l'oreille aux sons que rendent les âmes saintes, avec plus de respect qu'à la voix du génie.

L'abbé GERBET.

I

La ville était plongée dans la désolation; les carrefours déserts, les rues silencieuses, les maisons fermées, disaient assez que la terreur dominait en tous lieux; quelques rares passants, le front incliné, semblaient fuir avec crainte et redoutaient la rencontre des anciens amis.

Tout se trouvait suspendu, relations d'affaires, aussi bien qu'affectueux souvenirs.

Réunies près du foyer domestique, les familles se groupaient dans une sorte d'égoïsme paternel. La mère pâle et tremblante enveloppait d'un regard douloureux les enfants surpris de tant de larmes; le père cherchait en vain un reste d'énergie. Les fenêtres ne laissaient plus entrer un rayon de soleil ou sortir le cri joyeux d'une petite fille.

Seulement, lorsque la nuit était venue, des portes s'ouvraient avec mystère, et l'on voyait des cercueils s'éloigner dans les ténèbres.

Du fléau qui régnait, nul n'osait prononcer le nom, mais tous, pauvres et riches ne pensaient qu'à lui. Ils croyaient le voir près de leur chevet avec ses traits livides et ses mains décharnées. Les riches fuyaient au loin, tandis que les pauvres se cachaient dans la mansarde.

L'imagination populaire avait cette fois raison de s'égarer dans les obscurités effrayantes de l'inconnu. Le fléau venait des rives de l'Indus, il avait traversé la Perse, visité Bagdad, et navigué sur le Tigre et sur l'Euphrate. Ceux qui, au temps de saint Louis, revenaient des croisades, parlaient de la peste noire, le peuple avait conservé le nom dans sa mémoire, et ce nom faisait trembler.

La peste noire s'était donc emparée de la ville.

La science luttait en vain, ses généreux efforts

venaient se briser contre le désespoir. Toutes les forces humaines demeuraient impuissantes: réunis dans un vaste amphithéâtre, les pestiférés attendaient la mort.

Les courageux, les habiles, les bons, les dévoués cherchaient un moyen de combattre le fléau. Ces hommes habitués à vaincre les maux, à gouverner les sociétés, à diriger les volontés, ne trouvaient rien à dire, rien à faire. La journée du 4 juillet 1866 commencait.

Une femme parut, venant de loin et n'apportant avec elle que cette fleur divine nommée la charité, fleur arrosée de larmes, fleur dont le baume guérit toutes les blessures.

Cette femme, qui cachait les grâces et les charmes sous le voile, traversa donc les rues de la ville d'Amiens, se dirigeant vers l'hôpital dont le choléra gardait les portes.

Il était là, planant sur toutes les couches, debout à tous les chevets, penché sur chaque malade. L'air qu'on respirait arrivait aux poitrines haletantes, chargé d'âcres poisons. Un sourd gémissement remplissait l'espace.

La mort n'est pas aussi redoutable aux champs de bataille qu'elle ne l'était dans cette salle d'hôpital. Ici, elle ne se drape pas dans un drapeau, elle ne se couronne pas de lauriers, elle ne fait pas retentir l'air de chants glorieux!

On vit la femme qui arrivait, franchir le seuil d'un pas ferme, et aller lentement de couche en couche. Elle s'arrêtait au chevet des mourants, pour jeter sur leurs fronts quelques rayons de charité; elle promettait à la mère mourante que ses petits enfants trouveraient protection; elle disait au pauvre père de famille que son fils le soldat rentrerait au logis pour soutenir l'aïeule; elle glissait timidement son or près de la misère, soutenait de sa main une tête chancelante, essuyait une larme, et à ceux qui allaient quitter la terre, elle montrait le ciel.

Arrêtée près d'une pauvre ouvrière dont les yeux distinguaient à peine, la voyageuse se pencha sur le lit de douleur, et murmura quelques douces paroles que la malade seule put entendre.

— Merci, ma sœur, dit-elle d'une voix affaiblie.

— Ce n'est pas une sœur, reprit le médecin. Pauvre femme, votre tête est dans les bras de l'impératrice Eugénie!

— Laissez-moi ce doux nom de sœur, s'écria la souveraine, c'est le plus doux, c'est le plus cher à mon cœur.

Ces paroles ont retenti dans toute la France à l'heure où elles furent prononcées. Mais depuis, en y songeant, ce verset de l'Evangile s'est dressé devant nous : « Priez, pour ceux qui vous calomnient. »

La charité a-t-elle jamais inspiré une action plus grande que celle de l'impératrice?

Nous ne le croyons pas.

Avez-vous quelquefois dans la solitude pensé à cette chose divine que nous nommons *miracle*, et que nient les esprits faibles?

Avant le Christ, l'homme ignorait ce qu'est le miracle. Il est descendu sur la terre, il y a dix-huit siècles, avec la charité.

Le fils de Dieu pouvait opérer ses miracles, en changeant la montagne en vallée, la vallée en montagne ; en ordonnant au fleuve de remonter vers sa source. Certes l'imagination des peuples eût été frappée de ces miracles et le caractère divin du Christ eût dominé les foules plus accessibles aux faits matériels qu'aux grandes pensées.

Le Christ ne le voulut pas. Ses miracles furent des actes de charité. Les pauvres, les délaissés, les infirmes, les malheureux vinrent à lui, appuyés sur la foi, et il ouvrit les mains pour laisser tomber sur eux les miracles de la charité.

Jésus rend à un père désolé sa jeune fille bien-aimée ; il rend à une veuve son fils unique ; il rend aux deux sœurs Marthe et Marie leur frère Lazare, mort depuis quatre jours. Voilà comment la charité descendit sur la terre, voilà comment l'impératrice Eugénie la comprit.

Il lui était facile d'arriver à Amiens dans la pompe des royautés, précédée de clameurs, suivie d'admirations, attirant tous les regards, l'aumône en main, la pitié sur le front. Elle préféra la charité chrétienne. Dépouillant le manteau souverain, elle déroba sa grandeur sous le voile de la sœur de charité; de ses mains habituées au sceptre des rois, elle prit l'humble crucifix de la sœur des pauvres.

L'antiquité païenne connaissait la pitié, la bienfaisance, l'aumône; le christianisme a découvert la charité, sentiment sublime qu'il a su éveiller et développer. Alexandre et César, Démosthènes et Cicéron, les hommes d'action et les hommes de parole, savaient sans doute compatir aux maux et venir en aide aux souffrances, mais ils ignoraient l'amour de l'homme pour ses semblables; ils ignoraient jusqu'au nom de cette vertu sublime qui a fait dire à saint Paul : « Mes frères, quand je parlerais le langage de tous les hommes et des anges mêmes, si je n'avais pas la charité, je ne serais que comme un airain sonore et une cymbale retentissante; quand j'aurais le don de la prophétie, que je pénétrerais tous les mystères, et que j'aurais une parfaite science de toutes choses; quand j'aurais toute la foi possible, une foi capable de transporter les montagnes, si je n'avais point la charité, je ne serais rien; et quand j'aurais distribué tout mon bien pour nourrir les pauvres, et que j'aurais livré mon corps pour être brûlé, si je n'avais point la charité, tout cela ne me servirait de rien. »

Voilà pourquoi l'impératrice des Français se rendit dans la ville d'Amiens, au milieu des cholériques.

II

La charité a donné naissance aux hôpitaux. Chez les anciens, Grecs et Romains, il n'existait pas de maison pour les pauvres.

Les premiers hôpitaux furent fondés à Jérusalem pour donner asile aux pèlerins qui venaient visiter les lieux saints. Les plus anciens hôpitaux d'Europe avaient été établis par la charité chrétienne dans les couvents, les monastères et les cathédrales.

Partout se retrouve l'empreinte du christianisme. Si vous franchissez la porte d'un hôpital, vous voyez avant tout une sœur de charité ; elle est là, au seuil de la maison, ou sous les arbres de la cour, un peu partout, comme la personnification de la charité.

Les *Filles de la charité* furent instituées dans la Bresse en 1617 par saint Vincent de Paul. Il voulut qu'elles fussent les servantes des pauvres. Mais les pauvres baptisèrent du nom de *sœur* les filles de la charité.

Longtemps avant la fondation des filles de la charité, les femmes entraient en religion.

Le christianisme en créant la dignité de la femme lui ouvrit les portes du cloître. C'est dans les cloîtres que les femmes se relevèrent des abjections et des dégradations que les paganismes voluptueux avaient fait peser sur leur sexe. Les femmes firent de leur faiblesse même un titre à l'égalité et à la protection des hommes. Les religieuses eurent sur les châtelaines une immense influence, elles réchauffèrent sous leurs ailes toutes les nobles et grandes pensées qui donnèrent naissance à la chevalerie.

Eh bien! quelque belle que soit l'histoire de la religieuse, quelque illustres que soient les noms des abbesses, quelque riches et puissants qu'aient été les établissements religieux où se réfugiaient les femmes, les peuples en ont à peine gardé le souvenir, ils ont même oublié ces saintes sorties du cloître, et qu'ils invoquent sans en savoir l'origine. Le peuple ne connaît que la sœur de charité. Toutes les misères humaines se réunissent autour de la sœur.

« Les avez-vous vues? s'écrie le père Félix, et qui pourra dire avec leur nombre, leurs divines industries? Il y en a pour les vieillards, il y en a pour les veuves, il y en a pour les orphelins, il y en a pour les sourds, il y en a pour les muets, il y en a pour les infirmes, il y en a pour les incurables, il y en a pour les aveugles, il y en a pour les paralytiques, il y en a pour les estropiés, les lépreux, les captifs, il y en a pour ceux qui manquent de pain, de travail, de santé, de consolation. Aussi intelligent qu'il est libéral, le dévouement chrétien a été partout; à tous les degrés de la misère et de la souffrance humaine, il a découvert toutes les douleurs, il a sondé toutes les blessures de l'humanité, et pour chaque douleur il a trouvé un soulagement, pour chaque blessure il a trouvé un remède, pour tout malheur il a trouvé une consolation. »

Si un jour, Dieu permettait le triomphe du mal, si, à la même heure, le prêtre disparaissait de l'église, le frère de la doctrine chrétienne de l'école, la sœur de charité de l'hôpital, si cette trilogie sacrée de pères, de frères et de sœurs quittait nos villes et nos campagnes, que deviendrait notre malheureuse France? Les heureux du monde, les puissants, les riches, ne seraient peut-être pas atteints, pendant le cours de la première heure; mais le lendemain mille volcans embraseraient le sol, et tout serait englouti, privé du *père* qui le garde, du *frère* qui l'instruit, de la *sœur* qui le soigne; le peuple égaré donnerait au monde un spectacle qu'il n'a jamais vu, celui de la dévastation universelle.

Cependant, il s'est rencontré des hommes assez insensés, assez ignorants, ou assez pervertis pour demander que la religion fût mise à part, et que tout lien fût brisé entre elle et les institutions humaines. Ils ont dit, dans leur orgueil, qu'il fallait contenir la religion, l'enfermer dans un cercle étroit, et lui imposer les bornes de la loi humaine.

Saint Augustin marchait un jour au bord de la mer méditant sur les mystères. Son grand esprit s'élevait à des hauteurs que l'homme ne saurait atteindre, mais des bornes arrêtaient cet esprit. Le saint vit un jeune enfant, une coquille marine dans les mains, et qui allait puiser l'eau de la mer. L'enfant avait creusé dans le sable du rivage un trou qu'il cherchait à rendre large et profond. Il y portait l'eau de la mer. Saint Augustin, le sourire aux lèvres, dit à l'enfant :

— Que veux-tu faire ?

— Je veux, répondit-il, verser toute l'eau de la mer dans ce trou.

Saint Augustin regarda l'enfant, la mer et le trou creusé dans le sable.

Il vit alors l'enfant prendre la forme d'un ange de Dieu. L'ange lui dit : « Es-tu moins présomptueux, ô homme, dont l'esprit faible et borné prétend contenir et épuiser la sagesse infinie ! » L'ange déploya ses ailes et s'élança vers le ciel.

Ne cherchez donc plus à contenir la religion de Dieu, vos œuvres ne seront jamais que le trou creusé par la main de l'enfant dans le sable mouvant du rivage, tandis que la puissance divine est grande comme les eaux réunies de tous les océans.

La popularité de la sœur de charité est un hommage rendu à la religion ; celui qui salue la sœur salue en même temps le crucifix de son chapelet.

L'amiral Laplace, mort récemment et qui avait

accompli plusieurs fois des voyages autour du monde, a publié dix gros volumes. Dans l'une des pages, le vieux marin parle ainsi des sœurs de Saint-Vincent-de-Paul.

« Dans toutes nos possessions lointaines, j'ai trouvé ces saintes personnes admirables de dévouement et même d'héroïsme ; non pas de cet héroïsme excité, soutenu par les applaudissements de la multitude, mais de cet amour du prochain, mille fois plus héroïque parce qu'il est sans gloire, sans récompense, du moins dans ce monde, et que pourtant il fait braver à des êtres faibles, à de jeunes filles, les horreurs d'un long exil loin de leurs familles que la plupart d'entre elles, épuisées par les fatigues et les maladies, ne doivent jamais revoir. »

Chose singulière, la sœur de charité, comme le soldat, sort de toutes les classes de la société. Les Noailles, les Rohan, les Richelieu, les Montmorency, auront des fils ou des filles, simples soldats ou simples sœurs de charité. Ces simples soldats et ces simples sœurs auront pour camarades et pour compagnes de pauvres laboureurs et d'ignorantes filles d'artisans.

Ailleurs on tient son rang. Le bourgeois caresse sa vanité qu'il nomme dignité. Il voudrait monter et ne le peut, il croirait descendre et ne le veut. Aussi a-t-il pris le parti de s'exclure de toute carrière basée sur l'idée de sacrifice. L'intérêt lui suffit et le gain le console.

On s'étonne ensuite que la bourgeoisie française soit sans influence politique, intellectuelle ou morale. Il n'en saurait être autrement. Plus incrédule que le peuple, infiniment plus égoïste, elle n'a pas la main assez forte pour supporter le poids d'une arme, qu'elle se nomme épée ou crucifix.

Alors ces armes tombent en d'autres mains, et le malheureux bourgeois désarmé devient le jouet ridicule des révolutionnaires.

III

Les gens de lettres ont écrit de beaux livres sur les femmes célèbres dont s'honore la France.

Nous avons une grande admiration pour Eléonore de Guyenne, pour Héloïse, pour Marguerite de Provence, pour Jeanne de Bourgogne, pour la Laure de Pétrarque, pour Anne de Bretagne, pour la duchesse d'Etampes, pour Clémence Isaure, pour Marguerite de Valois, pour Marie de Médicis, pour mesdemoiselles de Lafayette et de Hautefort, mais à toutes ces illustrations nous préférons Jeanne d'Arc, fille du peuple, qui porta le patriotisme jusqu'à la mort. Nous plaçons l'hôtel de Rambouillet bien au-dessous du plus modeste asile des sœurs de charité.

Eh! quoi, les lettrés emploieront les plus riches couleurs de leur palette pour peindre les figures fardées de Ninon de Lenclos, de Marion Delorme, de la marquise de Montespan, de la duchesse de Fontanges, de la marquise de Parabère, de la Pompadour, et même de la du Barry! Lorsque la galerie sera complète, on étalera ces images mondaines, devant un peuple ignorant, devant une bourgeoisie faible et corrompue, puis l'on s'étonnera naïvement qu'il n'y ait plus de respect dans notre société.

Si vous voulez, gens de lettres, adresser vos hommages à la femme, si vous avez à cœur de découvrir l'influence salutaire de la femme sur le monde moderne, considérez celles qui ont pris le voile.

Ne troublez pas la conscience des hommes du peuple en dédaignant les femmes qui servent les humbles et les petits pour louer devant lui les courtisanes, qui ont amusé les superbes et les grands.

Songez, gens de lettres, que l'un des vôtres, abandonné, réduit à la misère, ne trouvant pas une seule académie pour lui tendre une main secourable, un seul confrère pour le plaindre, alla mourir à l'hôpital de l'Hôtel-Dieu, dans les bras d'une sœur de charité. Il se nommait Gilbert. Sa voix mourante murmurait des malédictions, la sainte fille l'arrêta et lui enseigna la prière et le pardon.

IV

Le jour de la bataille de Reischoffen, pendant la terrible retraite, on remarquait au milieu des soldats en désordre une jeune sœur de charité. Elle marchait timidement dans cette foule troublée. Des boulets et des obus fendent l'air et déchirent cette masse d'hommes. Un cri retentit derrière la sœur, elle l'entend au milieu de l'immense clameur. Un soldat vient de tomber, la sœur s'arrête et s'approche du blessé, elle s'agenouille près de lui et lui prodigue ses soins.

Un boulet de canon frappe la sœur et lui enlève les deux jambes. La pauvre fille tombe près du soldat.

Celui qui a recueilli ce trait, M. Blandeau, ajoute : « Son nom, qui le dira? qui peut le dire? elle n'en a pas. C'est une sœur de charité. »

Oui, c'était une sœur de charité, elle est morte à la bataille près d'un soldat blessé, elle ne nous demandait rien et nous donnait sa vie. Mais sommes-nous quittes envers elle, envers son ordre, sa famille, sa mémoire?

Lorsqu'ils arrivèrent à Soultz, non loin de Colmar, les Prussiens trouvèrent quatre sœurs de charité occupées à soigner les blessés. Ces

Prussiens accusèrent les sœurs d'avoir conseillé aux habitants de résister à l'ennemi.

On vit alors quelques soudards allemands arracher les sœurs du chevet des malades.

Entraînées, injuriées par ces misérables, les sœurs furent placées au pied d'un mur et fusillées.

Devant de tels forfaits, les paroles humaines sont impuissantes pour les malédictions, et le cœur humain trop ému pour le pardon.

Le soir du combat de Spickeren, ceux qui relevaient les morts, trouvèrent une sœur de charité, le front brisé par la balle d'un Prussien. Elle était tombée près de ceux qu'elle secourait.

Écoutez, lecteur, écoutez le récit d'un officier de l'armée du Rhin ; il parle d'une religieuse trinitaire :

« Pauvre sœur Sainte-Claire, je la vois encore avec son grand voile noir doublé de bleu, foulant la paille sanglante de notre ambulance, insensible au canon qui grondait, à l'incendie des dernières maisons du village, qui projetait ses lueurs sinistres sur nos visages ; mais comme elle entendait la moindre plainte, le moindre soupir échappé à l'un de nous !

» Partout et à tous en même temps ! Quelle force Dieu avait mise dans ce petit corps ! on ne l'avait pas encore vue qu'on sentait déjà devant ses lèvres la boisson rafraîchissante qu'on n'avait pas même le courage de demander. On entr'ouvrait des yeux alourdis par la fièvre, et l'on voyait ce visage fin et sympathique, un peu marqué par la petite vérole, mais si souriant, si tranquille, si résolu en même temps, qu'on oubliait et sa souffrance, et les Prussiens, dont la fusillade éclatait à quelques pas, et l'incendie qui menaçait à chaque instant de dévorer la grange qui nous servait d'asile. Bonne sœur, devant Dieu où vous êtes maintenant, victime volontaire de votre cœur et de votre foi, vous devez entendre les actions de grâces et les prières de ceux qui, vivants, se souviendront éternellement de vous, ou qui, morts, vous ont dû de s'endormir du sommeil éternel avec calme, avec espérance !

» C'était le 16 août 1870, le soir d'une de ces batailles que l'histoire aura à enregistrer comme une des plus sanglantes ; les blessés arrivaient en foule. — On déposait dans une grange de Rezonville tous ceux que l'intensité de leurs souffrances empêchait de transporter plus loin ; les premiers bras que l'on voyait tendus vers soi, c'étaient ceux de cette petite femme noire, le sourire aux lèvres, les larmes dans les yeux ; à deux pas du champ de bataille et de l'énervement de la lutte, à deux pas de la place boueuse et sanglante où l'on avait cru mourir comme tant d'autres, quel soulagement immédiat que celui de cette charité, qui panse à la fois, et vos blessures et surtout votre anéantissement moral !

» Pauvre sœur, pour puiser l'eau que cinquante voix déchirantes réclamaient à chaque instant, il fallait aller sous la mitraille, et toutes les cinq minutes vous sortiez avec vos deux bidons, et vous rentriez aussi sereine, aussi tranquille, que si Dieu vous avait faite invulnérable.

» Le lendemain, notre armée si vaillante, qui venait pendant quinze heures de lutter contre des forces triples, après avoir couché sur le champ de bataille, se repliait sur Metz. On évacuait toutes les ambulances à la hâte, car l'armée prussienne, qui n'avait pu entamer aucune de nos positions de la veille, nous suivait pas à pas. Les blessés enlevés précipitamment s'encombraient dans les fourgons et sur les cacolets.

» Que de cris, que de douleurs, que de souffrances, et pourtant, pauvre sœur, vous trouviez moyen, vous qui depuis quarante-huit heures n'aviez pas eu une seconde de repos, d'aller d'un bout à l'autre de cette sinistre colonne, d'apporter à l'un une goutte d'eau, à l'autre une bonne parole, de soulever de vos petits bras cette tête qui s'incline, de replacer dans une position moins pénible ce malheureux amputé de la veille, et qui dans une heure peut-être sera mort ! puis vous êtes partie sur le dernier cacolet.

» Hélas ! à peine une demi-lieue plus loin, une

balle venait vous frapper, soutenant encore contre votre poitrine le blessé placé de l'autre côté. — Un escadron de uhlans coupait notre ambulance et nous faisait prisonniers !

» Pauvre sœur, c'est par nos ennemis qu'a été creusée la fosse où vous dormez maintenant, au milieu de ceux à qui vous avez prodigué les trésors de votre âme, et, de ceux qui survivent, aucun probablement ne saura jamais quelle était cette petite trinitaire qui avait nom en Dieu sœur Sainte-Claire, ce rêve de charité entrevu au milieu d'une longue nuit d'agonie.

» Vous reposez obscurément dans un sillon perdu de la Lorraine, mais votre souvenir restera vivant jusqu'au dernier jour dans tous les cœurs que vous avez soulagés ! »

Ceux qui ont habité les environs de Forbach connaissaient une bonne religieuse, supérieure de sa maison et qui était renommée pour son enseignement et sa charité. Elle était sœur de la Providence de Peltre.

La sainte femme fut tuée par une bombe au combat de Forbach.

Le 2 octobre 1870, vingt-deux sœurs de charité étaient mortes devant Metz en soignant les blessés.

A Paris, pendant le siége, quarante-sept sœurs soignaient à Bicêtre les soldats atteints de la petite vérole. Onze sœurs frappées par le fléau succombèrent en quelques jours. Les trente-six qui restaient, épuisées de fatigues, et souffrantes du mal qui empoisonnait l'air, ne purent suffire au service de l'ambulance.

On demanda d'autres sœurs au nombre de onze, il s'en présenta trente-deux. Le sort désigna celles qui marcheraient.

Ne croirait-on pas lire l'une de ces histoires héroïques où de braves grenadiers se disputent l'honneur de monter à l'assaut!

Ces traits de dévouement qu'il nous serait facile de multiplier, ajouteraient-ils une simple fleur à la couronne de ces saintes femmes?

Est-il nécessaire de rappeler que la supérieure des petites-sœurs des pauvres attachées aux ambulances de Pau, fut enlevée par le typhus et la variole combinés au milieu des soldats malades? Faut-il montrer les saintes filles de madame de Chantal, dans la ville d'Orléans; avons-nous besoin de rappeler les morts des religieuses du Mans dans l'hôpital militaire où régnait l'épidémie? Devons-nous reproduire le bel ordre du jour du 7 janvier 1871, où le général fait connaître à l'armée le dévouement d'une sœur de la charité de Nevers, sœur Léocadie Labattu?

Nous chercherions vainement à tout dire. Rappelons seulement que pendant le siége de Paris, quinze mille soldats blessés ou malades, reçurent à la fois les soins des maisons religieuses.

La sœur de charité a quitté le nom qu'elle portait dans la société, elle a pris le vêtement de ses compagnes, elle veut donc rester à l'abri des regards indiscrets. Nous n'avons pas le droit d'aller troubler dans sa retraite une sainte femme pour publier un nom et proclamer un acte de vertu : la récompense de la sœur n'est pas de ce monde.

Il faudrait donc entourer la sœur d'un respectueux silence. Mais, sans prononcer un nom, ne pouvons-nous montrer l'image de la sœur ?

Un officier nous racontait qu'il avait rencontré du côté de Châlons, marchant vers Paris, une sœur de charité et un soldat. Celui-ci était aveugle par suite d'une blessure à la tête. Les Prussiens l'avaient abandonné sur la route, et ses camarades conduits en captivité n'avaient pu le secourir. Les portes s'étaient fermées devant le soldat mutilé, et le malheureux couvert de l'uniforme français avait dû mendier un morceau de pain pour vivre, un peu de paille pour dormir.

Il serait mort au carrefour du chemin, sans la sœur de charité.

Le mérite de la pauvre fille fut grand cette fois, car le soldat était ce qu'à l'armée on nomme une *pratique*. Au terme d'une carrière fort orageuse, passée en Afrique aux compagnies de discipline, le soldat n'avait aucun parent et ne possédait aucun bien. D'un caractère violent, d'une humeur difficile, il semblait repousser toutes les sympathies.

La sœur de charité prit cet homme par la main pour le conduire aux Invalides, où, disait-elle, il trouverait un asile.

Tous deux marchaient à pied le long du chemin, lui sombre et silencieux, elle soutenue par la charité. La sœur demandait des secours pour son soldat, elle le nourrissait de la meilleure part, et se faisait la servante de ce pauvre.

Les étapes succédaient aux étapes; on marchait sous la pluie et dans la neige, on vivait de peu, on souffrait et le soldat se plaignait souvent. La sœur lui rendait le courage, en le faisant rougir de sa faiblesse.

Peu à peu, elle lui parla de Dieu, elle lui parla d'une autre vie, et cet homme qui ne voyait plus, se prit à écouter. Par une belle matinée, l'aveugle fit observer qu'il entendait le chant des alouettes, il s'arrêta pour écouter, et un rayon de lumière sembla passer sur le front du vieux soldat.

Alors la sœur le fit agenouiller.

Vous eussiez vu sur cette grande route cet homme bronzé par la guerre, endurci par les excès, sans croyances, sans foi et presque sans pensées. Il était là, le front levé vers le ciel qu'il ne voyait plus, les mains jointes, son bâton et son képy dans la poussière près de son sac, et debout devant lui, la sœur de charité lui faisant répéter sa première prière, le vétéran disait : Notre Père, qui êtes aux cieux.....

Deux larmes glissaient sur les joues pâles de la sœur.

Elle venait de rendre une âme à Dieu.

Depuis ce jour la conscience du vieux soldat sortit de son long sommeil. Il comprit l'acte de la sœur. Remontant de cet acte à celui qui l'avait inspiré, il s'éleva jusqu'à Dieu.

Pendant une nuit le soldat dormait sur la paille d'une grange, tandis que la sœur avait été recueillie par la gouvernante d'un curé de campagne. La sœur passa la nuit en prières.

Le lendemain, ils se remirent en route. La sœur était pensive, et le soldat murmurait une prière. Pour prendre un instant de repos, on s'assit sur le rebord du fossé.

Alors la sœur dit au soldat : « Vos yeux n'ont pas été directement atteints par la blessure. Au milieu de ces ambulances, les médecins n'ont pu que cicatriser la plaie de la tête..... Je n'ose vous donner un espoir, qui n'est peut-être qu'un rêve ; mais j'ai formé un projet. Au lieu de vous conduire aux Invalides, je vous amènerai près des premiers chirurgiens, chez les meilleurs oculistes de Paris, et je les prierai à genoux de vous donner leurs soins, pour l'amour de Dieu et aussi par patriotisme.

» Si le bon Dieu vous rend la lumière, soyez bon chrétien le reste de votre vie. Me le promettez-vous ? »

Le vétéran tomba à deux genoux, le front dans la poussière. Il resta longtemps prosterné, sans prononcer une parole, et des sanglots agitaient tout son être.

Dieu vit les deux voyageurs, et laissa tomber sur eux son regard.

Dans cette solitude des champs, loin de la demeure des hommes, une pauvre femme faisait la charité.

Trois mois après le miracle de la charité était accompli.

Le soldat avait recouvré la vue. La sœur rentrée dans l'école enseigne à lire aux petites filles des paysans.

Si vous allez à l'église de Notre-Dame-des-Victoires, vers cinq heures du soir, vous y verrez un homme agenouillé près de la grille de l'autel.

C'est le soldat qui prie pour la sœur de charité.

Je voulais donner à ce récit un plus grand développement. Mais j'ai pensé, lecteur indulgent, que vous accepteriez un autre récit, écrit par nous il y a vingt ans.

Après vingt ans, qui s'en souvient?

V

Pendant une des journées de l'an 1836, un silence solennel régnait sous les voûtes de Notre-Dame de Paris. Des milliers d'auditeurs, émus, attentifs, troublés par les accents d'un frère prêcheur, retenaient leur souffle, étouffant ainsi jusqu'aux pulsations du cœur.

Appuyé contre l'une des colonnes du vieil édifice, je voyais autour de moi, suspendus en quelque sorte aux lèvres du prêtre qui parlait, les plus grands et les plus doctes d'entre les hommes, les plus spirituelles d'entre les femmes, les plus expérimentés d'entre les vieillards, les plus distingués d'entre les disciples.

Le frère prêcheur nous conduisait par le charme de sa parole dans cette sphère d'où l'âme, bercée sur les ailes de la religion, plane dans l'espace, et voit au-dessous d'elle toutes les philosophies humaines.

Le sujet de la conférence était : *des moyens d'acquérir la foi.*

Ces mots frappèrent mon esprit : *La science religieuse s'apprend par l'étude des phénomènes religieux.* Le choc de cette pensée fut pour moi ce qu'est celui de l'acier sur la pierre qui le froisse : une étincelle brilla.

J'étais sous l'impression douloureuse, mais

voluptueuse en même temps, que donne une idée nouvelle perçant un nuage obscur, et découvrant une large voie de lumière, lorsque des paroles formidables retentirent au-dessus de ma tête; le prédicateur s'écriait: « Insectes d'un jour, perdus sous un brin d'herbe, nous nous épuisons en vains raisonnements; nous nous demandons d'où nous venons, où nous allons... »

Le brin d'herbe était la cathédrale de Paris, basilique séculaire, immortelle par les arts, immortelle par la religion!

L'insecte d'un jour était cette société française, à jamais illustre par son savoir, par la splendeur de ses œuvres, par ses richesses et sa beauté!

Le père Lacordaire m'avait dominé, le sentiment de l'admiration ne pouvait être porté plus loin.

Le lendemain, un devoir militaire m'amenait à l'hôpital. J'y allais visiter un pauvre soldat, mon ordonnance aux spahis de Constantine, et qu'une maladie contractée en Afrique conduisait à une mort affreuse et prochaine.

Devenue impuissante, la science passait distraite, et sans s'arrêter au chevet du lit de mon cavalier.

La famille absente, dispersée, anéantie peut-être, n'avait jamais visité ce lit solitaire.

D'amis et de camarades, on n'en voyait pas autour de cet homme venu des pays lointains.

Il était seul sur la terre. Nul ici ne prononçait son nom, et l'on savait à peine qu'il était là.

Le numéro 23, tracé sur une planchette, restait suspendu par un clou à la tête du lit. Deux chiffres qui avaient tant de fois servi, qui serviraient tant de fois encore, distinguaient ce malheureux des autres malheureux.

Je l'avais connu jadis plein de force : joyeux cavalier, il égayait nos marches ; brave soldat, il portait gaîment la vie. Je l'aimais, et il m'avait prouvé son attachement en maintes circonstances périlleuses.

Cependant, lorsque je m'arrêtai au pied de son lit, il sembla ne pas me reconnaître. Ses yeux étaient fixés sur moi, mais nulle intelligence n'y rayonnait ; de ses lèvres entr'ouvertes, immobiles et sèches, un souffle irrégulier, saccadé, s'échappait avec peine. Sa main amaigrie, blanche et froide comme le marbre, ne tressaillit même pas au contact de la mienne.

A l'aspect de cette vaste salle muette, habitée par la douleur, je pensais à l'immense cathédrale où la veille j'entendais la voix du père Lacordaire. Cette foule de malades, aux corps et aux intelligences presque anéantis, me fit songer à cette foule de la veille, si puissante et si heureuse.

Le brin d'herbe et l'insecte me revinrent en mémoire.

Pensif, je regardai cet homme, et je l'avoue à ma honte, le discours si élevé de l'illustre orateur chrétien me parut insuffisant. Je me demandai : Le génie peut-il descendre assez près de la terre pour toucher le brin d'herbe ? Et le regard d'aigle qui fixe le soleil peut-il, ébloui qu'il est par les rayons lumineux, distinguer l'insecte qui meurt sous le brin d'herbe ?

J'appelai le malade à haute voix ; mais il resta sourd et immobile.

Son regard était toujours fixé sur le mien, et tout me prouvait cependant qu'il ne me voyait pas.

L'âme habitait encore le corps, mais elle était ensevelie dans les recoins les plus cachés. Elle s'y réfugiait si bien que Dieu seul l'y pouvait retrouver.

Les sens, interprètes de l'âme, sommeillaient tous.

Un bruit léger, léger comme celui de la feuille soulevée par la brise, vint jusqu'à moi. Ce souffle presque insensible, que je percevais à peine, fit tressaillir le malade. Ses yeux se dirigèrent de côté, son front s'éclaira, ses lèvres cherchèrent à sourire, et le sang circulant dans ses veines porta la vie à ses mains qui se croisèrent sur la poitrine.

Mon regard suivit son regard, et je vis près de moi une sœur de charité : le moribond l'avait entendue le premier. La servante de Dieu venait de réveiller cette âme, comme l'invisible rosée du matin ressuscite la plante desséchée.

S'approchant du lit, la pauvre fille essuya la sueur froide qui inondait le front du soldat, et se penchant à son oreille, elle dit d'une voix douce : « Joseph, comment allez-vous? »

Dans ce séjour, il était pour tous le n° 23 ; pour moi, il avait toujours été le cavalier Meyer ; pour elle, il était Joseph.

Joseph! — Sa mère le nommait de ce doux nom sous le chaume du village; dans ce nom presque oublié par le pauvre soldat lui-même, il y avait les plus chers souvenirs de sa vie ; son enfance insouciante aux forêts de l'Alsace, les jeux, les caresses, les bonheurs, les larmes de la famille bien-aimée.

Joseph! — Nul ne l'avait ainsi nommé que ses sœurs, ses frères, et sa mère ; c'était au hameau seulement que les vieux amis connaissaient Joseph.

Joseph! — C'était son nom dans le ciel; le prêtre le lui avait donné, en lui donnant un protecteur près de Dieu.

Le cavalier Meyer n'avait pas reconnu son capitaine ; le chrétien Joseph reconnut la sœur de charité.

Après l'avoir considéré quelques instants comme une mère considère son enfant, la sœur ouvrit une serviette blanche qu'elle apportait, en tira des fleurs, et les répandit sur le lit de Joseph.

Le malade tressaillit, ses yeux brillèrent, et

ses mains se promenèrent sur ces fleurs en les caressant.

Pour la première fois, la sœur de charité sembla m'apercevoir. Reconnaissant en moi un officier de l'armée, elle comprit que nous étions en famille. Alors, sans préambule, elle me dit :

« Joseph était jardinier avant son entrée au service. »

Oh! cathédrale de Paris! magnifiques accents de l'éloquence! illustre auditoire! je vous vis dans ce moment, et je songeai au brin d'herbe, et à l'insecte.

Le génie de Michel-Ange, les cris sublimes de Bossuet, toutes les sciences humaines pourraient-ils égaler l'acte de charité de cette pauvre fille ignorante qui a deviné qu'à ce jardinier mourant, il fallait des fleurs?

Aucun docteur n'avait imprimé cela dans ses livres, aucun philosophe ne l'avait conseillé, et cependant la sœur le savait.

Je croyais qu'elle apportait quelque baume pour soulager les douleurs de ce corps, ou quelque discours religieux pour diriger l'âme vers le ciel; je m'attendais à retrouver comme un reflet des soins du médecin, ou des soucis du confesseur; mais, au lieu des sciences humaines ou divines, je trouvai la charité!

Surpris de rencontrer là, dans un hôpital, cette profonde connaissance du cœur et de l'âme, je pensai que la sœur était une de ces natures d'élite qui avait fui le monde où sa place restait vide.

Avec une curiosité mêlée d'intérêt, j'observai la sœur Marthe. Vieillie par les fatigues et les travaux, elle semblait âgée de quarante ans, mais en avait trente à peine.

Sa pâleur contrastait avec une force apparente et réelle. Au reste, dans sa personne, rien n'était remarquable si ce n'est ce regard pur et limpide que les peintres d'Italie prêtent à leurs madones, et puis un timbre de voix d'une mélancolie surprenante.

Sa grande coiffure d'une blancheur éclatante, son vêtement noir, le chapelet suspendu à sa ceinture et son crucifix de bois, enfin tout l'ensemble du costume de la sœur sont trop populaires pour que j'en fasse ici la moindre description.

Mon malheureux soldat fut le prétexte et le sujet d'une conversation très-courte entre la sœur et moi. Je lui appris que Joseph Meyer était l'un de mes anciens spahis. Je sus qu'elle était la sœur Marthe, fille de nos campagnes, pauvre et ignorante.

Comme le soldat, la sœur de charité avait quitté son pays pour servir : lui, était serviteur de la patrie, elle, servante des pauvres. Soumis tous deux aux rudes privations, aux pénibles travaux, vêtus tous deux d'étoffes grossières, étrangers tous deux, et pour toujours, aux richesses et à la science du monde, ils passaient leur existence à veiller pour la société, le soldat au camp, la sœur à l'hôpital; celle-ci prosternée au lit de mort, celui-là debout à la frontière.

VI

Douze années après l'époque dont je viens de vous entretenir, le 25 juin 1848, je me dirigeais rapidement, avec les bataillons qui m'étaient confiés, vers l'Hôtel-de-Ville de Paris, en suivant les quais de la Seine. Depuis le pont des Arts, je ne trouvais que solitude, les nuages d'une épaisse fumée s'élevaient lentement au-dessus de Paris, et sans cesse renouvelés restaient presque immobiles, couronnant les édifices. D'effroyables détonations se faisaient entendre, et de minute en minute, la grande voix du canon dominait tout le tumulte. Au loin le sinistre appel du tocsin répondait au bruit de l'artillerie.

Nous marchions toujours sans entendre une seule voix humaine.

Un marchand, dont la boutique était entr'ouverte, interrogeait l'espace d'un œil inquiet, d'une oreille attentive. Il me dit : « Ça se rapproche, courez, courez ! »

Puis le marchand referma son logis, et j'entendis crier les verrous et les ferrures de la porte. La bataille avait pris son plus terrible développement.

Bientôt nous fûmes en présence des insurgés. Le général Duvivier, qui allait être mortellement blessé, et que je voyais, hélas ! pour la dernière fois, occupait la place de l'Hôtel-de-Ville. Derrière lui deux pièces d'artillerie balayaient une rue.

A l'entrée de la place, du côté de la rivière, un bataillon de jeunes gardes mobiles, tout sanglant de ses glorieux combats de la veille, se préparait à l'attaque des barricades qui nous enserraient de plus en plus.

Le spectacle de la destruction ne pouvait être plus complet.

Les maisons s'écroulaient, frappées par des boulets. Dans ces pans de murs qui fendaient l'air au milieu de flots de poussière, des corps humains, vivants encore, glissaient rapidement pour être ensevelis sous les décombres. Quelques-uns de ces insurgés se redressaient meurtris, et cherchaient à fuir dans l'ombre pour rejoindre leurs complices. Des canons de fusils se montraient prudemment aux fenêtres, et dirigés par d'invisibles mains, frappaient au cœur nos compagnons.

De grands cris s'élevaient de tous côtés, les cris de rage étouffant les cris de douleur. Du flanc des toits inclinés, une lueur partait souvent, et la balle atteignait au hasard parmi nous. Alors un boulet bien dirigé broyait le toit et les tireurs. Les soupiraux des caves vomissaient la mort. Des maisons percées à jour, chancelantes, semblaient se balancer. Le sol était jonché de carreaux de vitres brisés qui rayonnaient bizarrement au soleil, et craquaient sous les pieds. Le long du parapet des quais, des blessés à l'agonie nous demandaient un verre d'eau.

Quelque formidable que fût le bruit de la place où nous nous arrêtions un instant, un bruit lointain plus formidable encore, arrivait de tous les points de l'horizon. Paris se débattait dans l'étreinte d'une crise suprême. La civilisation allait mourir ou vivre. Ceux auxquels la raison ne l'avait pas dit, le devinaient par instinct ; c'est ce qui explique l'acharnement réciproque de la lutte.

Cependant, je dois le proclamer, dans ce moment même, des soldats amenaient des prisonniers arrêtés les armes à la main.

Notre tour vint de marcher aux barricades. Une forte colonne formée des troupes de ligne, de gardes mobiles et de gardes nationaux accourus des provinces, se mit en mouvement. Une vingtaine de gardes mobiles, enfants de Paris, formèrent l'avant-garde et les flanqueurs. Ils prenaient ce poste, sans ordre, parce qu'il leur convenait. L'un d'eux que je saisis fortement par le bras pour le faire rester à son rang, me dit : « Tiens, tiens, je veux voir, moi, et vos grenadiers m'empêchent [1]. » Cet enfant n'avait

1. Historique.

certainement jamais lu *Charron,* et il exprimait la même idée dans les mêmes termes ; Charron rapporte qu'un brave gentilhomme montait *sur des monceaux de cadavres pour voir de plus loin.*

Trois barricades furent successivement enlevées. La quatrième était un mur, un véritable mur en pierres de taille, mur crénelé qu'il était impossible d'aborder sans artillerie. L'ordre fut donné de tourner la position, et de cheminer par les maisons. On battit donc en retraite un peu précipitamment jusqu'aux rues transversales.

J'entrai dans une de ces rues, en même temps qu'une trentaine de combattants, soldats de la ligne, gardes mobiles et gardes nationaux des provinces.

Le reste de la colonne, mis en désordre, cherchait un abri au delà des premières barricades enlevées par nous. La rue dans laquelle nous marchions se trouvait si rapprochée de la formidable barricade, que nous étions encore au milieu de l'atmosphère de fumée produite par la décharge générale. Je compris tout à coup que nous restions sur le terrain de l'insurrection, et que nous allions être pris, si les défenseurs de la barricade, franchissant eux-mêmes l'obstacle, tentaient un retour offensif.

Je voudrais que les mots pussent peindre aussi rapidement qu'ils se déroulèrent les faits que je vais essayer de raconter. Tout cela fut prompt comme la pensée.

Dans une cour humide et sombre, sur de la paille ensanglantée, des sœurs de charité avaient établi une ambulance. Elles ignoraient auquel des deux partis appartenait ce coin de terre. Agenouillées près des blessés, soldats, gardes mobiles, insurgés ou gardes nationaux, elles les pansaient en priant Dieu. Mornes et accablés, ces hommes tout à l'heure si terribles s'abandonnaient aux mains de ces pauvres filles.

Lorsque d'un coup d'œil je vis ce que je viens d'écrire trop lentement, deux soldats de la ligne apportaient un garde mobile dont l'épaule était brisée par une balle, et qui jetait des cris lamentables. C'était un enfant de seize ans, aux yeux bleus, aux blonds cheveux, au frais visage.

Une sœur de charité, courbée sur un insurgé mourant, se leva, soutint le jeune homme dans ses bras, et déchira vivement sa tunique. Elle tenait encore l'uniforme de l'enfant à la main, lorsqu'une bande d'insurgés sortit tumultueusement de la maison qui faisait face à l'ambulance, et dont la porte vint tomber à nos pieds. Le chef de cette bande, vêtu d'une blouse bleue, portait un couteau de chasse à sa ceinture rouge, un mouchoir roulé autour de sa tête ; sa bouche noircie par la poudre lui donnait un étrange caractère de férocité.

Il vit avant tout l'uniforme du garde mobile aux mains de la sœur de charité. Celle-ci me tournait le dos, et son visage m'était caché.

« Traître! cria l'insurgé avec une horrible imprécation; tu vas mourir! »

Alors, il se jeta sur le garde mobile. L'enfant de Paris, couché sur le dos, se redressa, cherchant à écarter la lame du couteau de chasse. L'homme avait jeté à terre son fusil déchargé.

Se redressant, la sœur fit le signe de la croix et se plaça devant l'insurgé. Mais ce n'était plus un homme; la vengeance, l'ivresse peut-être, l'aveuglaient, et il frappa la sœur de charité du fer de son couteau. Elle chancela, et, tombant agenouillée près du garde mobile, elle voulut le protéger encore, car déjà le fer se levait pour la seconde fois.

Alors, un garde national de province s'élance entre la sœur et l'assassin. D'un coup de baïonnette, il étend l'insurgé à ses pieds, tandis que la lame du couteau dirigé vers la sœur vient se briser sur la buffleterie de la giberne du garde.

Des deux côtés la fusillade commence; on tire à bout portant. On combat corps à corps, et bientôt la fumée devient si épaisse qu'on ne distingue plus les amis des ennemis. Mais pas un cri, pas un mot. Cela ne dura que deux minutes, mais deux terribles minutes. La charge se fit entendre du côté des nôtres, et puis le pas gymnastique; des chasseurs à pied parurent à l'extrémité de la rue. Les insurgés se précipitèrent dans la maison d'où ils venaient et disparurent en se barricadant. Balayée par la brise, la fumée commençait à s'élever entre deux nuages bleus qui tourbillonnaient dans l'espace. Alors je vis la sœur Marthe à genoux, du sang sur la poitrine, le visage calme. Debout auprès d'elle, appuyé sur son fusil, était l'ex-cavalier Joseph Meyer, qui, lui aussi, regardait le ciel.

Dieu avait permis que la sœur de charité sauvât le soldat, et que le soldat sauvât la sœur de charité.

VII

Avant son départ de Paris, lorsque la lutte fut terminée, je revis Joseph Meyer, que longtemps j'avais cru mort. J'appris de lui comment, à force de veilles, de soins, de charité, — charité de prières, charité de fleurs, charité de paroles, charité de larmes, charité d'espérances, — sœur Marthe lui avait rendu la vie.

Pendant quinze mois, sœur Marthe disputait à la mort ce pauvre soldat qui lui était inconnu. Pour cet homme pauvre comme elle, obscur comme elle, ignorant comme elle, la sœur prodiguait des trésors de charité. Quelquefois, au printemps, c'était un rayon de soleil qu'avec peine elle dirigeait autour de lui, pour réjouir son âme ; l'hiver, elle apportait du sarment qui petillait dans l'âtre, et dont les étincelles dansant follement, réveillaient dans la mémoire de

Joseph de bons souvenirs, car il souriait. L'été, sœur Marthe avait des fruits dorés pour le pauvre soldat.

Les secours de la science eussent été impuissants ; les larmes de la famille eussent été insuffisantes : la charité accomplit le miracle.

Joseph Meyer reprit enfin la route du village, emportant au fond de son porte-manteau de cavalier l'image de saint Joseph, grossière image en plomb que sœur Marthe avait fait bénir. Dans ce porte-manteau, la sœur glissa de gros bas de laine pour que le voyageur n'eût pas froid, en traversant les Vosges.

« Joseph, lui dit-elle, le jour de son départ, Joseph, soyez toujours charitable. »

VIII

Lorsque mon ancien soldat eut terminé son récit, je songeai à ce qu'avait dit le Père Lacordaire : « La science religieuse s'apprend par l'étude des phénomènes religieux. »

Cette pensée me ramena au brin d'herbe et à l'insecte; puis à Notre-Dame de Paris, et au monde que j'y avais vu, monde illustre, monde riche, monde savant, et qui peut-être n'a jamais compris la différence que Dieu a mise entre l'aumône et la charité !

IX

Joseph Meyer m'avait appris son bonheur. Epoux heureux, père d'une charmante famille, ouvrier laborieux, il voyait l'aisance encadrer sa maison, et la joie germer autour de lui. Homme de bien et homme de courage, il n'avait pas balancé à l'heure du danger de la patrie. S'arrachant à sa famille, il saisit son fusil pour accourir à l'appel de la France.

Dieu l'avait récompensé.

X

Connaissez-vous cette contrée pittoresque et riante, riche en souvenirs glorieux, féconde en grands et beaux tableaux? Connaissez-vous cette province que baignent les flots du Rhin? Connaissez-vous l'Alsace, aux antiques traditions, au caractère poétique, et qui, du haut de ses vastes montagnes, regarde sans envie les cimes des Alpes et les vallées de la Suisse?

Si le Midi de la France a brillé par ses orateurs, ses hommes d'Etat et ses capitaines; si la Bretagne, fidèle à ses vieilles croyances, s'est illustrée par de grandes luttes; si la Touraine est, à juste titre, fière de sa noble histoire, de ses monuments religieux, l'Alsace peut montrer avec orgueil ses forteresses et son peuple de soldats. L'Alsace est la sentinelle de la France. Le sang qui coule dans les veines du peuple de l'Alsace est un sang pur. Le cœur des populations est honnête, les habitudes simples, douces, polies, et nul homme n'est autant que l'Alsacien préparé au métier de soldat [1].

Le ballon d'Alsace est un des points les plus pittoresques du pays. Par une fraîche matinée de printemps, suivez la route de Giromagny, et dirigez-vous vers le ballon. Vous rencontrerez des sites agrestes et grandioses, des rocs escarpés, des vallées mystérieuses qui se cachent au pied des bois et fuient au loin avec leur ruisseau perdu sous les branches du saule ; vous verrez de riches pâturages, des sentiers bordés de fraises et de petites fleurs nommées clochettes. Le long de la colline, vous apercevrez à chaque pas une cascade à la blanche écume, qui court en serpentant, se montrant, se cachant, reparaissant sous le gazon pour former enfin, dans le creux d'un rocher, ces petits lacs paisibles qu'un poëte comparait à des coupes d'argent au milieu des forêts de sapin. Dans ces coupes d'argent, des arbres chargés de grappes

1. Ces pages ont été écrites avant que l'Alsace eût été arrachée à la France.

rouges se mirent en se balançant, et la timide bergeronnette secoue ses ailes, et s'envole à l'autre bord du petit lac.

Une charmante rivière, qui le matin se lève dans les neiges au sommet des monts, et le soir se couche dans le Doubs vers le pays de Montbéliard, la fraîche Savoureuse accompagne le voyageur. La Savoureuse bondit du rocher au gazon de la prairie; en courant, elle semble jouer avec les fleurs qu'elle courbe, avec les pierres qu'elle roule, avec les feuilles qu'elle entraîne, avec les papillons qu'elle éblouit de ses flots rayonnants, avec les petits oiseaux dont elle répète les chants, tant son murmure est doux. Gracieuse dans ses mouvements, tantôt vifs, tantôt calmes et cadencés, la Savoureuse vous quitte tout à coup, s'égare de clairière en clairière, revient jouer un instant à vos pieds, fuit de nouveau pour aller se montrer à la ville prochaine. Dans sa fuite, elle tourne un moulin; plus loin, elle bondit dans un parc; la Savoureuse revient aux riches industries qu'elle féconde, pour fuir de nouveau dans la plaine, où le laboureur bénit son fertile passage.

Le paysan, sur sa porte, salue le voyageur, et les enfants suivent ses pas, en présentant les fleurs sauvages de la montagne. Ces enfants ont pour un instant laissé les troupeaux répandus aux flancs des collines voisines; car, dans cet heureux pays, ce n'est partout que laitage, linge blanc suspendu aux fenêtres, eau limpide qui glisse comme si les sources jaillissaient au seuil de chaque maison.

Le matin, nulle nature n'est plus embaumée ; le soir, vous ne verrez en aucun autre climat les ombres des bois s'allonger dans les vallées plus majestueusement.

La cloche des troupeaux qui résonne, le tintement mélancolique de l'*Angelus*, la fumée des toits champêtres qui se déroule lentement, les laboureurs qui reviennent de leurs travaux précédés de leurs grands bœufs, les laveuses aux bras nus, au furtif regard, au rire moqueur, et de loin en loin une église de village avec sa flèche qui s'élance dans l'air : voilà ce que vous rencontrerez en revenant le soir de votre pèlerinage au ballon d'Alsace.

Si vous étiez surpris par la nuit ou par l'orage, entrez dans la chaumière du paysan, asseyez-vous sous le large manteau de la cheminée; vous serez le bienvenu, car la famille est hospitalière dans notre vieille Alsace.

Ce que je viens de dire m'arriva l'an passé.

J'avais quitté la route de Belfort à Epinal, au delà de Chaux et de Giromagny. J'errais au hasard sur le dernier versant des Vosges, laissant mon cheval me conduire.

La maison penchée au flanc d'une colline, était au milieu d'un jardin. De grands arbres verts étendaient leurs branches jusque sur le toit, balançant leur feuillage aux fenêtres garnies de lierre. Cette maison ressemblait à un nid dans les bois. Les hirondelles voltigeaient autour du chaume avec leur cri joyeux, et sous les bords du toit, les petits à peine éclos, rappelaient au nid la mère absente. Cette charité d'un abri aux hirondelles, étrangères, inconnues, voyageuses comme moi, me sembla de bon augure pour l'hospitalité que j'allais demander.

Au banc de pierre de la porte, des enfants jouaient avec un chien de chasse, sous les yeux de la mère qui travaillait. Au fond du jardin, le père travaillait aussi.

Ce coin du monde respirait l'ordre et le bonheur. J'oubliais de dire qu'après avoir quitté le grand chemin, dans un petit bois très-accidenté, non loin de la maison, j'avais remarqué au creux d'un arbre une image en étain, placée sous verre, exposée à la vénération des fidèles. Les paysans ne passaient jamais là sans faire le signe de la croix. Le bûcheron, pliant sous le poids de son fardeau, s'agenouillait devant l'image, et se relevait doué d'une vigueur nouvelle.

Cet oratoire dans un lieu sauvage, sous la voûte du ciel, ayant pour ogives les branches entrelacées des chênes couverts de mousse, pour piliers les troncs noueux de l'arbre, pour parure les feuilles aux mille nuances dorées par le soleil couchant, pour tapis, le gazon parsemé de violettes ; cet oratoire, véritable charité aux passants, m'aurait invité à la méditation, si la vue d'un vieillard agenouillé ne m'eût distrait. Il se leva lentement, se signa devant l'image en plomb de saint Joseph, et puis me salua.

— Quelle est cette maison ? demandai-je au vieillard.

— C'est la maison de la charité, répondit-il. Un vieux soldat l'habite, et jamais le malheureux n'a frappé à sa porte sans que le maître ne vînt au seuil partager son morceau de pain.

J'avais poursuivi ma route, laissant le vieux pâtre presque aveugle bénir la main charitable du vétéran.

Au bruit des pas de mon cheval, un joli enfant aux joues rebondies et colorées, aux yeux vifs, aux longs cheveux bouclés, vint au-devant de moi en appelant son père.

Abandonnant sa bèche, le jardinier se rapprocha, et je reconnus mon ancien soldat, Joseph Meyer.

Il allait prendre respectueusement la bride de mon cheval, lorsque je m'élançai, ouvrant mes bras à ce brave homme qui s'y précipita. Les sanglots étouffaient sa voix, et deux larmes glissaient le long de ses joues, pendant que sa grosse main calleuse tremblait dans la mienne.

Les mots de la langue humaine sont impuissants pour exprimer tout ce que j'éprouvai sous ce chaume si humble, au milieu de cette famille de braves paysans.

Je partageai leur frugal repas, assaisonné par la fatigue ; je visitai le jardin potager, et le carré des fleurs. La ménagère me conduisit de l'office où le lait et le miel inondaient les jarres, au grenier où le blé faisait crier les planches. Je vis les armoires riches de toile grise, de fil pour l'an qui vient. Le soir, à la veillée, les plus grosses bûches s'amoncelèrent dans l'âtre, et le feu qui éclairait la chambre nous convia bientôt à la douce causerie.

Je pris sur mes genoux le petit garçon; les autres enfants se groupèrent entre les aïeuls, car il y avait trois générations dans cette cabane.

Et nous causâmes longtemps.

Ni la triste et décevante politique, ni la littérature, ni le monde et ses fêtes, ni la richesse et ses tourments ne vinrent en nos discours. Nous parlions de la sœur de charité, du régiment, et de la terre, et quand nous avions fini, nous recommencions.

Ce que j'appris de neuf heures à minuit, tantôt du père, tantôt de la mère, tantôt des enfants et des vieillards, je vais vous le dire le plus brièvement qu'il me sera possible, car je m'aperçois que mon récit traîne en longueur.

La charité de sœur Marthe n'avait pas seulement sauvé de la mort le corps de ce pauvre soldat, elle avait jeté dans cette âme inculte tous les germes des bonnes choses ; car, disait-elle, les bonnes choses viennent de la charité.

Sœur Marthe avait enseigné à Joseph Meyer ce qu'est le devoir ici-bas ; elle lui avait parlé du dévouement. Cet homme ignorant, mais préparé par la vie régimentaire à toutes les vertus, à tous les sacrifices, avait compris la sœur de charité.

Sa vie était devenue ce que vous savez. Dieu avait béni la maison du vieux soldat.

Telle était l'œuvre de la charité.

Deux fois par an, Joseph Meyer quittait sa maison et disparaissait à l'angle des grands bois, conduisant à la ville une lourde charrette. A l'entrée de l'hiver, c'était le bois des pauvres qu'il menait ainsi ; après la moisson, c'était le blé des pauvres.

L'aumône se faisait deux fois par an, mais la charité était de tous les jours ; elle se multipliait, se transformait, comme se multiplient, se transforment les chagrins, les douleurs sur la terre ; car, « on ne fait d'aumône qu'aux pauvres ; on fait la charité à tous, même aux riches ; » disait sœur Marthe. « La charité n'est souvent qu'une bonne parole, moins que cela, un regard bienveillant, » disait-elle encore.

J'avais entendu beaucoup de sermons sur la charité, j'avais lu les œuvres philosophiques et littéraires des Malebranche, des Spinosa. Mais la sœur Marthe, servante des pauvres, et Joseph Meyer, ex-soldat et paysan, en savaient plus que les philosophes et les savants : — ils connaissaient le brin d'herbe et l'insecte.

XI

J'appris de Joseph Meyer que lorsque le 25 juin 1848, nous avions été délivrés des insurgés par les chasseurs à pied, sœur Marthe avait relevé de terre l'homme qui l'avait frappée. Il respirait encore; sa main crispée serrait le couteau de chasse teint du sang de la sœur de charité. La religieuse avait transporté le meurtrier dans l'hôpital qu'elle servait. Placé dans un lit voisin de celui du garde mobile, ils avaient tous deux reçu les soins de sœur Marthe. Tous deux étaient revenus à la vie. Ainsi le voulait la charité.

Mais l'insurgé ayant été condamné par le conseil de guerre, sœur Marthe s'était jetée aux pieds de celui qui pouvait adoucir le sort du criminel. Elle avait sauvé de la flétrissure celui qu'elle avait déjà sauvé de la mort. Ainsi le voulait la charité.

XII

Laissant flotter les rênes de mon cheval, je revenais à Belfort, traversant les forêts, poursuivant mon chemin le long de la Savoureuse, et songeant. Je songeai aux poëtes, aux orateurs, aux conquérants, et je me demandai si le bruit qu'ils font en passant sur la terre arrive à Dieu plus fort et plus distinct que le silence de la charité?

Je me rappelai ce cri répété par l'abbé Maury dans le panégyrique de saint Vincent de Paul : « Venez à moi, ô vous qui souffrez, et je vous soulagerai! »

Ni la Grèce, ni Rome n'ont connu ce langage; ni la Grèce, ni Rome n'ont eu leur hôpital; ni la Grèce, ni Rome n'ont eu la sœur Marthe et le soldat Meyer; la civilisation produit l'héroïsme, qui éclaire et brûle, mais non la charité qui réchauffe.

Le vieil homme reprenant tout à coup le dessus, je lançai mon cheval au galop, en disant : « Par ma foi! l'empereur a sagement fait de placer la croix d'honneur du soldat sur la poitrine de la sœur de charité! »

Poussant mon Arabe qui bondissait, joyeux et fier, je compris le cri de Kean dans Richard III :

> Un cheval! un cheval!
> Mon royaume pour un cheval!

Sur le bord du chemin, un vieux bouc à barbe blanche, qui paissait solitairement, me salua d'un signe de tête. L'image des braves gens se confondant en mon esprit avec l'aspect sublime de la nature sauvage, je m'enivrai d'air, de mouvement, de silence et de soleil. Prenant en pitié les hommes et leur égoïste philosophie, j'aurais dans ce moment broyé tous les pédants de l'univers sous les pieds de mon cheval, et brûlé la bibliothèque d'Alexandrie du feu de mon cigare.

Je ne connaissais au monde que deux choses : la force et la charité, le sabre et la croix, le soldat et la sœur hospitalière.

XIII

Si, devant une habitation, vous aperceviez le balai en main, un homme ou une femme se livrant aux travaux de propreté les plus rudes, vous auriez la certitude qu'il y a devant vos yeux un pauvre ou un serviteur. Vous pourriez affirmer d'avance que la main qui dirige ce balai n'a jamais traduit, par la plume ou le pinceau, les inspirations de l'intelligence, et ne saurait demander à la poésie, à la musique, aux arts, aux plus nobles distractions, ces doux repos de l'esprit et du cœur.

Vous ne vous tromperiez qu'au couvent et à la caserne. Seuls dans ce monde, la religieuse et le soldat ont pu ennoblir par un seul mot, le mot devoir, les travaux les plus grossiers. Cette religieuse et ce soldat qui, vêtus humblement, balaient la poussière que foulent vos pas, sont peut-être des enfants de la plus vieille aristocratie de l'Europe ; leur nom a retenti dans l'histoire ; les maîtres qui les ont instruits sont les plus doctes de la capitale, et leur famille vit dans l'opulence séculaire.

Ce phénomène se présente tous les jours ; nous pouvons d'un seul mot en expliquer le mystère.

Soldat et sœur de charité servent, celle-ci Dieu, celui-là la patrie ; leur travail quel qu'il soit, humble en apparence, grossier pour le vulgaire, est purifié dans son principe et dans sa fin. Il est pur, parce qu'il est désinteressé ; il est noble, parce que sa fin est l'humanité.

Ailleurs, on travaille aussi ; mais le travail est plus ou moins honorable, parce qu'il est plus ou moins pénible, plus ou moins lucratif. Le principe est l'intérêt, le but est la jouissance matérielle. La volonté n'a pas le devoir pour règle et pour frein.

La sœur de charité et le soldat peuvent, sans orgueil, mais avec dignité, parler de leurs sabots.

Tel pape ou tel maréchal de France en ont porté en balayant les cours de la caserne ou les cours du monastère. Pour eux, l'humble devoir a précédé les grands droits ; mais la source est la même. Nous ne sommes pas orgueilleux, sœurs hospitalières et grenadiers, mais nous sommes fiers. Quand nous passons à travers la ville, et que le commerce opulent ou la luxueuse oisiveté nous coudoient, à cause de la robe de bure et du pantalon de treillis, nous pardonnons de grand cœur, car dans le monde grand et petit, balai, bure, sabots et treillis veulent dire ignorance et pauvreté sociale, tandis que pour nous cela signifie service et dévouement. Hors du monastère et de la caserne, vous chercheriez vainement l'*égalité* tant vantée. Dans une visite que je fis il y a quelques années au couvent des sœurs de charité, je trouvai à la pharmacie une femme qui faisait bouillir des mauves pour les pauvres. Cette femme, jeune encore, appartenait à une maison presque princière; elle avait volontairement abandonné à ses sœurs une prodigieuse fortune; elle avait renoncé au monde, à ses succès, à ses bonheurs; sa compagne dans ce travail était une humble fille des champs, simple et ignorante.

Quelques jours après, à la caserne, je trouvai dans la cuisine de l'escadron un jeune bachelier ès-lettres, fils d'un lieutenant général, pair de France, et grand dignitaire de la Légion d'honneur. Ce jeune homme était de cuisine. Engagé volontaire, il travaillait, en compagnie d'un Auvergnat peu gracieux, à dépouiller de leur pellicule les pommes de terre destinées au *rata*.

Le brigadier de planton, ancien menuisier, était debout, le sabre au côté, se frisant coquettement la moustache tout en surveillant le futur pair de France qui fredonnait ce couplet :

La fortune
Importune
Me paraît
Sans attrait....

O philosophe! plongez-vous dans votre grand fauteuil si moelleux ; alimentez le feu qui petille dans votre cheminée ; croisez sur votre poitrine les revers de votre soyeuse robe de chambre ; demandez aux doubles rideaux de vos fenêtres cette lumière douce, si favorable à la méditation. Puis, quand vous serez bien reposé, et que votre regard satisfait aura caressé les rayons dorés de votre bibliothèque, le luxe artistique de ce boudoir silencieux et discret d'où votre philosophie juge le monde, écrivez de votre blanche main quelque projet de réforme sur le soldat et sur la sœur de charité. Dites, calculateur, dites que nous sommes improductifs; pesez la part que nous prenons au budget, et demandez que les couvents et les casernes soient transformés en usines!

Mais, honnête philanthrope, quand l'émeute grondera au carrefour, n'accourez plus tremblant de peur et les mains jointes, implorer le secours et la pitié du soldat.

Et, si vous êtes malade, riche financier, n'appelez plus, quand la mort vous apparaît, n'appelez plus, les larmes aux yeux, la sœur de charité pour veiller au chevet de votre lit, abandonné par l'égoïsme!

Rassurez-vous, bonhomme ; sœur hospitalière et soldat sont de meilleure composition. L'une et l'autre seront toujours à votre service, et vous feront à l'heure de la peur, celui-ci la charité de son courage, celle-là la charité de ses veilles!

XIV

En Amérique, aux confins de la civilisation, j'ai trouvé la sœur de charité. A ces époques fatales et terribles où la fièvre jaune met en fuite tout ce qui peut vivre hors des villes, c'est-à-dire tout ce qui est riche, tout ce qui n'est pas forcément attaché au port, la sœur de charité reste volontairement seule avec les pauvres. Alors arrive le fléau.

Que se passe-t-il? Nous ne le savons même pas aux rives embaumées des fleuves où nous avons cherché un refuge; nous ne le savons pas dans nos vertes savanes. Les eaux, les bois, les airs nous préservent de tout mal, et nous attendons doucement, pour retourner aux villes, que le mal redoutable ait quitté le rivage.

La mort a tout frappé. Des milliers de victimes ont payé l'affreux tribut; les maisons sont dépeuplées; les rues restent désertes et silencieuses. La sœur de charité est demeurée seule pour soigner les malades, ensevelir les morts, consoler les faibles, nourrir les pauvres, et répandre des torrents de charité.

Pauvres filles d'Europe! Elles aussi ont été les victimes du fléau; elles sont mortes en silence, debout à leur poste, comme des soldats; et quand nous revenons des habitations, nous trouvons la tombe de la sœur de charité à côté de la tombe des pauvres.

En Afrique, elles étanchent le sang des blessures. J'en ai vu là aussi prodiguer aux mourants ces soins si pieux qui rendent l'espérance.

Elles soutiennent les pas chancelants de la veuve ; elles emportent dans leurs bras l'orphelin qui pleure sa mère; elles instruisent les petits enfants ; elles peuplent l'hôpital de bonnes et nobles pensées.

Je veux à ce propos citer une autorité irrécusable. Le premier chirurgien de l'empereur Napoléon Ier était le baron Boyer. Vous savez que Boyer, fils d'un pauvre tailleur limousin, avait, par le travail opiniâtre, conquis la grande et juste place qu'il occupa dans la science et dans le monde.

Nommé après le 10 août 1792 second chirurgien à l'hôpital de la Charité, Boyer vint y remplacer les moines qui jusque-là gouvernaient la maison.

On pourrait croire que Boyer, si savant, va repousser ce qu'ont fait ces religieux, et que le docteur va le prendre de haut avec des moines.

Ecoutez le digne successeur de Boyer, celui qui prononça son éloge, le docteur Dubois, chirurgien de l'empereur Napoléon III :

« Les frères durent céder la place aux laïques dans l'administration de la maison, mais il faut dire que Boyer a toujours conservé pour eux des sentiments de respect et d'attachement; il en parlait avec une sorte de vénération, rappelant leur zèle, leur dévouement, et surtout leur tolérance. Arrivait-il un nouveau malade (racontait Boyer), au lieu de cette profonde indifférence que trouvent aujourd'hui les malheureux dans les employés ordinaires d'un établissement public, le frère de garde se rendait aussitôt près de lui, présidait aux premiers soins qui lui étaient donnés; puis, quand le malade était reposé et familiarisé avec sa nouvelle situation, le religieux venait s'asseoir près de lui, et lui disait : « Mon frère, quelle que soit votre croyance, je dois avant tout vous engager à faire une courte prière pour le repos de l'âme de la personne charitable qui a fondé le lit dans lequel vous reposez; si vos sentiments sont ceux d'un chrétien, vous ferez plus, vous demanderez un confesseur avant d'entrer en traitement. Cette exhortation, mon frère, sera la seule que je me permettrai de vous faire dans l'intérêt de votre salut; votre raison et votre cœur vous dicteront le reste. » Mais ce n'était pas seulement au point de vue de leur tolérance et de leur charité que Boyer faisait l'éloge de ces religieux; il rendait également hommage aux lumières et aux talents de quelques-uns. »

Voilà la charité de la religion, qui est bien supérieure à l'aumône de la philosophie.

Un maréchal d'empire, le duc de Raguse,

grand par la guerre comme Boyer par la science, a dit : « Si les fonctions de ceux qui administrent des soins aux malades et aux blessés étaient relevées, ennoblies et récompensées par l'opinion et par les jouissances que donnent l'exercice de la charité et les sentiments de la piété, il en résulterait à coup sûr un grand bienfait pour ceux qui souffrent. Le moyen d'y parvenir serait de laisser à un corps religieux, qui ne fût pas étranger aux fonctions subalternes de la chirurgie et de la médecine, le soin des hôpitaux militaires ; non l'administration proprement dite et le maniement des fonds, mais le monopole des soins et leur direction.

» Un corps de frères hospitaliers, engagés pour la vie ou pour un temps déterminé, ayant des chefs honorés, serait chargé de la tenue des salles et du service près des malades. Des auxiliaires à gages seraient préposés, sous leurs ordres, aux travaux les plus grossiers et les plus pénibles, mais sans qu'aucun soin, dans les cas d'urgence, parût au-dessous des chefs eux-mêmes. L'esprit de charité les soutiendrait dans leurs travaux. Jamais un détachement de ces respectables frères, après avoir reçu une destination, ne quitterait les individus qui leur auraient été confiés. Leur présence serait l'espoir et la consolation des malades, et leur saint ministère, exercé au profit de tous, amis et ennemis, deviendrait leur sauvegarde auprès de toutes les armées de l'Europe, quand le sort des armes les aurait fait tomber entre leurs mains.

» La considération et les jouissances de la conscience devraient être particulièrement leur récompense..... Ainsi le service des hôpitaux serait fait par trois corps :

» Les hommes de l'art médical, les médecins et les chirurgiens ;

» L'administration, qui crée le matériel, dispose des fonds et pourvoit aux consommations ;

» Les frères hospitaliers, chargés d'administrer les soins et de diriger toute leur application pour la conservation des malades. »

Le maréchal Marmont désirait donc voir l'établissement des *frères de charité*, car ses *hospitaliers* ne sont pas autre chose.

XV

Une vieille croyance nationale, une sorte de légende populaire expliquerait au besoin le culte que les soldats rendent aux sœurs de charité.

Vous avez peut-être observé que les peuples devinent par le cœur ce que les savants apprennent par l'esprit. Il y a dans les villages, comme une sorte d'érudition, venant on ne sait d'où, mais sérieuse et digne de foi. Sans être astronome, le paysan sait beaucoup de choses sur le temps et les saisons ; sans être historien, il sait beaucoup de choses sur le passé.

Aussi sainte Clotilde et sainte Geneviève sont-elles populaires dans notre pays. Pour les érudits, l'une rendit la France chrétienne, l'autre la sauva des barbares ; pour les simples, qui n'ont jamais lu, toutes deux, Geneviève et Clotilde, sont des femmes dévouées, pieuses, qui devinrent saintes par la charité.

Ce qui va le plus au cœur des peuples, c'est l'idée de sacrifice. Jeanne d'Arc sur son bûcher est plus grande que Jeanne d'Arc sur les remparts d'Orléans ; Jeanne est une enfant de la chaumière comme Geneviève ; Clotilde est la compagne d'un soldat barbare, dont elle fait un chrétien ; mais toutes se sacrifient, toutes sont charitables.

J'irai plus loin en disant que le peuple aime Madeleine, symbole de faiblesse, mais de repentir ; le peuple a sa poésie si intimement liée à sa foi, qu'il est difficile de savoir où l'une commence, où l'autre finit.

Lorsque le Panthéon fut, par l'empereur, rendu au culte catholique, j'entendis un ouvrier dire : « Mieux vaut une église qu'un tombeau. »

Les philosophes discuteront, le peuple croira. De la discussion naîtra la haine ; de la foi naîtra la charité. Le peuple devine ces paroles de saint Augustin : « Raisonne, moi j'admire ; dispute, moi je crois. » Il n'est donc pas surprenant qu'en France la sœur de charité soit populaire.

Une réflexion se présente encore à mon esprit :

N'avez-vous jamais remarqué que chez le peuple, la femme a plus que l'homme les soins continuels de l'enfance? L'homme quitte le logis pour le travail; il part dès le matin, emportant sa bêche ou son rabot, et ne reparaît au foyer que le soir. La femme seule préside donc à l'éducation de l'enfance.

Lorsque l'âge est venu de prendre le travail, le fils du peuple quitte sa mère, et pour lui commence la rude vie du labeur.

Dans le monde, il n'en est pas ainsi. La femme qui est le charme de la société a dû souvent s'éloigner du berceau du nouveau-né. Plus tard une étrangère a soutenu les pas de l'enfance, et si les premières larmes ne sont pas essuyées par la mère, le premier sourire n'est pas pour elle.

Viennent ensuite les instituteurs et les colléges.

L'image de la mère et de la sœur est donc bien plus profondément gravée au cœur des masses populaires qu'au cœur des classes lettrées. Observez combien, dans les chants de l'atelier ou du hameau, le nom de la mère ou de la sœur est répété avec amour!

A l'église, voyez la foule s'agenouiller à la chapelle de la Vierge ; voyez dans l'humble église du village, les paysans regarder avec reconnaissance le tableau qui montre la sainte Vierge tenant l'enfant Jésus dans ses bras!

C'est le symbole de la famille, du sacrifice, de la charité. Il faut chercher dans cet ordre d'idées le respect, la vénération qu'inspire la sœur de charité au soldat de l'armée.

Cet homme n'entend jamais que la voix brève du commandement. La voix douce de la sœur de charité lorsqu'elle frappe son oreille, le ramène malgré lui au foyer domestique, et il croit retrouver sa mère; à ce souvenir vénéré se mêle un souvenir plus pieux encore, celui de la religion, dont on ne lui parlait plus, et qui lui apparaît sous la forme d'une sainte.

J'ai remarqué que les soldats guérissent bien plus souvent de la nostalgie, ou maladie du pays, dans les hôpitaux servis par les sœurs de charité que dans les hôpitaux servis par les infirmiers. La science est cependant la même dans ces établissements divers.

Mais seule, ici-bas, la sœur a le secret de la charité; et la nostalgie est une maladie de l'âme encore plus que du corps.

Il y a de grands mystères dans les armées, il y a des secrets touchants, il y a des sentiments cachés, qui donnent au commandement un prix infini, à l'observation un charme inexplicable.

L'ordre des sœurs de charité n'est pas une institution, mais une inspiration. Ce n'est pas la réalisation de la pensée d'un ministre, mais la révélation d'un saint.

Nous ne pourrions donc écrire l'histoire des sœurs de charité, encore moins discuter leur action dans les armées.

La sœur est à nos yeux le reflet de la famille ; elle représente la mère du soldat. Comme la mère, elle se sacrifie.

La philosophie a voulu ravir au christianisme cette douce et chaste figure de la sœur de charité. Alors le socialisme a prononcé le nom *de frère.* A la charité, il a voulu substituer la fraternité. Le socialisme nous a dit : « Je prêche ce qu'ont prêché Dieu et ses Apôtres. »

Le christianisme, tel que Dieu et ses Apôtres l'ont prêché, dit aux riches : « *Donnez !* » Le christianisme, tel que vous l'interprétez, dit aux pauvres : « *Prenez.* » Toutes les nuances de votre éloquence se perdent dans l'abîme qui séparera toujours ces deux doctrines.

XVI

J'avais rencontré sur ma route le vieux curé de Weyssembutter. Nous devisions depuis une heure des traditions de l'Allemagne, des contes alsaciens, et des histoires populaires de la Franche-Comté. Le vieux prêtre se prit à sourire, et me dit :

— Voici une légende que je contai à mes paroissiens au lieu de leur faire un sermon sur la charité. Cette légende est fort connue sur les bords du Rhin :

« Il y avait une fois un pauvre marchand colporteur qui s'en allait à pied le long des plaines de la Bohême, la bourse vide, la besace vide. Il était loin encore de toute habitation, et il ne lui restait qu'un morceau de pain épargné sur son dîner de la veille. Il s'assit épuisé de fatigue, auprès d'une fontaine, et commença son frugal repas, sans savoir s'il pourrait en faire un second dans la journée.

» Pendant qu'il était là, une souris s'approcha de lui et leva la tête d'un air suppliant, comme pour lui demander la charité.

» — Pauvre petite bête, dit le marchand, tu es donc encore plus malheureuse que moi? Voilà tout ce qui me reste; mais je ne mangerai pas sans toi. Et il émietta son pain, et le posa à terre devant la petite souris. Le déjeuner fini, le marchand va boire à la fontaine; s'en revenant, devinez ce qu'il aperçut? La petite souris qui apportait une à une des pièces d'or près de son bissac. Elle en avait déjà apporté trois, et elle allait chercher la quatrième. Il la suivit, élargit le trou par lequel elle entrait, et trouva un trésor!

» Dieu l'avait placé là pour récompenser la charité exercée même envers le plus faible des animaux.

» Le pauvre marchand devint, par la suite, riche seigneur de la Bohême. Il eut des châteaux, des voitures, des champs et des forêts; mais il resta toujours charitable. »

— Bon vieux curé, lui dis-je, merci de votre légende.

CHAPITRE VI

LE CAPTIF

> 36. Or, voyant la multitude, il en eut pitié ; car ils étaient accablés de maux et couchés comme des brebis qui n'ont point de pasteur.
> 37. Alors il dit à ses disciples : la moisson est grande, mais il y a peu d'ouvriers.
> 38. Priez donc le maître, afin qu'il envoie des ouvriers en sa moisson.
>
> *Evang.* St MATTHIEU, chap. IX.
>
> Sur les bords des fleuves de Babylone, j'ai pleuré en me ressouvenant de Sion.
>
> (*Ps.* CXXXVI. 1.)

I

Plusieurs siècles avant le christianisme, les Orientaux, lorsqu'ils avaient conquis des provinces ou des royaumes, transportaient au loin les principaux habitants, ceux qui par leur supériorité pouvaient préserver la nation vaincue d'une complète destruction. Cette coutume despotique s'appliqua particulièrement l'an 722 avant J.-C. En ce temps-là Israël fut détruit par le roi d'Assyrie. Après la prise de Samarie, il fit conduire en captivité les hommes les plus forts et transplanta dans la province conquise des populations étrangères, qui formèrent la nation samaritaine.

On connaît la page d'histoire qui a pour titre : *Captivité de Babylone*. La grande voix d'Ezéchiel a traversé les siècles, et nul n'ignore comment la Palestine devint déserte.

Depuis deux mille quatre cents ans, cette politique orientale, cruelle jusqu'à la folie, semblait oubliée par les hommes.

L'Allemagne a voulu montrer à l'Europe moderne comment ses philosophes comprenaient la civilisation.

A côté des prisonniers de guerre se sont trouvés des fonctionnaires civils, des prêtres, des pères de famille, des vieillards et des femmes. Tout ce qui ne pouvait cacher les révoltes de son cœur, était transporté en Allemagne, malgré les lois divines et humaines.

Ce fut une nouvelle captivité de Babylone. Bientôt toutes nos armées eurent disparu.

Semblable à une veuve éplorée, la France ne put que gémir.

Quelques généreux enfants voulurent ramasser à terre les armes tombées des mains de l'époux, mais leurs efforts furent vains.

On peut dire sans exagération que les chefs militaires et politiques de l'Allemagne avaient perdu, pendant cette guerre de 1870, tout sentiment d'honneur et d'humanité.

Ce n'était plus cette lutte courtoise de deux armées, dont l'une veut mettre l'autre en déroute afin de préparer la paix. Tout respirait la haine. On détruisait sans nécessité. Militaire, on versait le sang avec un farouche plaisir, on jetait sur l'Allemagne surprise des tombereaux de captifs, entassés comme un vil bétail dans les granges et les prisons.

Aux conseils de guerre, l'élément civil et politique prenait place près de l'autorité militaire, pour indiquer brutalement qu'il s'agissait non de victoire, mais de destruction.

On ne venait pas combattre l'armée française, mais anéantir la nation.

Ils ont comblé nos sillons, brûlé nos villes, souillé nos drapeaux; ils ont conduit notre peuple en captivité; ils ont donné en spectacle nos soldats prisonniers, et, debout près de nos ruines, ils ont souri d'orgueil.

Derrière ce sourire, il y a des larmes; derrière ces chants de triomphe, il y a des gémissements.

Le jour de l'expiation appartient à Dieu seul. Tous les épis de nos sillons, toutes les pierres calcinées de nos villes, tous les replis de nos drapeaux, toutes les sandales de nos captifs ont un langage muet qui doit épouvanter les enfants de l'Allemagne.

L'air que nous respirons en France a perdu sa pureté, notre lumière n'a plus son éclat, l'eau de nos fleuves est troublée, les heures sont lourdes et lentes, les nuits pleines de songes sanglants.

Les Allemands de notre temps ont légué à leurs fils un terrible héritage. Les poëtes de l'Allemagne pourront un jour réciter leur ballade : « Les morts vont vite ! »

Ah ! s'il se trouvait en France un homme, un seul, qui pût oublier les crimes commis autour de lui, malheur à cet homme !

Nous avons été soumis à la plus dure des épreuves. Nous aurions aimé à la voir supportée dignement. Le silence semblait convenir à notre douloureuse situation, et cependant on a beaucoup parlé et calomnié outre mesure.

Le recueillement nous était commandé par la plus vulgaire sagesse, par le simple bon sens, par la dignité. Mais, parmi nous, peu d'hommes ont mesuré la hauteur de la chute et la profondeur de l'abîme. Les survivants n'ont été frappés que des pertes matérielles, ils ont pensé qu'en activant les relations commerciales, en réparant les routes, en donnant des fêtes en faveur du luxe, en prononçant de longs discours, en votant de nouveaux impôts, en discutant de mesquines questions politiques, la France renaîtrait à la vie, que son cœur battrait comme autrefois, que son âme retrouverait les aspirations généreuses et que son esprit brillerait encore.

Dans les événements qui se sont passés, il ne faut pas voir des victoires de champ de bataille, mais le choc de deux races dont l'une veut anéantir sa rivale.

Vauvenargues écrivait au milieu du XVIIIe siècle : « La guerre se fait aujourd'hui entre les peuples de l'Europe si humainement, si habilement, et avec si peu de profit, qu'on peut la comparer, sans paradoxe, aux procès des particuliers, où les frais emportent le fonds, et où l'on agit moins par force que par ruse. »

Est-ce ainsi que s'est faite la rencontre de la France et de l'Allemagne?

Ne considérons point comme une guerre ce qui ne l'était pas. Il y a eu invasion comme au temps des Huns, des Vandales et des Cimbres. Les hommes d'au delà du Rhin sont toujours les mêmes. Autrefois ils étaient précédés de torches ; de nos jours ils marchent derrière leur formidable artillerie. Le moyen de destruction s'est modifié, mais le résultat est toujours le même, qui, pour employer le mot de Vauvenargues, se nomme *le profit*. L'humanité, l'habileté de Turenne, les généreux calculs ont fait place aux violences impies de la force brutale.

Ouvrons enfin les yeux à la lumière et considérons froidement et fièrement l'ennemi qui nous a frappés. Sa main n'est point armée de l'épée, mais de la massue, il ne se nomme pas soldat allemand, mais citoyen prussien ; il ne combat nullement pour la gloire, mais pour le butin ; comme ses pères il marche du côté du soleil dont les rayons jaunissent l'épi de blé et le cep de la vigne.

Nous avions eu la folie de mépriser ces hommes et ils nous ont vaincu. Les hordes ont débordé sur nos provinces. Enserrées dans leurs mailles de fer, nos armées ont toutes subi l'humiliation de la captivité, nos villes ont retenti du bruit de leur artillerie. Les feux de leurs bivouacs ont éclairé nos plaines, et nos maisons ont tremblé sous la marche pesante de soudards sans courage.

Pour que de telles choses se soient vues, il faut, de notre part, autre chose que des imprévoyances.

Peut-être nous manquait-il des canons et des soldats, mais il nous manquait surtout les nobles croyances qui, à la longue, pétrissent les grandes nations. La foi était morte en France, l'autorité n'était plus entourée des respects de la foule, la discipline n'existait nulle part, les caractères amoindris s'endormaient dans les jouissances. Tous les niveaux s'abaissaient. Une littérature facile, impudente, sans esprit, circulait des antichambres aux salons, tandis qu'un luxe ridicule et puéril troublait les existences de la province et de Paris.

Pour comble de malheur le parlementarisme vint couronner l'édifice.

L'Allemagne put se réjouir, lorsque les échos de la tribune aux harangues apprirent aux Berlinois que sur les bords de la Seine ils avaient de fidèles alliés et des amis prêts à la trahison.

Les cinq premiers jours du mois de septembre 1870 montrèrent à l'univers l'alliance monstrueuse de Guillaume de Prusse et des députés de la ville de Paris.

Disciples de Voltaire, ils suivirent l'exemple du maître. Frédéric II avait mis sa livrée sur les épaules du philosophe, Guillaume pouvait bien jeter la sienne à la face de nos révolutionnaires.

Lorsque vous traversez une place publique à l'heure où se ferment les écoles, vous êtes assourdi des cris joyeux de l'enfance. Dans leur folle gaieté, dans leurs courses vagabondes, ils mettent en péril votre marche paisible et vous grondez tout en cheminant.

Dans toutes les villes et les villages les mêmes cris se font entendre; devant toutes les portes les mêmes têtes d'enfants vous regardent passer avec un sourire moqueur.

C'est là qu'est le salut de la patrie. Songez avant tout à l'éducation de cette jeunesse qui est la génération future. Faites que cette génération n'hérite pas du scepticisme de ses pères. Donnez à ces enfants des principes religieux, enseignez-leur le respect et la discipline. Alors, qu'ils soient soldats ou bourgeois, ils consoleront un jour la France.

Ce n'est pas en enseignant l'exercice et le maniement du fusil à des hommes de trente ans que vous arrêterez la marche des Allemands, mais en créant une génération saine, vigoureuse, qui aura un cœur dans la poitrine, et ne sera pas, comme ses pères, l'éternelle dupe des révolutionnaires.

II

Nos soldats croyaient avoir épuisé toutes les douleurs durant cette guerre. Ils avaient été fauchés par les batteries de canon ; leurs pieds ensanglantés s'étaient enfoncés dans la neige ; des marches sans but, des combats sans espoir, une nourriture insuffisante, la misère toujours et partout, devaient leur faire croire qu'ils avaient vidé le calice jusqu'à la lie.

Tous croyaient qu'il était impossible d'imaginer une douleur nouvelle.

Mais vint le jour de la captivité et le pauvre soldat put mesurer son amour pour la France.

La guerre avait ses émotions. On sentait sous ses pieds la terre où dorment les aïeux ; on pressait une arme dans ses mains ; on respirait l'air de la patrie ; l'oreille était frappée des mots de notre langue ; le regard se reposait sur les horizons du pays ; on marchait pour lui, on combattait pour lui ; on vivait, on mourait pour lui.

En captivité le corps restait immobile. Ces mains calleuses habituées à manier la charrue ou le fusil restaient vides et inutiles. Les heures s'écoulaient lentes et monotones, l'esprit seul éprouvait mille tortures. Pendant la guerre, l'activité du corps avait à peine permis à la pensée de se faire jour. Durant la captivité cette pensée, refoulée jusqu'alors, reprenait ses droits et dominait avec une persistance douloureuse. L'âme s'envolait vers la patrie lointaine. Le pauvre prisonnier évoquait les images de la famille et du pays bien-aimé. Le passé revivait dans ces mémoires désolées, on y songeait le jour, et les rêves de la nuit venaient en foule tromper le malheureux. A l'heure du réveil la chaîne semblait plus lourde, et l'avenir assombri par les rêves prenait des teintes noires qui effaçaient toutes les espérances.

Entre eux et la France un voile impénétrable se dressait, ils regardaient et ne voyaient rien, ils écoutaient et nul bruit ne se faisait entendre. Quelques-uns se croyaient ensevelis dans un vaste tombeau et, résignés, courbaient le front; d'autres se révoltaient contre la destinée. Tous souffraient de cette maladie étrange que le peuple a nommée le mal du pays.

Parqués comme des troupeaux, ils ne voyaient briller que les baïonnettes de leurs gardiens.

Parmi ces prisonniers, il en était qui avaient franchi les pentes de l'Atlas aux guerres africaines; près d'eux, des camarades se souvenaient de l'assaut de Malakoff, des victoires de Magenta et de Solférino. Tous revoyaient ces belles journées où le soldat de la France était acclamé par l'Europe entière. Ils retrouvaient dans le souvenir ces grandes revues de l'empereur où le défilé était salué par les souverains de l'Europe. Ils croyaient revoir leur vieux drapeau avec les noms d'Austerlitz et d'Iéna, de Wagram et de la Moskowa, d'Isly et de l'Alma; il était donc tombé ce glorieux drapeau, héritage des pères, il était tombé avec son aigle d'or!

L'un d'eux se mourait du mal du pays, malgré les soins du médecin et du prêtre. « Que vous manque-t-il donc? lui dit un officier.

« — La France! » — répondit le mourant.

Dans ces deux mots, il y a tout un poëme, poëme de douleurs et de larmes, poëme que les heureux du monde ne liront jamais, et que Dieu semble avoir composé lui-même pour l'âme du prêtre et le cœur du soldat.

III

Le R. P. Joseph, missionnaire apostolique, aumônier des prisonniers de guerre, a publié de précieux documents sur la captivité de nos soldats. Ce digne prêtre, après avoir assisté au siége de Strasbourg, a volontairement suivi sur la terre étrangère, ceux auxquels il avait consacré sa vie. Ces récits sont donc empreints d'une grande vérité, ils respirent un patriotisme ardent sanctifié par la religion.

Digne frère du R. P. Caussette, poëte de la Pologne, l'abbé Joseph peut répéter l'apologue composé par le prêtre polonais :

« Une femme étant tombée en léthargie, son fils appela des médecins.

» Je la traiterai suivant la méthode de Brown, dit l'un ; les autres répondaient : qu'elle meure plutôt que d'être traitée suivant Brown.

» Je la traiterai suivant la méthode d'Hahnemann, dit le second; les autres répondirent: qu'elle meure plutôt que d'être guérie par Hahnemann.

» Alors le fils s'écria, dans son désespoir : *Ma mère!*

» A la voix de son fils, la femme se réveilla et elle fut guérie.

» Soyons donc des fils et non pas des médecins ; laissons crier nos cœurs, et les pierres elles-mêmes nous répondront!

» Chacun de nous a dans son âme la mesure des frontières à venir. Plus vous agrandirez vos âmes, plus vous agrandirez les limites et l'avenir de la patrie.

» Ainsi les poëtes comme la foi, les voix du ciel et de la terre tiennent à la France le même langage : Si elle a plus de fils que de médecins, elle se réveillera.

» Et si elle se confie encore plus à Dieu qu'à son fils, elle sera sauvée. »

Hélas ! les médecins de la France la font mourir, comme les médecins de la Pologne ont tué ce beau royaume.

Puissent les fils de la France crier : *Ma mère*, et la réveiller de sa léthargie ! Le R. P. Joseph jette ce cri, répétons-le avec le prêtre.

IV

Les prisonniers français atteignirent le chiffre de 400,000 et plus.

Si nous disions comment nos pauvres soldats furent conduits en Allemagne, le lecteur refuserait de croire à tant de barbarie. Laissons donc parler les Allemands eux-mêmes. Voici ce qu'écrivait le journal le *Wanderer*.

« Seize cents prisonniers de guerre de l'armée de la Loire sont entrés dans la nuit à Berlin, par le chemin de fer de Potsdam, pour être dirigés sur Stettin, où ils seront internés ; mais ils sont dans un état tellement déplorable, qu'il est impossible de les transporter plus loin. Leur voyage d'Orléans à Berlin a duré dix-sept jours, et ni les prisonniers ni les hommes de l'escorte n'auraient été en état de voyager encore une seule heure.

» Le transport a été effectué en soixante wagons ouverts ; les malheureux devaient se tenir debout, car il n'y avait pas de siége ; leur mince uniforme était trempé par les pluies battantes ;

le froid glacial leur gelait le corps ; la neige leur montait jnsqu'aux genoux, et leurs jambes vacillantes, leurs membres raidis leur refusaient le service.

» La descente de wagon était très-dangereuse à cause des marchepieds gelés et glissants. Un turco qui, malgré les avertissements, voulut descendre, tomba sous les roues et fut broyé. Cinq prisonniers sont morts du tétanos ; plus de cent ont dû être transportés chez des particuliers, les ambulances étant toutes pleines. Avant que tous soient mis à couvert, il en mourra un grand nombre. Plusieurs d'entre eux ont été pris, après avoir avalé un peu de bouillon chaud, de spasmes auxquels a succédé un sommeil profond. Les soldats sains sont déjà internés dans les casernes, et des gens bienfaisants leur ont donné de la nourriture et des vêtements.

» Le nombre des prisonniers du 3e régiment de zouaves est très-grand. Ce régiment a été presque entièrement anéanti. L'habillement de ces militaires n'est pas approprié au climat du Nord. Leurs souliers étaient tellement déchirés, qu'ils tombaient en lambeaux, leurs larges pantalons et burnous étaient collés aux membres raidis et ont dû être coupés du corps. On a dû hisser les malheureux sur les voitures qui devaient les transporter et les porter dans les chambres qui leur étaient destinées.

» A l'autorité militaire incombe le devoir d'ouvrir une enquête sévère sur le transport des prisonniers, de prendre des mesures promptes pour mettre fin à ces souffrances. De pareilles scènes ne doivent pas se renouveler..... »

La *Gazette de Cologne* disait :

« Les forteresses allemandes sont toutes encombrées de prisonniers, et le transport de ces malheureux, dans des wagons à charbon, ouverts jour et nuit par un froid de 8 à 12 degrés, est une *cruauté* que l'on ne saurait jamais défendre *devant le tribunal de l'humanité.*

» Beaucoup de ces malheureux arrivent malades, exténués de froid et de faim, légèrement vêtus et souvent sans souliers et sans bas. Même dans les campagnes de 1812, en Russie, les misères et les souffrances ne peuvent avoir été beaucoup plus grandes que ce que l'on voit ici journellement. »

» A Coblentz, si je ne me trompe, dit le R. P. Joseph, 2,000 hommes avaient été entassés dans une caserne ; un médecin assura qu'ayant déplacé un monceau de paille qu'il avait vu remuer, il découvrit trois malheureux qui agonisaient ; quatre cadavres gisaient quelques pas plus loin. Le typhus et la dyssenterie les décimaient partout..... »

Effrayés du désordre mortel qui régnait parmi ces prisonniers où toutes les armes étaient confondues, les Allemands formèrent des compagnies de 600 à 800 captifs. Les compagnies subdivisées en sections et en escouades avaient pour chefs des officiers de l'armée prussienne.

Il est inutile de dire que la populace allemande, comme toutes les populaces, est sans esprit, sans courage et sans entrailles. Nos prisonniers étaient donc l'objet d'insultes grossières. Chaque nouvelle victoire devenait l'occasion de réjouissances publiques, où la France servait de jouet à la vile multitude. Tous les prisonniers ne surent pas conserver la dignité du malheur.

Mais il faut constater que les Allemands oublièrent complètement la dignité du bonheur, en insultant de pauvres soldats désarmés, malades et démoralisés.

Ne vous êtes-vous jamais arrêté devant un tableau qui représente la marche d'un convoi de prisonniers autrichiens. L'empereur Napoléon Ier, à cheval, suivi d'un nombreux état-major, s'arrête devant ces prisonniers, se découvre le front et salue en prononçant ces mots : *Honneur au courage malheureux!*

Ce tableau a reproduit un événement vrai, recueilli par l'histoire et qui exprime les généreux sentiments de Napoléon. Il rend hommage aux prisonniers, il s'incline devant le malheur.

Maintenant, qui que vous soyez, souvenez-vous des prisonniers autrichiens faits aux journées de Magenta et de Solférino et envoyés en France. Nous les caressions pour ainsi dire. Nous étions heureux de leur donner des témoignages de sympathie. Chacun, en France, semblait se souvenir du mot de Napoléon Ier : Honneur au courage malheureux !

Ce mot n'a point pénétré en Allemagne. Ceux-là qui se seraient agenouillés devant notre armée victorieuse, ont eu la lâcheté d'insulter notre armée vaincue et captive.

« Après la capitulation de Strasbourg, les soldats *badois* qui conduisaient en exil les héroïques défenseurs de la place les frappaient en marche du plat de leur sabre en disant : Vous n'êtes plus des hommes, c'est à peine si nous vous considérons comme des chiens. » (Le R. P. Joseph.)

M. du Petit-Thouars dit de son côté (rapport au ministre de la marine) : « Les Allemands étaient accourus de tous les bords du Rhin, pour assister au défilé des défenseurs de Strasbourg. Ceux-ci marchaient avec dignité et la tête haute, et on lisait sur leurs fronts le sentiment de leur valeur. Dès que nous fûmes hors de la place, la masse des prisonniers se disloqua et forma sur la route une longue colonne maintenue par un double cordon de fantassins et de cavaliers prussiens, dont la brutalité ne tarda pas à s'exercer sur les traînards. Nous marchâmes ainsi durant deux longues journées, presque sans repos ni distribution de vivres, continuellement maltraités ; et, malgré les conditions expresses de la capitulation, un grand nombre d'officiers se virent enlever leurs armes. Mais ceux qui ont fait cette route *à pied* ne peuvent le regretter, car ils ont pu encore protéger leurs hommes en intimidant de temps en temps les officiers et le soldats de l'escorte, et ils savent maintenant ce que c'est que de se trouver livrés sans défense aux mains des Allemands. »

Pourquoi s'étonner?

Il y a plus de deux cents ans que le bon La Fontaine a écrit cette page d'histoire dans la fable du *Lion devenu vieux*. Recevant le coup de pied de l'âne, le lion s'écrie :

> Ah! c'est trop..... je voulais bien mourir;
> Mais c'est mourir deux fois que souffrir tes atteintes.

Hâtons-nous d'ajouter qu'un nombre considérable d'Allemands dans toutes les provinces et d'officiers dans toutes les forteresses se montrèrent généreux, compatissants, remplis de bontés pour les prisonniers.

Il nous reste un aveu pénible à faire, surtout pour un militaire.

L'esprit d'indiscipline qui régnait dans l'armée française n'était qu'un écho de l'esprit de révolte qui agite la France depuis plus d'un demi-siècle. Mais cet esprit d'indiscipline avait troublé d'autres consciences que celles des simples soldats. Un certain nombre d'officiers n'étaient pas suffisamment préparés à l'exercice du commandement. L'obéissance était devenue un acte forcé, un fait matériel dépouillé de confiance et de respect. L'officier n'était trop souvent qu'un soldat heureux, décoré d'une épaulette et faisant exécuter une consigne. Le caractère véritable de l'officier avait disparu. Ce n'était plus le chef honoré, respecté, entouré d'estime et de confiance; le supérieur moral, intellectuel qui, pour être au-dessus des autres, n'a besoin ni d'un règlement écrit, ni d'un insigne d'or ou d'argent.

Plus l'égalité civile et sociale existe en un pays, plus aussi les mandataires du pouvoir doivent être choisis avec un soin religieux. On ne le comprit pas ainsi en France.

Lorsque cette grande machine qu'on nomme l'armée, machine compliquée, savante, délicate, solide et fragile en même temps, se brisa subitement, les éléments se confondirent.

La partie matérielle de la machine était perdue, mais la partie morale aurait pu se conserver. Pour cela la vraie discipline était indispensable.

V

On aimerait à voir une armée prisonnière de guerre conserver ses cadres sur la terre étrangère. Il serait consolant de penser que le soldat captif obéit toujours à l'officier qui a partagé ses gloires et ses malheurs. Mais, pour cela, il faudrait que les cœurs fussent reconnaissants, que l'esprit de révolte n'envahît pas les âmes. Il est cruel de se dire que le soldat prisonnier a préféré se soumettre à l'officier prussien, armé d'une canne et le revolver à la ceinture, qu'à son propre officier, Français comme lui, malheureux comme lui.

Il nous serait pénible d'insister. Nous détournons les yeux afin de ne pas voir des scènes affligeantes pour l'honneur militaire autant que pour la dignité nationale.

Mais ces révoltes doivent appeler toute l'attention de l'officier français ; il ne saurait examiner une question plus grave, ni méditer un sujet aussi profond.

Le clergé catholique allemand donna aux prisonniers français les soins les plus paternels. Il prouva cette vérité, « que la mission du prêtre est enracinée dans la douleur de l'humanité. »

On peut dire avec vérité que l'armée française fut renversée par un coup de foudre ; des milliers de soldats étaient déjà en Allemagne, que personne dans notre pays ne songeait à autre chose qu'à récriminer, prononcer des harangues ou trembler. Quelques braves enfants prenaient les armes, et le pouvoir nouveau oubliait les captifs.

Cependant un cri retentit dans toute la France et trouva de l'écho dans l'Europe entière. Ce cri partait de la poitrine du prêtre.

Le prêtre français fit appel à la charité de

tous. Il montra de la main le pauvre soldat prisonnier, et joignant l'acte à la prière, il accourut de toutes nos provinces pour secourir son frère le soldat.

Ce fut un grand et noble spectacle que celui de ces religieux, carmes, capucins, dominicains, barnabites, jésuites, lazaristes, curés de campagne, accourant vers nos soldats malheureux, quittant leur patrie, leurs troupeaux et leurs églises, se faisant captifs volontaires, acceptant le dédain de l'incrédulité, l'intolérance des gouvernements de Bade et de Bavière, supportant les misères, et se condamnant à la plus cruelle des existences.

Ah ! sans doute, ces hommes de Dieu étaient guidés par un sentiment qu'il ne nous appartient pas de louer, par un devoir supérieur à toutes les admirations. Mais ne nous sera-t-il pas permis de voir dans ce grand mouvement du clergé catholique, un acte patriotique, un élan d'amour pour la France, notre mère chérie ?

Il y a quelque chose de touchant dans la correspondance des prêtres qui soignaient les prisonniers, avec les évêques leurs supérieurs hiérarchiques. Ces évêques recommandent sans cesse leurs *diocésains ;* ils adressent des sommes considérables pour tous les prisonniers, mais ils ont, dans quelque recoin caché du cœur, une tendresse particulière pour leurs *enfants,* les *enfants de leurs paroisses.* Il les ont baptisés, leur ont donné la communion et la confirmation, ont béni l'union de leurs pères et de leurs mères ; ils possèdent donc toute leur affection, toute leur tendresse. La plupart sont des enfants prodigues, mais le père attend le retour et déplore l'absence.

Ces soldats prisonniers avaient au pays des administrateurs pour le département, des magistrats pour le ressort, des officiers pour le recrutement et le régiment ; tous ces hommes ont disparu dans la tempête, le prêtre est resté seul. Le captif, lorsqu'il dirige un sombre regard vers la patrie, ne voit que le diocèse et son évêque, l'église et son curé, enfin le prêtre catholique qui lui tend la main et se précipite vers lui comme le plus fidèle ami de la souffrance.

Il nous semble que de telles choses devraient faire éclater à tous les yeux la puissance, la grandeur de notre sainte religion.

Ceci nous remet en mémoire un mot de monseigneur Mermillod : « La Révolution se sert des pauvres, et l'Eglise catholique sert les pauvres. »

Le R. P. Joseph qui soignait les captifs dans la citadelle d'Ulm, reçut un grand nombre de lettres écrites par de simples curés de campagne qui lui recommandaient l'un de leurs paroissiens. Nous ne pouvons résister au désir de rapporter deux de ces lettres sublimes dans leur simplicité. Toutes deux sont écrites par des curés de village.

« Monsieur l'aumônier,

» Dieu est notre père, tous les hommes sont nos frères ; la charité ne connaît point de limites ; mais elle doit abonder surtout envers celui qui est exilé et pauvre. J'ose donc vous recommander un de mes paroissiens qui a été fait prisonnier à Strasbourg...

» Je recommande son âme à votre paternité, car c'est son bien le plus précieux. Je vous recommande aussi ses besoins corporels ; je crois qu'il manque de vêtements ; si vos ressources le permettent, veuillez lui donner le nécessaire, sinon mettez le tout à mon compte, et je vous rembourserai les dépenses... la patrie vous sera reconnaissante de votre charité... Que Dieu ait pitié de notre chère France ! Ah ! qu'il importe de ramener toutes les intelligences à la vraie lumière, toutes les volontés à la pratique de la loi de Dieu, tous les cœurs à l'amour de la vertu ! Puissent nos soldats, à la démoralisation desquels on a tant travaillé, comprendre ces vérités ; et alors, mais alors seulement, ils seront dignes de nous sauver. »

Voici la seconde lettre :

« J'ai quatre-vingts ans, et ma vue ne me permet plus d'écrire ; pardonnez-moi donc, monsieur l'aumônier, ma mauvaise écriture et la liberté que je prends de venir vous importuner au milieu de vos accablements, pour vous recommander un soldat de ma paroisse, prisonnier à Ulm. Le pauvre enfant doit souffrir beaucoup ; consolez le ; assistez-le ; je considérerai comme fait à moi-même tout ce que vous ferez pour lui. On prêche depuis longtemps au peuple que nous sommes ses ennemis, et il n'a pas de meilleurs amis ; on nous accuse de ne pas aimer notre patrie ; elle n'a pas de fils plus dévoués. Combien nous souffrons de ses malheurs ; je crains bien, vu mon grand âge, de n'en pas voir la fin ; mais je mourrai avec la consolation d'avoir, jusqu'à mon dernier soupir, travaillé à son salut. »

Ne croirait-on pas lire la lettre de saint Paul à Philémon en faveur d'Onésime, son fils spirituel. C'est que le souffle qui anime ces simples curés de village était passé il y a dix-sept siècles sur la grande âme de l'apôtre.

Nous voudrions pouvoir redire combien fut rapide et grand le mouvement de charité qui se produisit dans certaines provinces, nous résistons, non sans peine, au désir de citer des noms propres, mais nous craindrions des oublis involontaires. Sous le patronage de l'Eglise, de pieuses familles créèrent des comités pour adoucir le dur voyage des prisonniers. L'Alsace se distingua et il serait injuste de ne pas rappeler les actes de charité des villes de Hagueneau, Colmar, Strasbourg, Mulhouse. Quelques cités méridionales se firent remarquer aussi, telles que Cette dans l'Hérault.

Le comité catholique de Genève dirigé par

monseigneur Mermillod fit des miracles de charité; il faut rappeler aussi les comités de Bordeaux et de Lausanne (Suisse).

On envoya aux captifs des vêtements, des livres, du vin pour les hôpitaux, de l'or pour les achats. Des hommes du meilleur monde, des femmes habituées au luxe, se rendirent en Allemagne pour apporter les offrandes de tous. Ces personnes charitables bravèrent les fatigues et les périls, bien plus, elles eurent à supporter les grossières injures des fonctionnaires allemands.

Un digne prêtre raconte que madame la comtesse de Zeppelin, fille de notre Alsace, visita les hôpitaux où se mouraient nos soldats. « Cette vraie sœur de charité distribua des secours, nous procura des flanelles. Un jour, — j'en fus moi-même témoin, — la comtesse visitait une salle de malades ; un sbire se présente, et dit d'une voix tonnante à la comtesse : « A la porte, ou l'on vous fera sortir par la force des baïonnettes. »

Ce sbire était un officier administrateur de la savante Allemagne.

Les distributions à faire aux captifs étaient, pour les prêtres aumôniers volontaires, une difficile et fort pénible épreuve.

Notre malheureux soldat qui avait été infidèle à la discipline pendant la guerre, était aigri par la captivité. La souffrance le rendait exigeant, injuste et sans mesure dans ses paroles. L'ingratitude du grand nombre aurait désespéré d'autres hommes que le prêtre catholique.

On peut adresser à ces soldats prisonniers ce qu'a écrit saint Augustin :

« Tous les peuples sont consternés de votre infortune, et vous l'oubliez, la prospérité vous a dépravés, et l'adversité vous trouve incorrigibles. Brisés, mais non convertis par les châtiments de vos vices, vous perdez le fruit du malheur, parce que, devenus les plus malheureux, vous ne cessez pas d'être les plus impies des hommes. »

Les officiers français avaient dû prendre par écrit l'engagement de ne pas communiquer avec les prisonniers; les officiers allemands n'avaient nul souci des misères de notre armée captive, et le prêtre resta seul pour les distributions de secours.

Alors le prêtre découvrit des plaies bien profondes dans les âmes desséchées par l'incrédulité, meurtries par les chocs répétés de la misère. Il fallut toutes les tendresses de la charité, toute l'ardeur du patriotisme, tout le courage de l'homme de bien pour ne pas déposer le fardeau, se voiler la face, et rentrer au pays.

« Mais pour l'honneur de l'armée, écrit l'un des aumôniers, témoin du mal, ajoutons que nous avons vu des exemples d'admirable désintéressement. »

Comment n'en serait-il pas ainsi? notre armée est faite à l'image de la nation. Nous sommes extrêmes dans le bien et dans le mal. Notre soldat passe donc de l'héroïsme le plus sublime aux défaillances les plus regrettables. La faute en est non pas à son cœur, mais à son éducation première sans culture morale.

VI

Serait-il impossible de créer pour le prisonnier de guerre une situation intermédiaire entre la liberté du citoyen et la prison du malfaiteur?

Ne pourrait-on disperser les soldats, pris à la guerre, dans les campagnes, ou les interner dans les petites villes et les bourgs? Le droit des gens, dit-on, s'oppose à ce que le prisonnier de guerre soit soumis au travail. Mais la culture de la terre est honorable, salutaire, moralisatrice.

Nous nous bornons à indiquer la pensée. Toujours est-il que nos captifs eurent le sort des criminels. Ils se virent enfermés dans la prison, comme si des juges, au nom de la loi, eussent prononcé un arrêt de condamnation, comme si leur présence au milieu des hommes eût été un péril public, comme si leur passé méritait la peine infligée au crime ou au délit.

Le malheur avait aigri le caractère d'un grand nombre de captifs; quelques-uns oublièrent qu'ils étaient en quelque sorte les représentants de la

France à l'étranger et que la dignité était le plus impérieux, le plus sacré des devoirs.

Mais on doit leur pardonner beaucoup, parce qu'ils ont beaucoup souffert; on doit leur pardonner beaucoup, parce qu'ils combattirent bravement sur les champs de bataille un contre deux; on doit leur pardonner beaucoup pour le long martyre de Metz et le martyre encore plus cruel de Sedan. A Metz comme à Sedan ils se montrèrent héroïques, et cet héroïsme appelle l'indulgence.

A peine délivrés de leur affreuse captivité, on vit les soldats accourir sous les murs de Paris que dévorait la révolution; ils reprirent de nouvelles armes et s'élancèrent sur l'ennemi. Ils rendirent à la France sa capitale, et, vaincus la veille par les Prussiens, ils vainquirent le lendemain la vile multitude que l'Allemagne n'avait pu vaincre que par la famine. Le mot de Chateaubriand sur les armées de la première révolution a été vrai en 1870 et 1871 : « L'honneur français s'était réfugié sous les drapeaux de l'armée. »

Quelles étaient les occupations de ces prisonniers? « Il y avait là, dit un aumônier, des milliers de jeunes hommes instruits, à l'imagination ardente, au cœur généreux, pleins de force et de vie; parqués pendant de longs mois dans des casemates infectes, comme un troupeau de bétail; n'ayant d'autre espace que celui qu'occupait une misérable paillasse couverte de vermine ; ne respirant qu'un air fétide, sans autre horizon que les murs gigantesques de leur sombre prison. »

Chaque jour l'un d'eux sortait de cette prison pour être transporté à l'hôpital, car le typhus et la petite vérole décimaient les rangs.

L'heure du courrier était impatiemment attendue. Cependant les nouvelles de France augmentaient les douleurs. Chaque lettre apportait les larmes de la famille. On se groupait pour parler du pays, on relisait vingt fois la même page, puis on se laissait aller aux longues rêveries.

Au delà des murs de la prison, de grands bruits se faisaient entendre, car le courrier apportait la nouvelle de quelque victoire. D'immenses clameurs se mêlaient au bruit des cloches et aux coups de canon ; l'Allemagne était en fête. Les échos de la prison répétaient ces insolents triomphes, et les fils des vainqueurs d'Iéna souffraient cette torture.

Alors, ils regrettaient les champs de bataille, la neige des bivouacs, les longues nuits de l'embuscade, les flammes de l'incendie, les gémissements de l'ambulance, ils regrettaient tout, même la mort qui les avait épargnés !

Malgré les droits de la guerre, quelques généraux prussiens obligèrent les captifs au travail manuel, à raison de 20 centimes pour huit heures. Il fut accordé des permissions aux prisonniers qui exercèrent leur métier en ville. Ceux-là, menuisiers, cordonniers, tailleurs, ouvriers en fer, boulangers, chapeliers, coiffeurs, furent les moins malheureux. Le patron répondait de leur présence et de leur conduite.

Dans les forts, on transformait en bijoux, à l'instar de Paris, les boutons en métal des uniformes. On eut ainsi des bagues, des épingles, des boucles d'oreilles, des chaînes et des parures. Plus tard on travailla des pierres du mur qui tinrent lieu de rubis et de diamants. De petits vaisseaux d'une frappante vérité sortirent des mains des matelots. Des sculpteurs improvisés fabriquèrent des cannes, des manches de parapluie; il y eut même des artistes, qui avec des lambeaux de drap créèrent de jolis tapis. Quelques-uns écrivaient et la plupart cherchaient dans le sommeil l'oubli des misères de la vie.

Les prosateurs, à l'exemple de saint Augustin et de J.-J. Rousseau, rédigeaient leurs confessions. D'autres élevaient pour la postérité l'édifice de leurs mémoires tout comme le cardinal de Retz ou Saint-Simon. Les poëtes rimaient.

Plus d'un parmi ces derniers fut inspiré sous les verrous. Que le lecteur en juge :

LE PRISONNIER A SON ANGE GARDIEN

Toi, dont la blanche main, aux jours de mon enfance,
Guidait mes pas tremblants dans les sentiers de fleurs,
Ange dont le doux nom, au jour de la souffrance,
Me fait vibrer encor de joie et d'espérance,
Entends la voix de mes douleurs.

Toi qui venais le soir, aux accents de ma mère,
Pencher ton front d'azur sur mon jeune berceau,
Bel ange, je t'implore, écoute ma prière,
Oh! donne à ma douleur une larme de frère,
Qu'en ton cœur je trouve un écho!

Va, retourne sans moi sur ton aile brillante,
Retourne vers les lieux qui m'ont donné le jour,
Vers ces champs où j'aimais, sous la haie odorante,
Avec mes compagnons, belle troupe innocente,
A chanter, à rêver toujours.

Je chantais, je rêvais... âge d'or, de lumière,
Que sont-ils devenus tes jours si radieux,
Où bercé par l'amour sur le sein de ma mère,
Au son de l'angélus je fermais ma paupière
Comme un petit ange des cieux?

Près d'elle, chaque jour, souvenir qui m'oppresse,
D'un bonheur innocent je goûtais les douceurs;
Mon cœur nageait au sein d'une pure allégresse,
Mon front ne s'inclinait jamais sur la tristesse :
Aujourd'hui je n'ai que des pleurs.

Mon ange, réponds-moi : là-bas dans la vallée,
Près de l'onde qui fuit sous un berceau de fleurs,
A l'ombre du saint lieu, sur la pierre isolée,
Vois-tu parfois, le soir, une femme voilée,
En silence, verser des pleurs?

Près d'elle quelquefois, y vois-tu, jeune et belle,
Une vierge au front pur qui soupire tout bas?

Vois-tu dans le sentier qui mène à la chapelle
Un vieillard qu'accompagne un serviteur fidèle,
Aller au-devant de leurs pas?
C'est mon père et ma mère, et ma sœur bien-aimée.

L'ATTENTE SUR UN BERCEAU

Les blancs frimas ont recouvert la terre
Du vieux manteau dont se pare l'hiver;
L'enfant bercé sur le sein de sa mère
Sous l'âtre en feu dort son sommeil léger.
Repose en paix, lui dit-elle à toute heure,
Repose encore, ô mon unique espoir,
Pendant que moi, pauvre épouse, je pleure
Ton père aimé que j'attends chaque soir.
Tu ne sais pas, enfant, que la misère
Sur notre seuil s'assit un jour, hélas!
Elle nous prit mon protecteur, ton père,
Pour l'envoyer au milieu des combats.
Autour de lui s'agite la tempête;
La mort, au cœur jette le désespoir...
Dieu tout-puissant, oh! défendez sa tête,
Sauvez celui que j'attends chaque soir!

Le sergent Dumas du 72e de ligne composa cette romance :

L'OISEAU CAPTIF

Dans ma prison étroite et sombre,
Loin du vallon que j'ai quitté,
Je languis en secret dans l'ombre
Et je pleure ma liberté.
Je briserais les fers rebelles
De mon cachot; mais comment fuir?
Mon maître m'a coupé les ailes,
Il ne me reste qu'à mourir!

Refrain.

Ah ! rendez-moi, je vous en prie,
Mes verts coteaux et mes vallons ;
Rendez-moi ma mère chérie,
Mon nid de mousse et mes chansons.

J'aimais pourtant sous le grand chêne,
A l'aube naissante du jour,
Avec mes frères de la plaine,
A chanter la joie et l'amour !
Je voltigeais de branche en branche
Comme un papillon sur les fleurs,
Je recueillais la laine blanche,
Aujourd'hui je n'ai que des pleurs !

Refrain.

Ah ! rendez-moi, etc.

Au moment où les prisonniers rentrèrent en France, l'un d'eux écrivit ces vers :

Prosternons-nous, amis, sur la terre étrangère,
Prosternons-nous encore une dernière fois :
Pour ceux qui ne sont plus disons une prière,
Elevons vers le ciel et nos cœurs et nos voix !

A genoux et prions !... la liberté s'approche,
La France nous attend, elle nous tend les bras,
Nos tourments vont finir, notre bonheur est proche,
Le bonheur du foyer qui nous sourit là-bas.

Mais avant de quitter cette terre de larmes,
Où l'exil du malheur nous soumit le fardeau,
Pensons à nos amis, à tous nos frères d'armes,
Qui reposent là-bas, sous l'herbe, sans tombeau.

Ils ne reverront plus la France, leur patrie,
Ils ne reverront plus le foyer paternel,
Le clocher du village et la cloche bénie
Dont la voix leur parlait comme une voix du ciel.

Oh! vous qui, chaque soir, quand le jour fuit et tombe,
Venez porter vos pas vers le champ du repos,
Donnez une prière, un soupir à la tombe,
Et vos vœux, dans nos cœurs, trouveront des échos!

Pour nos frères priez..... ce sont pour vous des hôtes,
Des hôtes que le ciel a placés parmi vous,
Et que le souvenir de ces phalanges mortes
Ne s'efface jamais de votre cœur à tous!

Et nous, en les quittant, laissons-nous cette terre
Veuve de notre amour, de notre souvenir?...
Unissons nos efforts pour dresser une pierre
Qui parle de nous tous et d'eux dans l'avenir.

Et gravons-y ces mots : « Là reposent nos frères,
Victimes dans l'exil des horreurs des combats,
Ils dorment ignorés; passants, que vos prières,
Pour eux près du Seigneur intercèdent tout bas! »

Tous ces prisonniers, lorsqu'ils deviennent poëtes, trouvent en leurs âmes des chants mélancoliques. Ils reviennent aux champs, ils regrettent le foyer paternel. Aucun d'eux ne sent sur ses lèvres les imprécations de la tragédie. Ils ne font nul effort, et se bornent à traduire en vers les sentiments de la nature.

VII

Le R. P. Joseph distribua aux prisonniers dix mille volumes de bons livres envoyés par les comités catholiques. Des journaux furent même prêtés aux malades, mais cette humble charité donna lieu à une violente persécution des autorités allemandes contre les prêtres catholiques.

Dans ces prisons où tant d'hommes gémissaient, il se trouvait des compagnons toujours joyeux. Ils chantaient, se moquaient des Prussiens, et se permettaient à leur égard ces plaisanteries dont l'esprit a toujours souffleté la sottise.

Les forts avaient leur cantine où se vendaient à prix fixé par l'autorité : la bière, l'eau-de-vie, le pain, le beurre, les œufs, le lait, la charcuterie et le fromage. Le soldat touchait la solde de captivité et les familles envoyaient autant d'argent qu'elles le pouvaient. Il y eut donc un redoublement d'intempérance. Tel homme entra sobre dans les prisons, qui en sortit corrompu à tout jamais.

La nourriture des captifs était de 750 grammes de pain par jour, le café le matin, la soupe à midi avec 200 grammes de viande. — Un soldat allemand dit un jour au R. P. Joseph en lui montrant la soupe des prisonniers : « On n'en donnerait pas à des porcs. »

Des théâtres avaient été organisés dans presque tous les forts. Les soldats étaient auteurs, acteurs, décorateurs et spectateurs. Il y eut aussi les costumiers et les critiques. Vraiment, quelque futiles que fussent ces choses, elles sont un témoignage éclatant de la force de notre nation. Ce qui se dépensait d'esprit et de courage sous ces voûtes sombres, serait la fortune d'un autre peuple. C'est la petite monnaie de nos cinq milliards.

Malheureusement, on ne se borna pas à jouer la comédie, entre camarades.

Des artistes appartenant aux théâtres de Paris et prisonniers de guerre montèrent sur le théâtre d'Ulm. Ils se souvinrent des planches et oublièrent le champ de bataille. Ils jouèrent des comédies devant les Allemands, acceptèrent le prix des places, réjouirent ces épais bourgeois, et donnèrent en spectacle le soldat français vaincu, grimaçant devant le Prussien vainqueur !

Le gladiateur antique était plus grand lorsqu'il disait en passant : *Ave, Cesar, morituri te salutant !*

Il est inutile de dire que le service religieux fut parfaitement fait par les prêtres qui donnaient leurs soins aux captifs.

Nous voudrions pouvoir nommer tous ces dignes prêtres, mais la liste serait bien longue. Cependant ceux qui furent prisonniers répètent souvent devant leurs familles reconnaissantes les noms de l'abbé Edmond Guers ; du R. P. J. Joseph, barnabite ; du R. P. Bailly, de la Congrégation des Augustins ; de l'abbé Rambaud, de Lyon ; de l'abbé Jacques ; de l'abbé Belmont ; de l'abbé Monnier, de Saint-Étienne ; du R. P. Hermann ; du R. P. Strub ; et encore des abbés Debras, Wecq, Uhlès, Staude, Ditz, Goerguein,

Frippé; de l'abbé la Bouille, curé d'Aubras-de-Montignac, département de la Dordogne; les abbés Lamarche, Fortier, Vimar, Galiot, Coulange, Baron, Deblaye, Bonnel, Lerebour, Wibeau, Benard, le R. P. Pernet; des capucins Gabriel, Régis, Augustin; du franciscain Marie de Brest; des dominicains Léveillé de la Grange et Dubray; des jésuites Damas et de Vesque; de l'abbé Wagner, et de tant d'autres encore, qui ont laissé d'impérissables souvenirs dans la mémoire des captifs.

Le clergé catholique allemand a secondé nos prêtres. Les sœurs franciscaines dont la maison mère est à Aix-la-Chapelle ont accompli des prodiges de dévouement. A Coblentz, à Kalk, à Minden, à Erfurth, à Dusseldorff, ces dignes sœurs ont été pour nos soldats des anges de consolation.

Le jour vint enfin où les survivants revirent la France. Ils laissèrent derrière eux des tombes en grand nombre, ils retrouvèrent la patrie mutilée et versèrent des larmes en songeant à l'Alsace et à la Lorraine.

Le R. P. Caussette raconte ceci :

Un jour sainte Hedwige implorait Jagellon en faveur de quelques Polonais chassés de leur pays. Ce prince répondit à sa royale épouse : « Ne pleurez pas, je leur ai rendu leurs biens et leurs demeures. » Mais sainte Hedwige, qui était Française, s'écria: « Qui leur rendra leurs larmes ? »

VIII

Au milieu des événements incroyables dont nous avons été témoins, au milieu de cet effondrement subit d'une grande nation, n'est-ce pas un magnifique spectacle que celui dont l'Allemagne a été le théâtre?

Les armées françaises, étourdies par les victoires de Crimée et d'Italie, tombaient brusquement du piédestal élevé par la vanité. Cruellement blessés de la chute, semblant douter encore, les soldats étaient traînés au delà du Rhin comme de vils troupeaux.

La France jetait un regard de surprise et d'effroi vers les frontières qui se resserraient de jour en jour. Ceux qui avaient pris la direction des affaires publiques songeaient bien plus à leur propre salut et à la fortune de leur parti, qu'au sort de la patrie ; découragées, aveuglées, les familles ne trouvaient en elles que des larmes. Le désespoir était partout, et partout aussi la faiblesse des cœurs timorés.

On oubliait presque cette armée dont le départ pour la guerre avait été salué de clameurs insensées.

Tout à coup une autre armée franchit la frontière, humble armée cette fois, en comparaison de la première. C'était une armée de pasteurs. Elle apportait dans les plis de sa robe noire quelque chose de plus puissant que les obus et la mitraille, elle apportait la parole de Dieu.

L'Allemand vit passer ce prêtre, allant chercher dans les prisons son frère le soldat, enseignant à ce frère malheureux le courage de la résignation.

Cela ne s'était jamais vu. Aucune résolution n'avait été prise la veille, et ce mouvement spontané du prêtre vers la souffrance dut éclairer plus d'une conscience, dans les académies philosophiques de la vieille Germanie.

Mais que le prêtre ne s'y trompe pas. La terre n'est féconde qu'autant que le laboureur jette le grain au temps où germera la semence. Trop tard, le soleil a desséché le sillon et le champ reste inculte.

Sans doute, il y a eu d'immenses consolations, de ferventes prières, de brûlants repentirs, de sincères conversions, de touchants retours vers la maison de Dieu, mais les victoires, quelque grandes qu'elles soient, seront sans influence sur l'avenir.

C'est l'enfance du village qu'il faut ramener à l'Eglise, c'est le foyer de la famille qu'il faut éclairer, c'est le monde qu'il faut convertir, c'est la France qu'il faut sauver.

Le prêtre seul peut accomplir ce miracle par la parole et par l'exemple.

Voici une société où l'on proclame le suffrage universel et le service militaire personnel et obligatoire. Tout citoyen aura un fusil dans la main droite, et un bulletin de vote dans la main gauche. De cette main il créera les pouvoirs publics, del'autre il pourra les renverser.

Il importe à la durée d'une telle société que de tels droits soient exercés par la raison et non par la folie.

Mais où placer la raison des masses, si ce n'est dans la religion?

Si vous voulez faire descendre le prêtre de la chaire chrétienne, faites monter le professeur de philosophie à la tribune, donnez-lui pour écoliers les ouvriers, les cultivateurs, tous les ignorants, tous les savants de ce monde, et dites au maître de tracer les limites du devoir. Dites-lui de transformer vos femmes et vos filles en philosophes.

Peut-être conviendrez-vous que la philosophie n'est pas à la portée de toutes les intelligences. Alors que ferez-vous pour éclairer les esprits de la multitude, échauffer les âmes de la foule, répandre la lumière dans les villes et les campagnes et donner quelque témoignage d'estime et de sympathie aux ouvriers de l'atelier, aux paysans de la montagne?

Ah! pauvres aveugles que vous êtes, ne cherchez plus à guider la marche des nations; vous ne savez où vous allez, vos pas chancelants vous entraînent sans cesse aux bords des précipices. Laissez le monde rallumer ce flambeau divin, qui, depuis des siècles, a guidé notre sainte patrie.

Tremblez à la vue de cet homme armé d'un bulletin de vote et d'un fusil de munition. Si vous ne replacez la religion dans son âme, la France est à jamais perdue.

Ou, si vous persistez à arracher Dieu du cœur des peuples, hâtez-vous d'arracher en même temps la cartouche et le bulletin des mains de ce même peuple. Sans cela, je vous le répète : la France est à jamais perdue.

Chaque église que vous fermerez vous condamnera à ouvrir une prison ; chaque prêtre que vous chasserez vous obligera à faire appel à deux gendarmes ; chaque autel que vous renverserez devra être remplacé par un gibet.

Qui que vous soyez, pauvre ou riche, humble ou superbe, vous franchirez tôt ou tard le seuil de cette prison, et votre dernier regard s'arrêtera sur le gibet.

CHAPITRE VII

LE CALVAIRE

> L'homme de cœur tombe obstiné en son courage; qui, pour quelque danger de la mort voisine, ne relasche aulcun point de son asseurance; qui regarde encore en rendant l'âme, son ennemi d'une veue ferme et desdaigneuse, est tué, sans estre vaincu.
>
> MONTAIGNE.

> La tombe est une chaire d'où le bon pasteur instruit et bénit pendant de longues générations.
>
> Mgr LANGÉNIEUX,
> *Archevêque de Reims.*

I

Ciel et *France*, tel était le cri du clergé lorsque la guerre commença. Le premier homme blessé sur le champ de bataille vit à ses côtés un prêtre pour le soutenir. Le premier soldat mourant entendit la prière du prêtre.

Aux heures cruelles de l'invasion, l'église du village donna passage à l'humble curé, qui allait se placer entre les gens du village et la colère de l'ennemi.

Lorsque nos armées prisonnières furent traînées sanglantes dans les forteresses allemandes, l'aumônier accompagna les captifs et partagea leurs souffrances.

Sur les champs de bataille, dans nos plaines, sur la terre étrangère, la tombe du prêtre s'élève près de la tombe du soldat.

Jamais le ciel ne fût servi avec plus de ferveur, jamais la France ne connut un tel amour.

L'esprit s'égare à contempler ces choses d'une grandeur si simple. De confuses images apparaissent et se réjouissent vaguement dans les lointains de l'histoire ; on voit passer saint Louis, Bayard et Jeanne d'Arc ; on entend les voix de Bossuet et de Fénelon ; on écoute la prière de saint Vincent-de-Paul.

Oui, ils ont servi le ciel, mais ils ont aussi servi la France. A côté de la charité divine, ils ont placé le courage humain. Forcé de les respecter et de les admirer, l'ennemi a compris que les enfants de la France méritaient encore le respect et l'admiration.

Ils se multipliaient comme se multiplient les périls et les souffrances. Les uns entraient à peine dans la jeunesse, les autres atteignaient déjà les limites de la vie ; il s'en trouvait qui rappelaient l'humilité des apôtres, et près d'eux, couverts de la même robe, marchaient de savants professeurs, de profonds théologiens et d'éloquents orateurs. Tous étaient guidés par les mêmes sentiments, tous marchaient du même pas; sans doute leur récompense n'était point de ce monde; sans doute ils ne demandaient pas au retour les triomphes de la Rome païenne; mais pour tant de sang versé, pour tant de patriotisme, ils avaient droit à la gratitude nationale. Chacun d'eux pouvait espérer, qu'après un tel pèlerinage, son église, pleine de fidèles, laisserait monter jusqu'au ciel les hymnes de la reconnaissance.

Ils avaient pansé tant de plaies, soulagé tant de misères, séché tant de larmes, relevé tant de courages, soutenu tant de faiblesses, sauvé tant d'existences, réveillé de leur torpeur tant d'âmes endolories, que les pères, les mères, les frères, les sœurs de tous les soldats de la France leur devaient quelque chose, ne fût-ce qu'un sourire ou une simple fleur des champs.

Ils n'ont trouvé que le calvaire. La couronne du martyr est descendue sur leurs têtes, ils ont gravi le Golgotha, solitude sombre qui semble, dit Chateaubriand, « respirer en même temps la grandeur de Jehovah et les épouvantements de la mort. »

Ces pages sont graves, solennelles, douloureuses, et ce serait en mal comprendre les cruels enseignements que d'y mêler les passions de la politique. Pour l'honneur de la France, ne voyons dans ces événements épouvantables que la victime et le bourreau.

Les assassins et les incendiaires voulurent souiller trois choses : la justice divine, la justice humaine et la gloire nationale. Ils tuèrent donc le prêtre et le gendarme, puis renversèrent la colonne de la grande armée, qui était pour la nation française une statue colossale de la patrie.

Pour peindre de telles choses, les artifices du style sont inutiles, la forme importe peu.

Nous allons raconter d'après les témoins oculaires, écrire sous la dictée des survivants. Leurs voix émues ne cherchent pas à revêtir les phrases d'ornements, ils parlent avec le cœur comme un ami à son ami.

II

Avant même de raconter les événements, mettons sous les yeux du lecteur la funèbre liste des victimes.

Fusillés dans le chemin de ronde de la grande Roquette, le 24 mai.

Monseigneur Darboy, archevêque de Paris. — MM. Deguerry, curé de la Madeleine. — Clerc, jésuite. — Ducoudray, jésuite. — Allard, prêtre.

Fusillés au secteur de Belleville (rue Haxo), le 26 mai.

MM. Sabatier, vicaire. — Olivaint, jésuite. — De Bengy, jésuite. — Caubert, jésuite. — Planchat, prêtre. — Tuffier, picpussien. — Rouchouze, picpussien. — Radigue, picpussien. — Laurent, picpussien. — Seigneret, séminariste. — Tardieu, picpussien.

Fusillés en sortant de la Roquette, le samedi 27 mai.

Monseigneur Surat, archidiacre. — MM. Bécourt, curé. — Houillon, missionnaire.

Dominicains d'Arcueil, massacrés le 25 mai, à l'avenue d'Italie.

Le P. Bourard, dominicain. — Le P. Captier, dominicain, supérieur de l'Ecole. — Le P. Cotrault, dominicain. — Le P. Chatagneret, dominicain. — Le P. Delhorme, dominicain. — F. Volant et Gauquelin, maîtres auxiliaires. — Gros, Marce, Cathala, Dintroz, Cheminal, serviteurs de l'école Albert le Grand.

Otages civils fusillés à la Roquette.

MM. Bonjean, sénateur, président de la Cour de cassation. — Jecker, banquier.

Soldats, gardes de Paris, fusillés le 26 mai, rue Haxo.

Geanty, Poirot, Millotte, Pons, Cousin, Bermond, Biolland, Breton, Pauly, Keller, Salder, Ducros, Jourès, Pourteau, Mannoni, Mouillie, Marty, Coudeville, Burlotei, Veiss, Paul, Colombani, Chapuis, Dupré, Biancherdini, Doublet, Fischer, Bodin, Mangenot, Marchelli, Marguerite, Villemin, Garodet, Belamy, Valette.

On lit dans le rapport du maréchal de Mac-Mahon sur les opérations de l'armée de Versailles: « 28 mai... la brigade Langourian, traversant la place du Trône, suit l'avenue de Philippe-Auguste, enveloppe la prison de la Roquette à cinq heures du matin, et délivre les otages au nombre de cent soixante-neuf. Les insurgés en avaient, malheureusement, fusillé soixante-quatre l'avant-veille.» Soixante-quatre, dit le maréchal au moment même de la délivrance. Hélas! on a su depuis que le nombre était plus considérable. Quant au véritable chiffre, on ne le connaîtra jamais. Nous avons donné les noms des victimes dont les corps ont été retrouvés, pour prouver que sur soixante-huit il y avait vingt-quatre prêtres, sept personnes attachées aux établissements religieux, trente-cinq soldats, et seulement deux prisonniers appartenant à l'ordre civil. On voit que la révolution veut surtout détruire le clergé et l'armée. Ces deux colonnes renversées, l'édifice s'écroulera de lui-même.

Le bâtonnier de l'ordre des avocats de Paris, l'éloquent et courageux M. Rousse, a dit, dans un beau discours.

« Parmi tant de victimes, la Commune avait ses préférences : c'est contre le clergé catholique qu'elle avait d'abord tourné sa haine et déchaîné les fureurs populaires.

» ..... Des prêtres sans nombre furent emprisonnés au hasard, sans motif, sans choix, souvent sans mandat, quelquefois sur le signe d'un voisin ou d'un passant.

» — Combien avez-vous arrêté de prêtres, demandait l'un de nous, deux jours avant les massacres, au plus redouté des hommes de la Commune?

» — Je n'en sais rien, mais pas assez. Si l'on m'écoutait ils y seraient tous.

» ..... Pour voir les prisonniers ordinaires, il ne fallait qu'un peu de persévérance... Mais pour voir les prêtres, on se heurtait à des résistances presque invincibles et l'on pouvait courir quelques dangers.

. . . .

» Hélas! Ils ne devaient avoir ni juges, ni défenseurs; mais il leur est resté parmi vous un témoin pour attester leur courage, la sérénité de leurs derniers entretiens, l'émotion avec laquelle, s'oubliant eux-mêmes, ils parlaient des douleurs de la patrie... »

Quelques prêtres prisonniers ont, miraculeusement, échappé au massacre.

Ce sont, messieurs :

Bayle, vicaire-général. — Petit, secrétaire général. — Moléon, curé de Saint-Séverin. — Lartigue, curé de Saint-Leu. — Bacuès, prêtre de Saint-Sulpice. — Le père Bazin, jésuite. — Perny et Guérin, des missions étrangères. — Les Pères de Picpus Sainta, Besquent, Frezal, Laurent, Juge, aumônier des sœurs aveugles. — Amodru, vicaire de Notre-Dame-des-Victoires. — Carré, vicaire de Belleville. — Delmas, vicaire de Saint-Ambroise. — Depontaillier, vicaire de Belleville. — Guebels, vicaire à Saint-Eloi. — Guillon, prêtre de Saint-Eustache. — Lamazou, vicaire de la Madeleine. — De Marsy, vicaire de Saint-Vincent-de-Paul. — Gard, séminariste à Saint-Sulpice. — Déchelette, séminariste à Saint-Sulpice.

Commençons par les arrestations.

Le 4 avril 1871, l'archevêché fut cerné par les bandits de la Commune. Monseigneur Darboy était prévenu depuis plusieurs jours que sa liberté, sa vie même couraient des dangers. Mais il ne cessait de répéter que l'évêque doit rester avec ses prêtres.

L'archevêque s'entretenait dans son cabinet de travail avec l'archidiacre de Sainte-Geneviève, lorsqu'un capitaine de fédérés, la tête découverte, entra et dit au prélat qu'il avait l'ordre de le conduire à la préfecture de police où le procureur de la Commune l'attendait.

Monseigneur Darboy se leva, prit connaissance du mandat et se mit à la disposition du garde national. Après être resté un instant dans son cabinet de toilette, il revint et dit à M. l'abbé Lagarde, dont l'arrestation n'était pas ordonnée : Monsieur l'abbé, voudriez-vous m'accompagner? — Volontiers, monseigneur, répondit l'archidiacre.

La sœur du prélat, mademoiselle Darboy, qui habitait l'archevêché, entra dans cet instant, et s'agenouillant devant son frère, lui baisa la main. L'archevêque donna sa bénédiction à cette sœur bien-aimée.

La porte s'ouvrit de nouveau, et M. l'abbé Jourdan parut. Il proposa à monseigneur de l'accompagner, et reçut à voix basse quelques instructions de l'archevêque, qui le remercia affectueusement.

Monseigneur Darboy s'avança d'un pas ferme sur le perron. Deux fiacres attendaient dans la cour, entourés de misérables vêtus en gardes nationaux.

L'archevêque entra dans la première voiture avec son archidiacre, l'un des bandits armé se plaça sur le siége près du cocher.

L'archevêché occupé militairement servit de prison à toutes les personnes qui s'y trouvaient au moment de l'arrestation du prélat. Cependant mademoiselle Darboy parvint à sortir, mais fut arrêtée bientôt après.

Parmi les prisonniers gardés à l'archevêché se trouvaient monseigneur Surrat, M. l'abbé Petit, secrétaire général et M. l'abbé Jourdan. Les deux premiers ne tardèrent pas à être amenés à la préfecture de police. M. l'abbé Jourdan resta seul, et surveillé avec une grande rigueur, recevant la grossière nourriture des prisonniers.

On ne sut rien de l'interrogatoire que subit à la préfecture de police l'archevêque de Paris. Raoul Rigault fit publier des détails imaginaires. Mais, quelques heures avant sa mort, monseigneur Darboy eut, dans le préau de la Roquette, une conversation avec M. l'abbé Delmas, vicaire à Saint-Ambroise et qui était au nombre des otages.

M. l'abbé Delmas s'étant informé de la manière dont monseigneur avait été interrogé.

— Ce ne fut pas un interrogatoire, répondit Sa

Grandeur. Quand j'arrivai, le *citoyen* Raoul Rigault, à demi-tourné vers moi, me dit : « Depuis dix-huit cents ans, vous nous *embastillez*, vous nous *torturez !* »

— Je lui répondis : A quoi pensez-vous, mes enfants?... car ils étaient en grand nombre et parlaient tous à la fois. Ils ne répondirent rien, pas un n'ouvrit la bouche pour répliquer : Nous ne sommes pas des enfants, mais des hommes ; nous ne sommes pas des enfants ! mais des magistrats.

— Ils me demandèrent ensuite mes nom et prénoms, après quoi ils écrivirent : *Ex-archevêque de Paris.*

— Vous ne voulez pas me faire signer cela, je pense?

— Et pourquoi pas?

— Parce que d'abord il ne vous est pas plus possible de défaire un archevêque que d'en faire un ; en second lieu, parce que j'ai été, je suis, et je serai jusqu'à la fin de ma vie archevêque de Paris ; en dernier lieu, quand je serais à Pékin, je n'en serais pas moins archevêque de Paris.

Alors ils biffèrent le mot, et le remplacèrent par ceux-ci : Le sieur Darboy qui se dit archevêque de Paris.

Le procureur ordonna ensuite l'écrou de l'archevêque, qui fut enfermé dans la première cellule venue.

L'arrestation de monseigneur Deguerry, curé

de la Madeleine, et le martyre de ce digne prêtre sont l'un des plus grands crimes de la Commune.

Agé de soixante-quatorze ans, l'abbé Deguerry était l'un de ces vaillants vieillards que les infirmités semblent respecter. De haute taille, la tête fièrement posée, la démarche superbe, la voix forte, éclatante parfois, il avait des allures militaires.

Maire de l'arrondissement dont la Madeleine était l'une des paroisses, celui qui écrit cette page voyait chaque jour l'abbé Deguerry plongé dans les bonnes œuvres. Il avait pour les pauvres une véritable passion, cherchait sans cesse de nouveaux moyens pour calmer la souffrance et inondait de charité les misères cachées. C'était en même temps le sage de l'antiquité et l'apôtre chrétien.

Lorsqu'on voit les gens du peuple mettre à mort des tels hommes, on éprouve d'abord un mépris souverain, puis l'esprit de châtiment s'élève, grandit, envahit le cœur, et volontiers l'épée à la main , on ferait justice des assassins ingrats et stupides.

Nous disions que monsieur l'abbé Deguerry avait des allures militaires. L'esprit chevaleresque semblait l'animer. Sa franche loyauté, son courage, sa bonhomie rappelaient les aumôniers d'armée dont il avait fait partie.

En présence des périls, il refusa de se cacher. Il mesurait cependant la gravité de sa position, puisque le 3 avril, il écrivit le beau testament où il parle ainsi des pauvres : ... « J'espère aussi de la charité des pauvres, dont l'infortune m'a toujours vivement touché et dont l'assistance m'a toujours occupé et préoccupé, qu'ils prieront pour mon âme... »

Le 4 avril, le curé de la Madeleine montait dans sa chaire pour la dernière fois. A cinq heures du soir, il priait dans son église, lorsqu'il vit le digne et vaillant abbé Lamazou, alors vicaire de la Madeleine. Le curé, interrompant un moment ses prières, dit à l'abbé Lamazou, en lui serrant la main : « La situation devient très-grave, tout est possible, mais Jésus-Christ nous a montré le chemin du Calvaire; comptons sur sa grâce, et, quoi qu'il arrive, faisons le bien. »

« Il souffrait horriblement des meurtrissures de la France, » a écrit l'abbé Lamazou, dans son excellent livre sur *la place Vendôme et la Roquette.*

La nuit suivante, l'abbé Deguerry fut arrêté dans son modeste presbytère près l'église de l'Assomption, rue Saint-Honoré.

Lui aussi avait refusé d'abandonner sa paroisse, voulant rester sur la brèche jusqu'au dernier moment. Il fut arrêté le jour même où il devait prêcher le sermon annuel de charité pour les pauvres.

En 1871, le mardi saint était le 4 avril. Dans la nuit du mardi au mercredi, vers une heure du matin, l'habitation du vénérable curé de la Madeleine est attaquée par une bande de républicains. Après des sommations, des menaces, la porte est enfoncée. Le concierge et sa femme montrent le plus grand courage, ils supplient l'abbé Deguerry de s'éloigner pour épargner un nouveau crime aux forcenés. L'abbé résiste et se décide enfin, non sans peine, à sortir par une porte latérale. Vêtu d'habits bourgeois, le vieillard franchit un petit mur et descend dans les jardins qui séparent l'église de l'Assomption des archives du ministère des finances. Il monte un escalier dans le bâtiment des archives, et attend le jour, assis sur les dernières marches.

Un garçon de bureau nommé Dupré, trouve, dès le matin, monsieur Deguerry dans cet escalier, le reconnaît, lui donne des marques de respect, le couvre de nouveaux vêtements, et le dirige vers une retraite plus assurée.

A peine ont-ils fait quelques pas que l'abbé Deguerry et son guide sont arrêtés par un garde national, et reconduits au presbytère.

Ce garçon de bureau, Dupré, fut aussi conduit en prison, insulté, maltraité ; il y resta cinquante jours et n'en sortit que pour tomber dans la Seine où il se noya. Ce digne homme a laissé un enfant en bas âge.

L'abbé Deguerry se vit donc ramené chez lui. Tout y était au pillage. Les républicains y buvaient le vin de la cave envahie par la foule, les armoires étaient vidées et le butin s'entassait dans une voiture qui attendait à la porte. Le délégué de la Commune volait une bague de prix, retrouvée depuis, et devenue pièce de conviction.

Lorsque le prêtre reparut entre quatre républicains, les insultes, les menaces ne lui furent pas épargnées. On osa le traiter de lâche.

Les voleurs lui prirent même les boucles d'argent de ses souliers. Son linge, son argent, ses livres, ses papiers, ses petits meubles disparurent. Le vieillard ne put emporter que quinze francs.

Sa douleur dut être grande lorsqu'il vit que des femmes qu'il secourait de ses aumônes étaient au nombre des furies. Il y eut même une mégère assez infâme pour jeter par une fenêtre un billet ainsi conçu : Le curé a escaladé le mur du jardin ; il est du côté de la rue Mondovi.

Nous avons remarqué qu'un certain populaire vit autour des casernes aux dépens des soldats, autour des églises aux dépens des prêtres. Cette race mendiante, hypocrite, basse, d'une servilité honteuse, est cruelle aux heures révolutionnaires. Elle égorge les soldats à l'ombre des quartiers, elle assassine les prêtres au seuil des presbytères. Y aurait-il là un mystère d'infamie? faut-il penser que la nature humaine descend parfois au-dessous de l'instinct animal? Les carnassiers les plus féroces reconnaissent la main qui les nourrit.

Le concierge du presbytère, après avoir subi mille outrages, comparut devant Raoul Rigault, et laissa échapper ce cri : *O mon Dieu!* — Tais-toi, imbécile, lui dit le républicain plein de colère, comment oses-tu parler de Dieu? Il n'y a pas de Dieu! Notre révolution est faite contre ton Dieu, ta religion et tes prêtres. Il ne doit plus rien rester de tout cela!

Dans sa prison l'abbé Deguerry fut admirable de courage et d'abnégation. M. de Beauvais, médecin de Mazas, écrivait :

« La plus douce, la plus aimable, la plus inébranlable résignation a soutenu ce beau, cet héroïque vieillard, qu'une longue et pénible captivité n'a jamais pu abattre, malgré ses soixante-quatorze ans, malgré les outrages et les chagrins prodigués à ses derniers jours. »

Le baron de Saint-Amand dit encore dans son bel ouvrage sur l'abbé Deguerry :

« Le samedi 20 mai, quatre jours avant la consommation du crime, M. Plou fit à l'abbé Deguerry une dernière visite. Jamais le vénérable prêtre n'avait paru plus majestueux. Un rayon de foi et de lumière illuminait son noble visage, et ce fut dans l'élan, dans l'enthousiasme du martyre, qu'en serrant avec effusion les deux mains de son courageux défenseur, il lui dit comme suprême adieu, ces paroles qui sont dignes d'être gravées sur sa tombe : Mon cher ami, si je savais que mon sang fût utile à la religion, je me mettrais à genoux pour les prier de me fusiller. »

IV

Nous devons rappeler l'arrestation de M. l'abbé Lamazou alors vicaire de la Madeleine, aujourd'hui curé de la paroisse de Notre-Dame d'Auteuil. Ce digne prêtre, malgré les menaces et les périls n'avait pas cessé un seul jour de remplir les devoirs de son ministère. L'abbé Deguerry était magnifiquement remplacé. Lorsque les églises se fermaient dans Paris, la Madeleine restait ouverte la dernière, la chaire n'était pas désertée, et la voix du prêtre se faisait entendre aussi ferme qu'en aucun temps.

La fin était inévitable, chacun le savait. Dieu a fait un miracle en sauvant l'abbé Lamazou.

Oui, il remplaça magnifiquement l'abbé Deguerry. Nous disons magnifiquement, parce que notre langue n'a d'expressions que pour le courage du magistrat qui tient les balances de la justice, la bravoure du soldat qui frappe de l'épée, l'intrépidité du marin qui monte à l'abordage. Ces vertus méritent l'admiration et font honneur à l'humanité.

Cependant elles n'exigent que l'effort d'une heure. Les applaudissements de la foule, l'éclat d'une action héroïque, le bruit qui remplit l'air, le souffle de la gloire, une exaltation généreuse, enfantent pour ainsi dire ces héros passagers inconnus la veille, oubliés le lendemain. Magistrats et gens de guerre connaissent ces minutes fugitives où le cœur devient si grand que l'homme en est transformé. Boissy d'Anglas et le chevalier d'Assas ont connu ces élans du cœur. Admirons de tels hommes et apprenons leurs noms à nos enfants.

Mais apprenons-leur aussi qu'il est d'autres gloires ici-bas que celles qui brillent, que celles qui retentissent, que celles proclamées par l'histoire.

Un prêtre est en présence de la mort, non pas durant une heure ou un jour, mais pendant de longues semaines ; il est entouré de misérables aveuglés par l'ignorance, égarés par le mensonge, abrutis par tous les vices; ces êtres devenus féroces sont là debout près de ce prêtre. Leurs regards plongent dans ses yeux, leurs pas suivent ses pas, ils épient ses actions, écoutent ses paroles, l'enveloppant pour ainsi dire dans leur haine farouche. Des cris sinistres troublent son sommeil, sa présence près d'un ami compromet cet ami ; son habit est voué aux malédictions, aux haines et aux vengeances.

Cela rappelle les premiers chrétiens qui, amenés au cirque, étaient livrés aux bêtes ! mais les bêtes de l'antiquité donnaient à l'agonie une plus courte durée.

Eh bien ! des prêtres, et parmi eux l'abbé Lamazou, eurent de longues agonies. Ils accomplirent leur devoir jusqu'à la fin, c'est-à-dire jusqu'au 19 mai.

L'abbé Lamazou était dans l'église de la Madeleine. Ceux qui venaient pour l'arrêter se précipitèrent sur lui tenant leurs revolvers tantôt sous sa gorge, tantôt contre sa poitrine, et lui jetant à la face les injures les plus grossières, le traitant de bandit, de canaille, de crapule, d'assassin.

L'un de ces misérables en essayant d'ajuster son arme criait : « C'est toi, ignoble canaille, qui fais assassiner par les chouans de Versailles les patriotes de Paris ! les prêtres sont les bourreaux du peuple : il faut tous les fusiller. »

Cette arrestation dura deux heures, et M. l'abbé Lamazou eut du moins la consolation de voir plus de cent cinquante femmes réunies à la porte de l'église, protester hautement contre l'horrible tyrannie de la Commune. Ce rassemblement de femmes causa une telle frayeur aux lâches scélérats qui arrêtaient le prêtre, qu'ils envoyèrent demander du renfort à la caserne de la Pépinière.

Nous retrouverons M. l'abbé Lamazou à la prison.

Le récitdes autres arrestations viendra se placer naturellement dans les drames que nous voulons rappeler.

La Commune, qui était l'une des formes de la république, voulait anéantir le catholicisme et supprimer jusqu'à l'idée de Dieu.

Prouvons-le par quelques exemples.

A l'église de Ménilmontant, la citoyenne Lefèvre fut applaudie pour avoir proposé, dans le club, de miner l'église de Notre-Dame, d'y enfermer autant de prêtres et de religieuses qu'elle en pourrait contenir, et puis de faire sauter le tout.

A Sainte-Elisabeth, le citoyen Viard, membre de la Commune et ministre du commerce, proposa cette motion : « Avant toutes choses, il faut nous débarrasser de la race ignoble des prêtres. Que chacun de nous en tue un, et demain il n'y en aura plus. »

Au même club, la citoyenne Leblanc s'écriait : « Il faut écorcher les prêtres tout vifs et faire des barricades avec leurs corps. »

A Saint-Germain-l'Auxerrois, un garde national parvint à se hisser jusqu'à la statue de la sainte Vierge, lui fit d'un coup de baïonnette une ouverture dans la bouche et y plaça sa pipe allumée.

A l'église de la Trinité, une matelassière de la rue Saint-Lazare s'efforçait de démontrer qu'il n'y a pas de Dieu. « La religion, dit-elle, est une comédie arrangée par les hommes, et Dieu n'existe pas..... s'il existait il ne me laisserait pas parler ainsi. Alors, c'est un lâche..... »

Dans l'église de Saint-Germain-l'Auxerrois, ils avaient arraché l'enfant Jésus des bras de la Vierge, et ils criaient en délire : « Passez le *gosse* par ici, on veut l'embrasser... ouvrez sa gueule pour voir s'il a fait ses dents. » Enfin, un fédéré planta la sainte image au bout de sa baïonnette, et les autres s'amusèrent à la briser !..

A Saint-Vincent-de-Paul, les fonts baptismaux furent transformés en water-closet...

Le 10 avril, après avoir arrêté le clergé de Montmartre et fermé l'église, la Commune fit placer sur la porte l'affiche suivante :

« Attendu que les prêtres sont des bandits et que les églises sont des repaires où ils ont assassiné moralement les masses en courbant la France sous la griffe des infâmes Bonaparte, Favre et Trochu, le délégué civil des carrières près l'ex-préfecture de police, ordonne que l'église de Saint-Pierre de Montmartre soit fermée et décrète l'arrestation des prêtres et ignorantins.

» *Signé* : LE MOUSSU. »

Nous pourrions multiplier ces citations, nous pourrions montrer cette affiche sur la porte d'une église : baraque à vendre, curé à pendre. Mais détournons les yeux de ces immondices qui soulèvent le cœur.

« Vous serez en butte à la haine de tout le monde à cause de mon nom. (Math. x, 22.) »

V

On se demande comment ces prêtres, gens de bien, hommes pacifiques, esprits studieux, caractères doux, âmes tendres, pouvaient supporter les rigueurs de la prison. L'un d'eux répond pour tous, et la réponse se trouve dans la dernière lettre du P. Clerc :

« Ah ! prison, chère prison, toi dont j'ai baisé les murs en disant : *Bona crux!* quel bien tu me vaux ! tu n'es plus une prison, tu es une chapelle, tu ne m'es plus même une solitude, puisque je n'y suis pas seul, et que mon Seigneur et mon roi, mon maître et mon Dieu, y demeure avec moi. Ce n'est plus seulement par la pensée que je m'approche de lui, ce n'est plus seulement par la grâce qu'il s'approche de moi ; mais il est réellement et corporellement venu trouver et consoler le pauvre prisonnier..... »

Ainsi, d'un côté le crime et ses horreurs, de l'autre la vertu et ses sublimes aspirations. Cette page de notre histoire a été lue, mais a-t-elle plongé le lecteur dans cette profonde méditation qui transforme les hommes et les choses?

Il nous semble que le monde a repris un peu trop promptement son train de vie. Quelques-uns des assassins ont été frappés par la loi, quelques prêtres sanglants et meurtris sont remontés aux autels, mais la foule ne s'est pas arrêtée un seul jour. Elle a poursuivi sa route, entendant toujours les mêmes cris sinistres répétés par les échos de la révolution, assistant distraite et presque indifférente au passage du prêtre sorti vivant de la fournaise. Les petits enfants de Paris ne s'arrêtent pas en voyant l'abbé Lamazou et ses compagnons, pour s'écrier comme les enfants de Ravenne à la vue de Dante : voici celui qui revient de l'enfer!

Les temps sont aux indifférences pour ne pas dire aux lâchetés. Chacun pour soi, chacun chez soi, est la devise mise en honneur par l'égoïsme et la peur.

On transige avec le crime qui s'abrite sous le manteau troué de la politique, car nous avons inventé le crime politique entouré de circonstances atténuantes. On éprouve une pitié philanthropique pour les assassins, les incendiaires; on a des pardons pour les voleurs et les pillards, tandis que le mot sacrilége disparaît de notre langue.

Le monde lit le récit des horreurs de la Commune avec une curiosité assaisonnée d'émotions; il voit là le drame comme aux querelles des Guelfes et des Gibelins.

Il ne sent pas la terre trembler sous le sol des villes; il n'entend pas les sourds grondements de la tempête qui secoue les forêts; il ne voit pas la lueur de la torche dans les réduits du vice. Le monde ne songe qu'à la journée qui s'écoule; hier est oublié, demain n'est pas prévu.

Cependant nos ennemis, en nous déclarant la guerre, ont fait connaître leurs pensées et mis à découvert tous leurs projets.

Un an avant la guerre, au mois de juin 1869, le grand meeting de Charing-Cross entendit cette déclaration de Vesinier, qui fut plus tard membre de la Commune de Paris :

« Il nous faut vaincre ou mourir. Pour cela, il nous faut hardiment nier Dieu, la famille et la patrie.

» Il faut soustraire nos enfants au joug abrutissant des prêtres, des rois et de la nationalité (Applaudissements).

» Nier Dieu, c'est affirmer l'homme unique et véritable souverain de ses destinées ; c'est tuer le prêtre et la religion. La négation de la Divinité, c'est l'homme s'affirmant dans la force et la liberté (Applaudissements).

» Nier la famille, c'est affirmer l'indépendance de l'homme dès le berceau, c'est arracher la femme à l'esclavage où l'ont jetée les prêtres et une civilisation pourrie (Applaudissements frénétiques).

. . . .

(Par respect pour le lecteur et dans l'intérêt de la pudeur, nous supprimons ce qui concerne le père et la mère.) Cette partie du discours, dont le cynisme est effrayant, fut couverte d'applaudissements.

« La société est mauvaise : donc il faut la changer.

» Travailleurs de tous les pays, à l'œuvre !

» Guerre impitoyable au capital, à la propriété et à tous les gouvernements qui les protégent ! Le droit au travail pour tous, la propriété à tous, voilà notre but.

» Pour y parvenir, nous n'épargnerons rien ; nous combattrons, nous mourrons, s'il le faut, à l'ombre du drapeau rouge, étendard du socialisme et de la Commune (Hourras enthousiastes). »

Voilà la race immonde, stupide, ignorante, à laquelle un gouvernement faible abandonna Paris et les forts, la grande ville et sa banlieue.

Les honnêtes gens forcés de rester à Paris n'eurent pas même un point de ralliement.

Hommes politiques et administrateurs, pouvoir judiciaire et police, tout disparut en une heure à la suite de quelques rassemblements en désordre.

Seul le prêtre resta dans son église.

Il n'y eut donc dans Paris, pour représenter le principe d'autorité, pour protéger la famille et la propriété, pour faire entendre la parole de la France, il n'y eut qu'un seul homme : le prêtre.

Cet homme accomplit un devoir suprême envers la société et rendit à la civilisation le plus grand des hommages.

Nous ne parlons pas de sa mission divine,

mais seulement de son action au point de vue purement humain.

Le jour vint où le prêtre fut emprisonné. Le titre d'otage était synonyme de condamné à mort.

Le gouvernement qui voyait tout, qui savait tout, car de Paris à Versailles les relations étaient constantes, le gouvernement, disons-nous, connut les arrestations des otages et la longue détention de quelques-uns d'entre eux.

Ce gouvernement devait-il se désintéresser? N'avait-il qu'à assister impassible au long martyre des prêtres?

Nul écrivain, à notre connaissance du moins, n'a examiné cette question. Il ne faut pas se dissimuler qu'elle est délicate, si l'on cherche des solutions dans le droit des gens ou le droit de la guerre. Mais le gouvernement nous semble s'être placé à un autre point de vue. Suivant les probabilités, on a dû invoquer la raison d'Etat, on a prêté l'oreille aux perfides conseils de la politique ; on a craint d'entrer dans une voie d'échanges qui aurait imprimé à la Commune un caractère qu'il semblait logique et prudent de lui refuser. Mais aucune législation, aucun document officiel ne pouvait être invoqué par le gouvernement, car il n'existe rien sur cette matière. Nous en sommes encore à cette pensée de Plutarque dans la vie de Camille : « La guerre elle-même a ses lois dans l'esprit des honnêtes gens. »

La législation pouvait être invoquée en ce qui concerne les otages. Il est vrai qu'en 1790, le conseil des cinq cents adopta la fameuse *loi des otages*, aussi cruelle qu'injuste, et monument de la stupidité révolutionnaire. Cette loi des otages n'était que la reproduction de la *loi des suspects*. Après le 18 brumaire, Napoléon s'empressa d'abolir la législation des otages ; donc elle n'existait plus lorsque les prêtres furent emprisonnés en 1871.

Le gouvernement d'alors ne pouvait remonter jusqu'au moyen âge, pour rechercher la qualité d'otage. S'il l'eût fait, il aurait été prouvé que l'otage, de *hospes* hôte, se donnait volontairement, et ne se prenait point par la force; que l'otage, hôte, était traité avec tous les égards qu'impose l'*hospitalité*.

La Commune considéra les otages comme des prisonniers faits sur le champ de bataille ; les prêtres eurent le caractère de complices des Versaillais ; les révolutionnaires de Paris les considérèrent comme agents du gouvernement contre lequel ils étaient en révolte.

Le ministère qui combattait la Commune se composait d'hommes éclairés, habiles politiques, rompus dès longtemps aux intrigues des partis, habitués à diriger les menus événements, à discourir avec élégance, à tourner les difficultés, en louvoyant autour des écueils. Presque tous se flattaient d'avoir conduit avec adresse des barques légères sur les vagues agitées des fleuves. Mais lorsque la tempête les eut jetés en pleine mer au milieu des flots déchaînés, lorsqu'ils ne virent que des gouffres béants, tous furent aveuglés par les éclairs qui sillonnaient la nue.

Il aurait fallu de grands cœurs, des caractères d'une hauteur prodigieuse, des âmes fortement trempées, pour mesurer le péril et le vaincre. On ne trouva que l'esprit, l'éloquence, l'indécision, le scepticisme et l'extrême prudence de la timidité ambitieuse.

Reprendre Paris fut l'unique souci du gouvernement. C'était œuvre militaire qu'accomplirait le soldat. Mais le côté moral resta dans l'oubli.

Le premier devoir du gouvernement était de protéger la vie des prêtres, le second de monter à l'assaut des remparts. Ces prêtres avaient accompli leur mission en demeurant au poste qui leur était confié ; ils avaient été honorés de ce poste par la loi, dans l'intérêt du pays et des familles. Toucher à ces prêtres était une atteinte à la religion et à la société.

A quelque prix que ce fût, on devait donc arracher les otages aux assassins. C'était un hommage éclatant rendu à Dieu dont les prêtres étaient les ministres.

Si un ambassadeur, si un député eussent été arrêtés comme otages, le gouvernement eût-il courbé la tête devant l'audace de l'attentat?

Il fallait accepter tous les échanges proposés par la Commune, il fallait même provoquer ces échanges. Nous étions assurés d'avoir le dernier mot, et par conséquent, aucune conséquence ne pouvait être redoutée.

On aurait dù faire savoir à ceux qui assassinaient Paris que si un seul prêtre était mis à mort, tous les membres de la Commune, sans en excepter un seul, seraient fusillés le jour de l'entrée des troupes dans la capitale. Il fallait, non-seulement le dire, mais le faire à la face de l'Europe. Les peuples étrangers auraient su alors que la France est un pays où les honnêtes gens ont des cœurs et des bras.

Sous de vains prétextes, on livra le clergé de Paris aux scélérats de la Commune. Cette page de notre histoire est l'une des plus cruelles pour notre génération, parce que la postérité y verra peut-être, mais à tort sans doute, une faiblesse voisine de la complicité.

Le gouvernement ne comprit pas l'étendue et l'élévation de sa responsabilité devant le monde entier. Il crut que la vie de quelques hommes était seulement en question. Il n'aperçut pas derrière ces hommes, l'Eglise de France enveloppée d'un voile de deuil, tous les fidèles abîmés de douleur, et dans le lointain, au delà des monts, cette grande figure de vieillard qui est la papauté, et dont les larmes inondaient la terre.

Malgré soi, chacun se souvient des jours

de 1793, jours à jamais maudits qui virent les faibles Girondins aider les Montagnards à conduire la royauté sur l'échafaud.

Le mot de M. Thiers s'est donc réalisé : « La république finit toujours par glisser dans le sang ou dans l'imbécillité. »

Cet autre mot — celui-là de Louis Veuillot, — se dresse alors devant nous : « Le monde est la mer, la vérité est le navire ; il faut vivre sur le navire ou périr sous les flots. »

Mais qu'avons-nous besoin de continuer ces réflexions? Nous n'avons pas à défendre les prêtres emprisonnés, ils sont notre gloire, notre bonheur, notre consolation et notre espérance.

Bornons-nous à montrer les tombes de ceux qui ne sont plus, à dire comment ils sont descendus dans ces tombes, puis nous invoquerons la justice de Dieu.

VI

Le 24 mai 1871, l'armée française après un long siége cheminait dans Paris avec une sage prudence. Les gens de la Commune, exaspérés par la peur, décidaient que tous les otages, au nombre de plus de trois cents, seraient mis à mort. Au milieu du trouble, le crime ne put s'accomplir entièrement.

Ce jour-là, 24 mai, à midi, les prêtres enfermés à la prison de la Roquette descendirent dans la cour. Ils purent se voir et s'entretenir pour la première et la dernière fois.

Monseigneur Darboy parut le premier, et chacun put remarquer les ravages produits dans l'état de l'archevêque par une longue captivité. Ses souffrances avaient obligé les médecins à lui poser la veille un vésicatoire ; sa barbe qu'il ne rasait plus le rendait presque méconnaissable.

Monseigneur Darboy parut donc le premier dans la cour de la prison. L'abbé Deguerry le suivait de près, et chacun put remarquer que le curé de la Madeleine avait conservé toutes ses forces et toute sa liberté d'esprit. Les prêtres qui se trouvaient dans la cour entourèrent l'archevêque. Là étaient : monseigneur Surat, le P. Olivaint, M. Bayle, M. Petit, secrétaire général de l'archevêché, M. Moléon, curé de Saint-Séverin, M. l'abbé Lamazou, alors vicaire de la Madelaine, M. l'abbé Amodru, vicaire à Notre-Dame-des-Victoires, l'abbé Delmas, vicaire à Saint-Ambroise, et d'autres encore.

L'archevêque de Paris et M. l'abbé Deguerry ne semblaient plus avoir de craintes sur leur avenir. Ils avaient su que la Commune avait eu le projet de sacrifier les otages, mais ils considéraient ce projet comme abandonné.

Longtemps enfermés à Mazas et transportés depuis peu à la Roquette, MM. Darboy et Deguerry ignoraient à quel degré de folie étaient parvenus les révolutionnaires.

L'archevêque de Paris qui, malgré ses souffrances avait conservé toute sa lucidité d'esprit, causa longtemps à haute voix avec l'abbé Lamazou. Monseigneur se montra souriant et plein d'une confiance que ne partageaient pas les autres prêtres arrêtés plus récemment.

A deux heures et demie, monseigneur Darboy prononçait ces paroles : «.... Au demeurant, j'ai une confiance entière dans la bonté de Dieu et le témoignage de ma conscience. »

Le gardien ordonna de rentrer dans les cellules. A trois heures chaque prêtre était en prières.

Vers sept heures du soir un bruit formidable se fit entendre dans les cours et les corridors. Des hommes en armes pénétraient dans la prison, et l'on entendit une voix crier : « Les royalistes assassinent les républicains ! c'est horrible ! Il faut que cela finisse ! »

Cet homme, émissaire de la Commune, monta au premier étage du bâtiment de l'ouest, suivi de fédérés armés de fusils, de revolvers et de sabres. Après avoir rangé son monde, le misérable tira de sa poche une feuille de papier sur laquelle se voyait une longue liste de noms propres. Quelques-uns de ces noms étaient marqués au crayon rouge. L'homme jeta les yeux sur le papier, et d'une voix forte fit entendre cet appel : Citoyen Darboy ; — citoyen Deguerry ;— citoyen Bonjean ; — citoyen Ducoudray ; — citoyen Clerc ; — citoyen Allard.

Tous se présentèrent à l'instant et se trouvèrent en présence de quelques brutes armées de fusils et de grands sabres.

On connaît l'archevêque de Paris et l'abbé Deguerry. Près d'eux se tenait le P. Ducoudray, âgé de quarante-quatre ans, docteur en droit et fort instruit; le P. Ducoudray appartenait à la compagnie de Jésus. Tous les anciens élèves de la rue des Postes se souviennent du supérieur de cet établissement si utile à l'armée.

Le P. Ducoudray avait été arrêté dans la nuit du 4 avril, par les gens de la Commune qui pillèrent la maison et le conduisirent en prison, avec les PP. Ferdinand Billot, Emile Chauveau, Alexis Clerc, Anatole de Bengy, Jean Bellanger, Théodore de Régnon, et Jean Tanguy, les FF. Benoît Darras, Gabriel Dédébat, Réné Piton, Pierre Lefalher et sept domestiques.

Le P. Elesban de Guilhermy fut oublié dans le jardin de l'établissement, où régnait l'obscurité.

Le P. Clerc était ancien élève de l'école polytechnique et ancien officier de marine. Après treize ans de services, cet homme remarquable entra dans la compagnie de Jésus. Il atteignait à peine sa cinquante-deuxième année.

L'abbé Allard, missionnaire apostolique, s'était dévoué pendant le siége, et les blessés le voyaient sans cesse aux ambulances où il soulageait les misères.

Près des cinq victimes appartenant à l'Église

se trouvait M. Bonjean qui se montra ferme et plein de dignité.

On se mit en marche.

Mgr Darboy donnait le bras à M. Bonjean.

L'abbé Allard marchait en tête récitant les prières des agonisants. On entendait à peine sa voix, tant les cris des assassins, les injures qu'ils adressaient aux victimes, les imprécations, les infernales grossièretés retentissaient dans les corridors de la prison.

On descendit un escalier de service qui conduit à une petite cour au bas de l'infirmerie.

— Fusillons-les ici, dit l'un des républicains.

— Non, dit un autre, c'est trop en vue.

Après un temps d'arrêt fort court pendant lequel les bandits cherchaient à s'entendre, monseigneur Darboy se mit à genoux et pria, puis il donna sa bénédiction. Les victimes s'agenouillèrent. Alors on poussa brutalement les prêtres vers le chemin de ronde, en redoublant d'injures.

On s'arrêta dans le chemin de ronde.

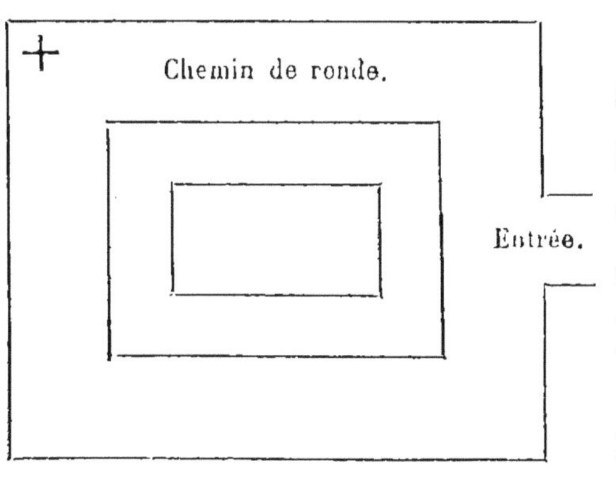

Si vous tracez un carré, vous connaîtrez le lieu du crime par la croix qui est à l'angle supérieur gauche.

Il était huit heures du soir.

— Ici, dit l'un des misérables. On s'arrêta de nouveau.

Les prisonniers furent poussés vers le mur et autant que possible séparés les uns des autres. Immédiatement des coups de feu retentirent. D'abord six décharges d'ensemble ressemblant à des feux de peloton, puis des coups isolés.

Ils étaient morts.

Monseigneur Darboy avait trois balles dans la poitrine et la main droite brisée. L'abbé Deguerry, après avoir déboutonné sa soutane était tombé percé de deux balles, l'une dans la tête, l'autre dans les poumons. Ses vêtements ruisselaient de sang. M. Bonjean avait été traversé de vingt balles, il vivait encore après la dix-neuvième, et il fallut lui donner le coup de grâce en lui déchargeant un fusil dans l'oreille gauche.

L'archevêque, quoique blessé, ne tomba pas de suite malgré deux balles. Un des assassins s'avança, et lui tira à bout portant un coup de pistolet.

Les corps gisaient à terre, dans l'ordre suivant : à l'angle du mur, le père Allard, puis les PP. Clerc et Ducoudray, l'abbé Deguerry, M. Bonjean et l'archevêque. Ces corps restèrent ainsi quelques heures dans la poussière sanglante.

Enfin on plaça les six cadavres sur une petite charrette à bras, et ils furent conduits au Père-Lachaise et jetés pêle-mêle dans la fosse commune, sans cercueils et sans linceuls.

Le visiteur peut voir dans le mur qui reçut un grand nombre de balles une plaque de marbre blanc, bordé de noir, sur laquelle sont gravés les noms des six victimes.

M. l'abbé Lamazou, qui était emprisonné à la Roquette, rapporte ceci :

« Après ce crime sans nom, un des assassins disait aux gardiens Pinet et Bourguignon, en leur montrant un pistolet : Voyez, il est encore fumant, je viens de m'en servir pour donner le dernier coup au fameux archevêque. — Un autre, disait en quittant le lieu du crime : Cette vieille canaille de Darboy ne voulait pas mourir ; il s'est relevé trois fois, et je commençais à avoir peur de lui.

» Sur la place de la Roquette, ces misérables disaient à qui voulait les entendre : Nous venons de gagner cinquante francs. »

Avant de transporter les corps à la fosse commune on les avait dépouillés en partie, foulés aux pieds, outragés, écrasés à coups de crosse.

Lorsque le crime fut consommé, les assassins coururent aux cellules des victimes pour les piller. L'argent disparut, les papiers jetés au feu, emportèrent les précieux documents indispensables à l'histoire.

Les trois cents otages réunis à la Roquette, étaient tous condamnés à mort par un ordre signé: Th. Ferré. Cet ordre portait la date du 24 mai. Des circonstances imprévues empêchèrent l'exécution immédiate de cet ordre. De cinq à huit heures du soir l'ordre fut renouvelé, ainsi que le 26.

Mais on se bornait à des assassinats particuliers; ainsi la justice a retrouvé cette sentence : Bressolles (Ferdinand) — gendarme, écroué à la maison d'arrêt de la Roquette, sera immédiatement passé par les armes.

Signé : E. Gois.

Ce malheureux gendarme arraché de sa cellule fut conduit près du mur de la prison et fusillé par un peloton aux ordres du citoyen Deschamps.

Ce Deschamps a été condamné à mort par le 8e conseil de guerre et exécuté à Satory. Quant à l'assassin E. Gois, il vit en Angleterre dans une grande aisance, enrichi par ses vols et pillages.

M. Jecker fut mis à mort dans la cour de la prison. Un garde national réfractaire fut aussi passé par les armes.

Le vendredi 26 mai, la Commune résolut de mettre le feu à la Roquette, afin d'y *griller* les prisonniers. Les progrès de l'armée française dans Paris, le trouble extrême des gens de la Commune, l'effarement de ces républicains, imprimèrent aux résolutions quelque chose d'indécis qui sauva une partie des otages, encore détenus à la Roquette.

Beaucoup de chefs de cette république fuyaient en secret vers Saint-Denis, d'où, protégés par leurs complices les Prussiens, ils gagnaient les frontières.

VII

Le vendredi 26 mai, vers midi, un envoyé de la Commune s'arrêta au premier étage du bâtiment de l'ouest, et s'écria : Citoyens, attention à l'appel ! ici, il nous en faut quinze.

Parmi ceux qui répondirent à l'appel figuraient le P. Olivaint, le P. Caubert et le P. de Bengy, jésuites. L'homme qui faisait l'appel ne pouvait lire le nom de *Bengy* prenant le B pour R, et N pour U, il balbutiait. Le P. Bengy s'avança en souriant de mépris et dit : Il doit y avoir Bengy, c'est moi.

Après les prêtres, on appela les soldats.

Trente-cinq gendarmes, des fantassins, des cavaliers, des officiers de paix, des gardes de Paris se placèrent sur deux rangs. Ils avaient été arrêtés le 18 mars aux buttes Montmartre. Nous avons donné le nom de ces braves gens au commencement de ce chapitre.

Quarante-sept prisonniers furent réunis dans la cour de la Roquette. La porte s'ouvrit et le cortége se mit en marche, à quatre heures et quelques minutes. Une cantinière coiffée d'un képy marchait la première sur un cheval volé. En avant, à cinquante pas, un homme également à cheval, tête nue, annonçait à haute voix que ces captifs avaient été pris le matin, les armes à la main, près de la Bastille, dans les troupes royales de Versailles, et qu'ils allaient être fusillés à Belleville.

Les prisonniers marchaient en file sur deux rangs, entourés de gardes nationaux du 173e bataillon, au nombre de cent cinquante. Il y avait aussi des *enfants perdus* de Bergeret qui étaient les infâmes des infâmes, comme il y a dans l'armée les braves des braves. Une foule de gens armés, ivres pour la plupart, suivait l'escorte et formait une bruyante arrière-garde.

Quatre ou cinq prêtres seulement étaient en soutane, plusieurs marchaient tête nue et en pantoufles, n'ayant pu rentrer dans leurs cellules après l'appel qui les avait surpris en prières ou écrivant sur leurs grabats.

A peine sortis de la Roquette, on rencontra des chasseurs et des artilleurs au service de la Commune qui, pour se venger de leur défaite, voulaient fusiller de suite les prisonniers. On discuta et il fut décidé que la justice du peuple devait être calme !

Au commencement la marche était relativement paisible, les habitants effrayés fermaient portes et fenêtres sans insulter les prisonniers. Mais sur le boulevard extérieur, l'homme qui était à cheval, en avant, appela les ouvriers d'une fabrique, et leur adressa un discours épouvantable. Alors, hommes, femmes, enfants, exaltés jusqu'au délire, jettent des cris de mort et se précipitent tumultueusement sur l'escorte pour massacrer les prisonniers. Les gardes nationaux repoussent les assaillants, et après un arrêt de quelques minutes, la colonne peut reprendre sa marche. Mais la foule augmente à chaque pas, elle est furieuse, et charge les gardes. Les femmes se font remarquer par leurs cris et leurs gestes. Elles sont armées de fusils et de pistolets. Tout en trébuchant, ces harpies pénètrent dans les rangs d'où l'on ne peut les écarter sans peine.

Après avoir suivi la rue de Puebla, la colonne arrive à la rue des Rigolles, d'où l'on pénètre dans la mairie de Belleville. On s'y arrête pendant une demi-heure. Les cris du dehors deviennent de plus en plus féroces.

Sur les murs ces mots frappent les yeux des captifs : *Liberté*, *égalité*, *fraternité*.

Il y a dix-huit siècles que le Christ apporta sur la terre la liberté, l'égalité et la fraternité. Par ces paroles les hommes furent affranchis ; mais aveugles, ingrats et cruels, ces hommes délivrés du joug ont transformé en instrument de supplice les trois mots que leur avaient enseignés les premiers chrétiens.

Celui qui trace ces lignes, a comme les PP. Caubert, Olivaint et de Bengy, suivi le long chemin du calvaire. Traîné à travers les rues de Paris par une multitude féroce, il s'est vu outragé, menacé de mort, frappé à coups de crosse. Ses vêtements ont été déchirés, son uniforme mis en lambeaux, ses décorations arrachées; il a senti dans ses cheveux et sur son visage, les mains fangeuses des assassins; il a respiré le souffle empoisonné d'une populace qui tourbillonnait autour de lui. Enfin, il a vu, pendant deux heures, la mort sous son aspect le plus hideux, eh bien! il a pu tout oublier de cette longue agonie, tout excepté les mots : *Liberté, égalité, fraternité.* Ses regards les rencontraient sur tous les monuments. Ces mots scintillent à ses yeux comme des charbons ardents; il ne peut plus les voir sans leur cortége de cris sinistres, de blasphèmes, de furies, d'ivresse sanglante et de tyrannie.

Ces malheureux captifs lurent donc ces mots sur tous les murs.

Ranvier est à la mairie et donne des ordres. Les prisonniers, toujours avec leur escorte considérablement augmentée de tous les scélérats du quartier, sortent de la mairie par la grille de la rue de Belleville. Un membre du comité des cinq crie à haute voix : « Allez, fusillez-moi ces hommes-là! »

Une cantinière, le revolver à la main, semble prendre le commandement, elle se place en tête, et donne des ordres. Une musique militaire arrive et joue des airs d'opéra; cette musique précède la colonne. Des clairons et des tambours font entendre des fanfares. Les cris de *vive la République!* se mêlent aux instruments.

Les gendarmes marchent les premiers la tête haute. Ils jettent des regards d'écrasant mépris sur cette vile multitude qui, si souvent, tremblait de peur à la vue d'un chapeau de gendarme.

Les prêtres récitent les prières des agonisants. Le P. Caubert donne le bras au P. Olivaint, le P. de Bengy les suit fièrement. Jamais homme ne marcha vers la mort avec plus de grandeur, il semble redresser le front, et sa taille paraît plus élevée. Le P. de Ponlevoy a dit que le P. de Bengy avait *le cœur au large.*

Accablés de fatigues, assourdis par un bruit formidable, les otages se soutiennent à peine. C'était bien réellement le calvaire, et la croix qu'ils portaient brisait ces corps endoloris par la prison.

Pendant la marche dans la rue de Belleville, à la hauteur du n° 229, un passant s'approche d'un garde national de l'escorte et lui dit : « Où mène-t-on, ces gens-là? » — « On les conduit au ciel,» répond le garde, puis il s'éloigne. Ce spectacle avait peut-être converti cet homme.

On arrive à la rue Haxo. Une sorte d'hésitation se fait remarquer. Un jeune homme prononce quelques paroles, et fait tournoyer son fusil, en provoquant au massacre. On hésite encore, lorsqu'un autre jeune homme s'élance et ordonne la marche en avant.

Une charrette passe, un orateur s'élance sur la banquette et dit : « Citoyens, votre dévouement méritait bien une récompense, voici des victimes que nous vous livrons pour vous payer de vos sacrifices ! A mort, à mort ! »

Des milliers d'échos répétèrent ce cri. Un homme vêtu en artilleur et portant les galons de brigadier, se place à la porte de la cité Vincennes, où passent les prisonniers. A chacun d'eux il assène un coup de poing. Le P. Tuffier, jésuite, assommé par ce coup, tombe, et sa tête frappe les pierres au point de l'étourdir. On le fait relever à coups de crosse et à coups de pied.

Le cortége atteint la grille du deuxième secteur, siége de l'état-major des légions de Belleville et de Ménilmontant. Il est cinq heures et demie ; l'agonie a duré six quarts d'heure. On entre dans l'intérieur du secteur envahi déjà par une masse flottante qui jette les cris tumultueux de vive la République ! à mort les curés ! à mort les gendarmes !

Alors les coups succèdent aux insultes, on frappe les prisonniers, on les déchire, on leur crache au visage, on souille leurs vêtements.

Les prêtres sont refoulés vers le mur du fond, les gendarmes restent devant.

Deux officiers richement galonnés arrivent et prennent la parole. Ils veulent gagner du temps et proposent de retarder l'exécution. Ils sont entourés, menacés d'être fusillés, et ne parviennent à s'échapper qu'après de grands efforts. Un autre officier monte sur le mur de soubassement, et, le sabre à la main, fait une sorte de discours pour demander la mort des prêtres et des gendarmes.

Six heures sonnaient à une horloge voisine, lorsqu'une cantinière tira un coup de pistolet sur les victimes. Ce fut le signal.

Aucune langue humaine ne saurait peindre ce qui se passa. Ce ne fut pas une exécution, ni même un assassinat. Cette chose n'a pas de nom.

Deux ou trois cents coups de fusil se firent entendre successivement, puis il y eut une sorte de feu de peloton sans ensemble, mais formidable. Alors commença le massacre individuel. Les gardes nationaux, le peuple qui suivait, beaucoup de femmes, un grand nombre d'enfants, poussant tous des hurlements sauvages, se précipitèrent sur les mourants et les morts, achevant les premiers, écrasant les seconds à coups de talons et à coups de crosse, poignardant avec des couteaux, traînant les cadavres par les pieds, écrasant les têtes sous les pierres. Une immense clameur s'élevait, les détonations se mêlaient aux cris aigus des assassins et aux plaintes douloureuses des martyrs. Des femmes à cheval sur le mur, les cheveux en désordre, brandissaient des armes, en insultant les victimes et en applaudissant les assassins.

Ils piétinaient dans des mares de sang; ce

sang avait rougi leurs vêtements et leurs mains.

Toutes les victimes étaient mortes depuis assez longtemps et cette orgie durait toujours. Ils frappaient, ils mutilaient, ils écrasaient les cadavres.

Cet accès de folie furieuse dura jusqu'à sept heures. Alors, ils allèrent se laver les mains dans les ruisseaux de la rue, laissant les cadavres étendus sur le sol. Les corps y restèrent jusqu'au lendemain. A midi, deux fédérés précipitèrent ces restes informes dans une sorte de caveau ou fosse d'aisance placé au-dessous du lieu de l'exécution.

Lorsque l'exhumation se fit, on trouva quarante-sept corps. L'un d'eux était traversé de soixante-neuf balles.

Le P. Olivaint était né en 1816. Ancien élève de l'école normale, il possédait une instruction fort rare.

Le P. Caubert avait soixante ans. Après avoir fait son droit, il exerça pendant sept années l'office d'avocat au barreau de Paris. « Humble et modeste dans sa vie, il a été magnanime dans sa mort », a dit le P. de Ponlevoy.

Le P. Anatole de Bengy était le troisième des quatorze enfants de M. Philippe de Bengy, président de chambre à la cour royale de Bourges, démissionnaire en 1830. Anatole de Bengy né en 1824, avait été aumônier militaire dans l'armée de Crimée.

Il offrit de nouveau ses services en 1870, suivit l'armée jusqu'au siége de Paris et devint aumônier de la huitième ambulance.

Le P. de Bengy était une nature sympathique, il attirait les cœurs, il inspirait confiance et affection, il avait un prodigieux rayonnement.

Son caractère gai, sa bonne humeur ne se démentaient jamais au milieu des périls et des fatigues. Courageux et bon, spirituel et modeste, il arrachait au maréchal Bosquet cette exclamation : « Par ma foi, s'il y a beaucoup de jésuites de cette trempe, vivent les jésuites ! »

Les lettres du P. de Bengy respirent la joie pure, qui rappelle ce passage de l'*Imitation :* « La joie d'un homme de bien est le témoignage de la bonne conscience. Ayez une bonne conscience, et vous serez toujours en joie. La bonne conscience peut supporter beaucoup de choses et se trouve merveilleusement joyeuse parmi les adversités. La mauvaise conscience est toujours timide et inquiète. »

On aime cette familiarité, cette naïveté. Le P. de Bengy écrit à son ami le 7 septembre 1870, du bivac de Dammartin : «... Nos pauvres soldats sont loin d'avoir en abondance tout ce qui pourrait leur être utile et agréable. Autant que je le puis, je viens au secours de ceux que je rencontre sur mon passage, et leur fais quelque petite gracieuseté : à l'un, j'achète un pain bien frais et bien blanc; à un autre, je procure un peu de liqueur fortifiante; à un troisième, je fournis la possibilité de bourrer de nouveau une vieille et respectable bouffarde depuis plusieurs jours éteinte au grand déplaisir de son propriétaire. Je ne suis pas le seul à faire acte de générosité..... »

Deux jours avant il avait adressé une longue lettre à M. de Foucauld, annonçant son départ *sac au dos.*

« *Le sac au dos!* Ce mot-là, mon cher Aymard, toujours excite une certaine commisération ; mais le sac ne mérite vraiment pas la réputation qui lui est généralement faite, il pousse le corps en avant, et les inconvénients qu'il présente sont compensés par les avantages qu'il fait naître. Un observateur devrait entreprendre l'*éloge du sac* et le relever aux yeux des pèlerins.... »

A cette bonne gaîté, le P. de Bengy joignait une remarquable profondeur de pensées. Sa lettre à M. le comte de Flavigny renferme des détails édifiants et des observations de l'ordre le plus élevé. Cette lettre est un rapport sur le service religieux, à la huitième ambulance ; on y voit comment nos soldats savaient mourir dans les bras de l'aumônier.

L'oraison funèbre du commandant de Dampierre prononcée par le P. de Bengy peut servir de modèle, il fait l'éloge du *devoir*. « Le point de départ du devoir, messieurs, est tout entier dans ces trois mots à jamais célèbres : Dieu le veut! »

L'Académie française applaudissait, il y a peu

de jours, un nouvel élu, qui disait de son prédécesseur : *C'était un homme.*

Nous ne savons si, parmi nous, beaucoup méritent ce titre. Mais on peut affirmer que s'il en fût pendant nos jours d'épreuves, ceux-là étaient les jésuites Anatole de Bengy et le P. Clerc.

Les mémoires du P. de Bengy ont été publiés depuis sa mort. Ce livre est le recueil de lettres écrites des Ardennes à M. le comte Aymard de Foucauld. A la fin du volume, d'autres lettres écrites par des militaires sont un témoignage de la reconnaissance des malades et des blessés pour le digne aumônier.

La mère de M. de Bengy vivait encore lorsque son fils tomba sous les balles des assassins. Pieuse et résignée, la sainte femme prescrivit une neuvaine. « Le dernier jour de cette neuvaine, dit le P. de Ponlevoy, elle fait suspendre près de son lit une grande photographie du martyr avec une parcelle de son vêtement : « A mon « chevet, dit-elle à l'ouvrier, le plus près possible « de moi, il m'apprendra à bien mourir. » Et voilà, que le neuvième jour, devinant elle-même qu'il est temps, elle fait appeler son confesseur, demande et reçoit les derniers sacrements, entourée de ses enfants. Monseigneur de la Tour d'Auvergne, archevêque de Bourges, accourt lui-même pour la bénir une dernière fois.... Le soir même elle allait rejoindre son fils. »

Le nom de Bengy nous rappelle le jugement

porté sur les jésuites, en 1838, par Michelet qui n'était pas encore libre-penseur :

« On ne saurait assez louer le dévouement des jésuites. Leur héroïsme en Europe nous est connu ; mais il faut les suivre en Asie. Il faut voir la facilité, l'empressement avec lequel ils reçoivent le martyre. Ce sont là des titres à la gloire. Chez nous, le dévouement ne meurt pas. Et puis qu'elle est belle leur obéissance, qu'elle est grande, qu'elle est sublime! Au moindre mot, un jésuite, d'une haute naissance souvent, sans attendre une heure, obéit, fallût-il partir pour les extrémités du monde! Ainsi quand saint François Xavier reçoit de saint Ignace l'ordre de partir pour les Indes, il ne fait rien autre chose, il met ses souliers et part pour les Indes. C'est qu'il n'y a jamais pour eux ni famille, ni parents, ni amis, mais Dieu, Dieu seul et l'obéissance! Et François Xavier aborde aux Indes. Son cœur est impénétrable aux flèches empoisonnées; il subjugue les hommes, il les subjugue par son regard. Aujourd'hui, si l'on n'avait pas détruit l'ouvrage des jésuites, la Chine serait un peuple civilisé. Un jésuite y était déjà ministre. Mais un mot de Rome leur ôta toute influence, et ce mot a enlevé deux ou trois milliards d'hommes à la civilisation européenne. Pour caractériser l'esprit des jésuites, ce fut un esprit monumental. »

VIII

Cependant l'ordre était donné par la Commune d'exécuter immédiatement tous les otages emprisonnés à la Roquette. Cet ordre ne pouvait subir le moindre retard, puisque les membres de la Commune étaient réunis à la Roquette, et que les troupes de l'armée française avançaient rapidement.

Le 27 mai, veille de la Pentecôte, le crépitement de la fusillade annonçait la délivrance ou la mort. Varlin et Ferré parcouraient les cours de la prison en criant : « Qu'on se dépêche, qu'on fusille ces chouans, ces bandits ! Qu'on les égorge tous ! Citoyens et citoyennes des faubourgs, venez venger vos fils, vos pères lâchement assassinés ! »

La foule réunie sur la place de la Roquette répond par des hurlements : A mort ! à mort ! vive la République ! vive la Commune !

A une heure, on fusille un gendarme, puis un jeune soldat pris à la Bastille.

Deux heures, puis trois heures sonnent et le tumulte augmente. A trois heures et quelques minutes, un caporal nommé Arnoux, du 9ᵉ de ligne, né à Reilhanette (Drôme) et prisonnier à la Roquette se glisse dans les corridors, et tire les verrous de toutes les cellules. Pour rendre l'appel des condamnés plus facile, on avait négligé de fermer les portes à clef, de sorte qu'il était facile d'ouvrir du dehors.

Les prisonniers sortirent donc de leurs cellules et se trouvèrent réunis dans le corridor. Il y avait beaucoup de prêtres, des soldats et des gardes nationaux. Les prêtres, croyant aller au supplice, s'agenouillaient pour prier, les militaires faisaient entendre des malédictions, les gardes nationaux étaient résignés. Au milieu de cette bruyante confusion, une voix vibrante comme l'airain domina le tumulte. Le gardien Pinet prononça ces paroles : « Mes amis, écoutez un homme de cœur : ces ignobles scélérats ont déjà tué trop de monde ; ne vous laissez pas assassiner, venez à moi, résistons, combattons ; plutôt que de vous livrer, je veux mourir avec vous ! »

Ce digne homme, enfant de la Creuse, avait été chargé par le sous-brigadier Picon de faire descendre les prisonniers deux par deux, et de les livrer aux gens de la Commune rassemblés au guichet du greffe. Pinet, en remontant, avait fermé sur lui la porte du troisième étage, de sorte que les prisonniers se trouvaient momentanément séparés des assassins.

Un prêtre, M. l'abbé Amodru, de Notre-Dame-des-Victoires, s'écria : « Ne nous laissons pas fusiller, mes amis ; défendons-nous ; ayons confiance en Dieu ; il est pour nous et avec nous, il nous sauvera. »

On hésitait encore.

Pinet dit alors : « Les sergents de ville qui sont au-dessous de vous sont disposés à se défendre; ils travaillent déjà à se barricader. A défaut d'armes nous avons du cœur : ne vous laissez pas fusiller par ce tas de bandits. »

Deux prêtres et un ancien officier de paix, MM. les abbés Carré, Lamazou et M. Walbert donnent l'exemple. On s'arme de planches et de tringles, on démolit le plancher, et en quelques minutes une ouverture est pratiquée entre le deuxième et le troisième étage. Teyssier, sergent-major au 1er tirailleurs algériens, du Puy (Hte-Loire), grimpe à travers l'ouverture et prend avec Pinet le commandement de la résistance.

Les matelas sont placés devant les fenêtres pour parer les balles, on se barricade avec tous les débris. Les assiégeants sont sous les ordres de Pasquier, condamné à mort par la cour d'assises de la Seine.

Ce misérable, monté presque au second étage, somme le caporal Arnoux de détruire la barricade. Sur le refus du çaporal, il y fait mettre le feu. Bientôt une épaisse fumée obscurcit l'air, la flamme petille. On court chercher de l'eau, et après un quart d'heure d'efforts les prisonniers sont maîtres de l'incendie.

Dans les cours pleines d'assassins on fait entendre le cri de : *Vive la ligne!* On espère que les captifs, trompés par cet appel, sortiront de leur forteresse improvisée.

Les abbés Surat, Bécourt, Houillon et le sieur Chaulieu, enfermés au bâtiment de l'ouest, devinrent victimes de cette trahison. Ils partirent et furent fusillés. (Dépositions des témoins Vattier et Pinet, devant le conseil de guerre.) Dix-huit jeunes soldats furent fusillés avec les prêtres.

Les efforts des assaillants, devenant de plus en plus faibles, les soldats proposèrent une sortie. Plus réfléchis et moins prompts à croire au succès, les prêtres conseillèrent d'attendre en se bornant à la défensive.

L'armée cheminait sur le boulevard du Prince-Eugène, et gagnait du terrain à la barrière du Trône. La Commune effrayée abandonna la Roquette, et la populace, aussi lâche que cruelle, suivit la Commune dans sa fuite sur Belleville.

Les détenus ordinaires de la prison, c'est-à-dire les criminels, avaient été armés avant la fuite de la Commune, afin d'accomplir le meurtre des otages pour le compte des républicains. Mais ces criminels, au lieu d'attaquer les barricades construites par les soldats et les prêtres prisonniers, se sauvèrent dans toutes les directions.

Les portes de la prison restèrent ouvertes. Les otages, tout en se tenant derrière leurs barricades, ordonnèrent aux gardiens de refermer les grilles. Bien leur en prit, car vers six heures un bataillon fédéré de six cents hommes environ arriva au pas de course à la Roquette, mais ne put, malgré ses efforts, enfoncer les grilles. Ceux-là venaient pour « *exécuter les otages coûte que coûte.* »

A onze heures du soir les otages n'entendirent plus la fusillade, et leur espoir de délivrance augmenta. Ils firent bonne garde, les cris sauvages du dehors ne leur prouvaient que trop la présence des assassins. Il était près de trois heures du matin lorsque la fusillade recommença vers la barrière du Trône. Les malheureux otages écoutaient les mille bruits du dehors, épuisés de fatigues, brisés d'émotions. Cette sorte de siége durait depuis douze heures.

Un bataillon de l'armée française se précipite à cinq heures du matin dans les cours de la Roquette. Ce bataillon appartenait à l'infanterie de marine, brave corps s'il en fut.

Déjà trompés par les cris de : *vive la ligne!* les otages refusèrent d'abord de reconnaître les soldats de la France. Ils croyaient voir, en eux, des insurgés déguisés. Il fallut de longs pourparlers avant de se rendre. Ces bons et braves soldats passaient des armes, des livrets, des drapeaux aux prisonniers. Ceux-ci restaient incrédules.

A la fin, quelques prêtres sortirent, et la réception cordiale qui leur fut faite rassura les timides.

Lorsque les otages furent tous en liberté, une escorte, précédée du drapeau tricolore, les reconduisit dans l'intérieur de Paris, car on se battait encore autour de la Roquette.

Vingt-troisprêtres, quatre-vingt-deux soldats, quarante-deux sergents de ville, et treize artilleurs furent ainsi délivrés. Il y eut encore six otages civils, dont le sieur Crépin, cordonnier à Saint-Ouen, 26, rue Debain.

Parmi les prêtres se trouvaient le P. Bazin, jésuite; l'abbé Juge, aumônier; l'abbé Bacuez, sulpicien ; l'abbé Amodru, vicaire à Notre-Dame-des-Victoires; l'abbé Lamazou, de la Madeleine; l'abbé Guébels de Saint-Eloi; les abbés de Pontailler et Carré, vicaires de Belleville; l'abbé Guillon, vicaire de Saint-Eustache, l'abbé Delmas, vicaire de Saint-Ambroise.

Nous avons dit que quatre prêtres de Picpus étaient au nombre des martyrs du 26 mai, au secteur de Belleville.

Le R. P. Ladislas Radigue était né en 1823, dans le diocèse de Seez. Le R. P. Polycarpe Tuffier en 1807, à Malzieu (Lozère); le R. P. Marcelin Rouchouze en 1810, à Saint-Julien (Loire); le R. P. Frezat Tardieu en 1814, à Chasseradez (Lozère). Tous quatre jouissaient de la plus haute considération méritée par la vertu et le savoir.

D'autres prêtres furent encore fusillés dont les noms sont inconnus. Ainsi dans la déposition du cordonnier Crépin, on remarque cette observation : « Hélas ! j'avais à peine fait un pas dans la cour d'entrée, que je vis tomber un prêtre devant mes yeux : on le fusillait à la porte. »

Ce même témoin s'écrie : « Ah ! qu'on ne vienne plus devant moi parler mal des prêtres ; je les ai vus à l'œuvre, je les connais maintenant ; j'ai vu leur courage et j'ai goûté leurs encouragements. » Pauvre ouvrier, comdamné à mort pour avoir refusé de servir la Commune !

Mgr Surat fut tué d'un coup de pistolet à bout portant par une jeune fille de seize ans. Voyant le pistolet sur son front, le prêtre dit : Grâce, mademoiselle ! — Tu l'auras maigre et non pas gras, dit la fille en tirant.

Il y a dans tout cela un mystère effroyable d'iniquité.

Nous avons eu sous les yeux le mandat d'arrêt décerné contre M. Hogan du séminaire Saint-Sulpice. Ce mandat est ainsi conçu : « Je soussigné, commandant la caserne de Saint-Sulpice, considérant que tous les moyens sont bons pour sauver *la république avec ses conséquences*, ordonne l'arrestation immédiate du citoyen Hogan, directeur provisoire de la maison (séminaire), ainsi que tout le personnel des employés. »

Dans sa déposition devant le conseil de guerre, M. l'abbé Perny a dit : « J'ai vécu pendant vingt-cinq ans au milieu des sauvages, et je n'y ai rien vu d'aussi horrible que ces faces d'hommes et de femmes acharnés contre nous dans le trajet lugubre de Mazas à la Roquette (audience du 9 août). »

Discite justitiam moniti, et non temnere divos. Que de tels avertissements vous apprennent l'amour de la justice et le respect de Dieu.

IX

Les assassinats des prêtres durèrent les 24, 25, 26 et 27 mai. Nous n'avons pas suivi l'ordre chronologique parce que nous voulions terminer le récit des drames de la Roquette.

Nous allons donc revenir au 25 mai.

Au sortir des orages politiques de l'ancienne Rome, Cicéron s'écriait : « La providence de Dieu gouverne le monde : elle veille sur chaque individu en même temps qu'elle s'intéresse à la société tout entière. »

Inclinons-nous devant les secrets de la Providence divine. Pensons avec l'Eglise que ce n'est pas seulement par la prière, mais encore par l'expiation que les prêtres contribuent à fléchir la justice de Dieu et à faire revivre dans la société l'esprit divin. Lorsque les fautes ont un caractère social, elles exigent une réparation sociale. L'idée du sacrifice, qui se trouve à la base de toute religion, n'a pas d'autre origine.

La raison peut se troubler devant le problème de la solidarité, mais elle n'en peut nier l'existence.

Le christianisme a des doctrines d'une

effrayante profondeur. La substitution d'un être expiateur à la place de l'être criminel nous surprend. La surprise est d'autant plus grande, que nous voyons l'être substitué, plein d'innocence. L'humanité a toujours à payer la dette du coupable et à fléchir la juste colère d'en haut.

Le prêtre catholique nous semble personnifier l'expiation, il en est le ministre et la victime. Les prières, les jeûnes, les abstinences, les pratiques austères sont pour lui de tous les jours. Il est séparé du monde et marqué d'un caractère qui l'isole de la foule. Il est couvert d'un vêtement de deuil, symbole de la pénitence ; il n'a pas, pour se reposer, le foyer de la famille. Les joies de la jeunesse lui sont même refusées.

Dans sa solitude deux pensées le soutiennent : le dévouement sublime et l'héroïque immolation.

Il faut se plonger dans la méditation religieuse pour ne pas éprouver d'immenses révoltes et des désirs de vengeance à la vue de ces hommes de bien, mis à mort par d'infâmes voleurs.

Hâtons-nous de terminer ce lamentable chapitre, aussi bien, nos yeux se fatiguent à ne voir que du sang.

La revue *le Correspondant* a publié, il y a peu de mois, un travail remarquable sur Arcueil et le père Captier. L'auteur nous montre de combien de difficultés furent entourés les débuts de l'école Albert-le-Grand. La figure du père Captier ressort, dans ces pages, avec un éclat véritable.

Ecrivain distingué, le père Captier a laissé sous le titre modeste de *Discours*, les études suivantes: *des Sciences positives* (1858) ; — *de l'École libre et de ses rapports avec les familles* (1860); — *le Collége chrétien devant la société moderne* (1864); — *Quelques pensées sur l'éducation nationale* (1865) ; — *Matérialisme et Spiritualisme* (1867) ; — *de la Haute Éducation et de l'esprit de famille* (1868, 1869) ; — *la Réforme sociale par l'enseignement* (1868) ; — *Discours sur la liberté de l'enseignement supérieur* (1870).

Il existe encore un certain nombre de manuscrits et de lettres du père Captier qui seront sans doute publiés prochainement avec la vie du célèbre dominicain, par le père Regnier.

Nous ne dirons pas ici ce qu'est l'école d'Albert-le-Grand qui, avant la guerre, comptait déjà trois cents élèves ; tous les gens de bien et tous les gens d'esprit savent que les Pères n'oublient pas l'éducation en répandant l'instruction.

Dès que la guerre fut déclarée en 1870, trois religieux, les PP. Baudrand, Barral et Regnier partirent pour l'armée et suivirent nos soldats sur les champs de bataille.

Pendant ce temps, l'établissement d'Arcueil était transformé en ambulance qui reçut quinze cents malades ou blessés pendant le siége de Paris. L'aumônier de cette ambulance fut, par hasard, le P. Anatole de Bengy, dont nous aimons à rappeler le nom.

Le commandant de Dampierre des mobiles de l'Aube, atteint mortellement au combat de Bagneux le 13 octobre, vint mourir à Arcueil dans les bras du P. Houlès.

Lorsque la paix fut faite, l'école rouvrit ses portes aux élèves. Mais bientôt la Commune, maîtresse de Paris, commença une guerre impie contre la France.

Située entre les forts de Montrouge et de Bicêtre, et non loin de la redoute des Hautes-Bruyères, l'école Albert-le-Grand se trouvait placée dans la zone militaire que traversaient à chaque instant les insurgés.

Il était facile aux Pères de se retirer et de se mettre à l'abri. Ils préférèrent la sainte mission de soulager les douleurs et se firent de nouveau ambulanciers.

Semblables aux sœurs de charité, ils soignaient les blessés sans demander à quel parti chacun d'eux appartenait. On les voyait parcourir les champs de bataille, emporter ceux qui pouvaient être rappelés à la vie et ensevelir les morts. L'infirmerie avait pour servantes les pieuses sœurs de Sainte-Marthe. Le drapeau de la convention de Genève flottait sur la maison.

Elle ne fut cependant pas à l'abri des perquisitions. Quelques bataillons de fédérés se montrèrent reconnaissants envers les dominicains, d'autres furent prodigues d'injures et de menaces. Au milieu de cette tourmente, les Pères priaient et travaillaient. Le P. Bourard écrivait un vaste *Traité des Anges* où il résumait la doctrine de saint Thomas. Le père Captier composait ses *Lettres sur la vie religieuse.*

Est-il un plus beau spectacle que celui de ces prêtres, allant du champ de bataille au lit des mourants, et après la prière, s'armant de la plume pour la gloire de Dieu ! Ce spectacle réjouit l'âme, on se sent grandi, élevé, éclairé de flammes intérieures, et l'on se reprend à aimer les hommes.

Le vendredi 19 mai 1871, vers cinq heures du soir, l'école d'Arcueil fut cernée par les 101e et 120e bataillons de la Commune. Ces misérables brisèrent les clôtures, enfoncèrent les portes et pénétrèrent dans l'établissement. Des sentinelles devaient faire feu sur les prêtres qui tenteraient de sortir. La maison donnait asile, ce jour-là, à vingt blessés recueillis sur le champ de bataille.

Les citoyens Léo Meillet et Lucy Piat, délégués de la Commune et qui commandaient l'expédition, mandèrent le P. Captier. Ces deux scélérats étaient revêtus de l'écharpe rouge, symbole de leur mission sanguinaire.

Ils firent procéder à l'arrestation de trente-huit personnes :

Le R. P. Captier, âgé de quarante et un ans, fondateur et prieur de l'école Albert-le-Grand, massacré. — Le R. P. Bourard, cinquante-trois ans, aumônier de l'école, massacré. — Le R. P. Delhorme, trente-neuf ans, régent des études, massacré. — Le R. P. Cotrault, trente ans, procureur de l'école, massacré. — Le R. P. Chatagneret, vingt-huit ans, professeur de l'école, massacré.

MM. Gauquelin, trente-huit ans, officier marinier, sous-économe de l'école, marié à Marie Pasquier, massacré. — Voland, quarante ans, maître auxiliaire, massacré. — Gros, trente-cinq ans, serviteur de l'école, massacré. — Marce, quarante ans, serviteur de l'école, massacré. — Cathala, quarante ans, marié, tailleur employé à l'école, massacré. — Dintroz, quarante ans, serviteur de l'école ; Cheminal, cinquante ans; massacré. — Petit, vingt et un ans, commis d'économat, massacré. Son corps n'a pu être retrouvé. — Le R. P. Rousselin, censeur de l'école, échappé au massacre.

MM. Grandcolas, prêtre, professeur à l'école, échappé au massacre. — Bertrand, quarante-neuf ans, sous-censeur, échappé au massacre. — Bezillot, vingt-huit ans, professeur de l'école, échappé au massacre. — Gauvain, cinquante-deux ans, employé à l'école, échappé au massacre. — Delaitre, cinquante-quatre ans, jardinier de l'école, échappé au massacre. — Duché, trente et un ans, serviteur de l'école, échappé au massacre. — Brouho, trente ans, serviteur de l'école, échappé au massacre. — Schepens, trente-six ans, marié, concierge de l'école, belge, a dû à sa qualité d'étranger, d'être séparé des autres prisonniers et de jouir d'une certaine liberté qui lui a permis de s'évader. — Bussi, trente et un ans, menuisier employé à l'école, Italien, a eu la même fortune que Schepens. — Delaitre, douze ans, fils du jardinier. — Lair, treize ans, fils d'un employé de l'école. — Barbedette, vingt-neuf ans, remis en liberté, comme instituteur d'Arcueil.

Femmes qui soignaient les blessés et ont été conduites à Saint-Lazare après leur arrestation :

La mère Aloysia Ducaux, supérieure des sœurs de Sainte-Marthe. — Elisabeth Poirier, sœur de Sainte-Marthe. —

Louise-Marie Carriquiry, sœur de Sainte-Marthe. — Louise de Gonzague Dorfin, sœur de Sainte-Marthe. — Mélanie Gatineau, sœur de Sainte-Marthe.

Arrêtées en même temps que les religieuses.

Mesdames : Angèle Marce, femme d'Antoine Marce, le mari massacré. — Marguerite Cathala, le mari massacré. — Clara Delaitre, son mari et son enfant également arrêtés. — Veuve Guégon.

Mesdemoiselles : Gertrude Faas. — Catherine Morvau. — Louise Cathala, âgée de huit ans, sa mère arrêtée, son père massacré.

Avant le départ, le R. P. Captier adressa des paroles d'encouragement et donna sa bénédiction à ceux qui l'entouraient.

Il n'y avait à l'école que onze élèves, les autres étant rentrés dans leur famille. Ces élèves devaient être conduits à l'Hôtel-de-Ville et mis à la disposition de la Commune. Mais celui que l'on nommait le commandant Quesnot, dit : « Les ordres de la Commune sont élastiques ; » il abandonna ces enfants dont les maîtres et les serviteurs étaient en état d'arrestation. Heureusement l'école formait de bonne heure le caractère de la jeunesse. L'élève Jacques de la Perrière, l'aîné de ces élèves, en prit la direction. Aussi ferme, aussi dévoué qu'intelligent, Jacques de la Perrière conduisit ses camarades dans un bâtiment séparé du collége, où ils emportèrent même de précieux objets, ainsi sauvés du pillage. Dans les derniers jours de la lutte, ces élèves purent s'échapper et trouvèrent une généreuse hospitalité chez des amis des RR. PP. Dominicains.

Jacques de la Perrière reconduisit ses compagnons à l'école, le 25 mai, lorsque le terrain appartenait à l'armée française. Le soir même le P. Rousselin vint prendre la direction du petit troupeau.

Après l'arrestation, les femmes furent entassées dans des voitures et transportées à la conciergerie, puis à Saint-Lazare.

Les 101e et 120e bataillons fédérés entourèrent les hommes qui furent conduits au fort de Bicêtre. Les habitants d'Arcueil se montrèrent sympathiques : « Quand ils sont passés devant notre porte, disait une pauvre femme, et que j'ai vu marcher au milieu des fusils, le P. Captier et tous ces messieurs qui nous faisaient tant de bien, j'ai pensé que c'était Jésus-Christ avec ses disciples, s'en allant à Jérusalem pour y être crucifié. »

Après avoir quitté Arcueil il fallut traverser Gentilly, et là, les insultes, les outrages, les menaces accompagnèrent les captifs.

A sept heures du soir, le cortége arriva au fort de Bicêtre. Les prisonniers, réunis dans une chambre étroite, eurent à subir les injures les plus grossières. Le gouverneur du fort simula un interrogatoire, puis après avoir dépouillé les captifs de tout ce qu'ils avaient, même des bréviaires, on les conduisit dans une casemate. Ces formalités avaient été si longues, que le P. Captier et les religieux ne se trouvèrent dans leur prison qu'à minuit. Jusqu'à deux heures du matin, les autres victimes arrivèrent successivement.

La casemate n° 10 était sombre, humide, à peine garnie de paille mouillée et réduite en poussière. Chacun chercha en tâtonnant une place pour s'accroupir. Le matin, on jeta aux vingt-cinq prisonniers quelques bottes de paille fraîche.

Les journées de samedi, dimanche, lundi et mardi se passèrent ainsi. Souvent les RR. PP. voyaient apparaître aux ouvertures de la casemate des figures patibulaires d'hommes et de femmes, qui jetaient les plus grossières paroles.

On sut ainsi que l'école avait été pillée le mardi 23 mai, et que l'incendie se préparait.

Le mercredi 24, une exécution eut lieu dans la cour du fort et sous les yeux des prisonniers. Les insulteurs profitèrent de l'occasion pour crier que ce n'était que le commencement.

L'aumônier de l'hospice de Bicêtre, le courageux abbé Féron, vint le jour même de cette exécution supplier le commandant du fort de lui confier les membres de la communauté d'Arcueil, s'engageant sous serment, à les représenter pour le jugement. Les efforts de l'abbé Féron furent vains, on lui répondit que les prisonniers appartenaient au général Wrobleski. Ainsi des Français étaient livrés à un étranger. Tel est le patriotisme des républicains de la Commune.

Les Dominicains, dans le cachot, se montrèrent admirables comme les Jésuites à la rue Haxo. Pas un seul ne se sentit défaillir. Ils priaient pour la France malheureuse, pour la France souillée, pour le peuple égaré et qui ne savait plus même distinguer le crime de la vertu.

X.

Le jour commençait à peine et une faible lueur éclairait les cours. La casemate restait obscure; mais des clameurs qui s'élevaient au dehors annonçaient aux prisonniers un événement important. Les religieux se mirent en prières.

Ils comprirent bientôt que l'on enclouait les canons. C'était donc l'abandon du fort, la liberté peut-être.

Une voix se fit entendre et dit : Nous sommes au jeudi 25 mai...

Le bruit du clairon et le tumulte d'une foule agitée interrompirent la phrase. Puis il se fit un silence, et la famille dominicaine put espérer que le fort était évacué par les républicains de la Commune, devant la marche de l'armée française.

Cet espoir dura peu. Une troupe armée, pleine d'agitation, se présenta à la porte de la casemate, et les clefs étant égarées, cette porte fut renversée à coups de crosse.

— Vous êtes libres, dirent les républicains, mais nous ne pouvons vous laisser aux mains des Versaillais : vous nous suivrez à la mairie des Gobelins, puis vous irez dans Paris, comme bon vous semblera.

On se mit en route. Les menaces, les injures, les imprécations accompagnaient le cortége.

Des femmes, véritables furies, s'attachaient aux pas des prisonniers, les accablant d'outrages. Cette marche fut lente et douloureuse, et cent fois les Pères crurent à une mort soudaine.

A la porte d'Ivry quelques coups de fusil provoquèrent un désordre qui permit au P. Rousselin de s'échapper. Ayant laissé pousser sa barbe, et portant des vêtements bourgeois sous son habit de prêtre, il put, grâce à sa fermeté, retourner à Arcueil et rejoindre l'armée libératrice.

Enfin on put entrer dans la mairie des Gobelins au milieu d'une foule furieuse, troublée par la peur, ivre de sang, affolée, hurlant comme la brute.

Les prisonniers réclamant la promesse d'être mis en liberté, les chefs répondirent : « Les rues ne sont pas sûres, vous seriez massacrés par le peuple, restez ici. »

Les malheureux prirent le parti de s'asseoir dans la cour de la mairie, où pleuvaient les obus. A chaque instant les fédérés apportaient des cadavres de soldats français, et criaient : « Montrez-les à ces canailles. »

Une demi-heure se passa de la sorte. Les captifs furent alors conduits dans une prison de l'avenue d'Italie, prison disciplinaire du neuvième secteur. Le 101e bataillon de la Commune qui avait opéré les arrestations à l'école Albert-le-Grand, veillait autour de la prison. L'infâme Cerisier était là.

Depuis cinq heures du matin la famille dominicaine subissait la torture, et il était dix heures.

Vers deux heures et demie la porte de la prison s'ouvrit, et un garibaldien revêtu de sa chemise rouge, cria : « Soutanes, debout, et marchons à la barricade. »

Les prisonniers suivirent, et devant la barricade de la mairie des Gobelins on leur présenta des fusils pour combattre l'armée française.

Les prêtres refusèrent ces armes, et demandèrent à relever les morts et à soigner les blessés.

Ils furent ramenés à la prison disciplinaire, par une troupe armée qui comptait dans ses rangs un grand nombre de femmes portant des fusils.

Les clameurs prirent un tel caractère de férocité que les Pères, se préparant à la mort, se mirent à genoux dans la prison, se confessèrent et reçurent l'absolution.

Il n'était pas tout à fait cinq heures, et les prisonniers priaient toujours, lorsque Cerisier donna l'ordre de les faire sortir.

Pendant qu'ils marchaient dans l'impasse qui précède la prison, les républicains de la Commune composant le 101e bataillon, chargeaient leurs armes et prenaient position. Les issues de toutes les rues étaient barrées par des sentinelles volantes, chaque fédéré se plaçait comme le chasseur à l'affût.

Sur l'avenue, le colonel de la 13e légion assis dans une voiture, avec une femme, attend, le cigare aux lèvres, pour juger les coups.

Lorsque tout fut prêt, chaque bandit à son poste, les issues bien gardées, les fusils en arrêt, la femme commodément assise sur les coussins de la voiture, l'un des chefs commanda :

« Sortez dans la rue, un à un. »

Le P. Captier se retournant vers ses compagnons, prononce ces paroles : « Allons, mes amis, pour le bon Dieu! »

Le P. Cotrault sort le premier et tombe atteint à la gorge et au sein droit.

Le P. Captier vient ensuite. Deux balles le frappent. L'une brise la jambe gauche, l'autre perce le cœur. Mais entre le premier et le second coup de feu, ce père parcourt plus de cent mètres, et va mourir à l'endroit même où les insurgés de juin 1848 avaient assassiné le général de Bréa.

Le P. Bourard est roulé à terre par deux balles, la première sous l'œil gauche, la seconde dans la poitrine.

Le P. Delhorme a, pour ainsi dire le cœur enfoncé, sa robe blanche ressemble au manteau pourpre de la Rome chrétienne.

Le P. Chatagneret, le plus jeune, est aussi le plus visé, il reçoit une douzaine de balles et son crâne broyé rend le visage méconnaissable.

Les prêtres étaient sortis les premiers. MM. Gauquelin et Volant sortirent à leur tour. Les serviteurs Gros, Marce, Cheminal, Dintroz et Cathala, prennent leur course, et traversent toute l'avenue d'Italie, mais les brigands tirent comme sur un gibier. Tous tombent successivement.

M. l'abbé Grandcolas, atteint par les balles, fait un effort suprême et se précipite dans une maison ; une femme lui jette les vêtements de son mari, et il parvient à se sauver.

D'autres se sauvent aussi, grâce à la fumée, au tumulte, aux distances. Ainsi M. Résillot quoique blessé se glisse au loin, MM. Bertrand, Cauvain, Delaître, Brouho, Duché, se précipitent dans les maisons et dans les caves, et rejoignent notre armée.

Laissons parler le R. P. Laur. Lécuyer, vicaire-général des dominicains du tiers-ordre enseignant, auquel nous devons les horribles détails qui précèdent :

« Cependant le massacre accompli ne suffit pas à la fureur des assassins : on se précipite sur les cadavres, on les découvre pour les insulter d'une manière plus odieuse ; à coups de baïonnette et de hache on brise les membres et les crânes ensanglantés.

» Les soldats du 113e régiment qui entrent en vainqueurs après avoir franchi les barricades, reconnaissent ces morts glorieux, ils se penchent vers leurs cadavres, s'emparent des rosaires qui pendent à leur ceinture et se les partagent, grain à grain, comme de saintes reliques. Hélas ! eux passés, les profanations recommencent, et pendant plus de quinze heures, les cadavres des martyrs restent exposés à tous les outrages imaginables. »

Nous avons hâte de terminer ces effroyables récits. De la Roquette à la rue Haxo, de la rue Haxo à l'avenue d'Italie, nous suivons depuis trop longtemps une traînée de sang.

Privé de la sainte résignation des martyrs, de l'angélique douceur de ces religieux, nous éprouvons d'invincibles colères, des pensées de vengeance nous dévorent, et nous demandons que la justice des hommes devance la justice divine.

Comment, on tuera les ministres de la religion, on massacrera les meilleurs amis de l'armée, on privera la jeunesse de ses maîtres, on enlèvera à la France ses savants, et les plus laborieux de ses fils, on arrachera des bras de la patrie mutilée ses serviteurs les plus fidèles et les plus dévoués, et les gens de cœur n'auraient que des larmes à répandre, des regrets à exprimer, des soupirs à faire entendre !

Il est temps de mettre un terme aux révolutions ; il est temps d'en venir aux actions viriles et de montrer au monde que les honnêtes gens ont aussi leur audace.

Sur les drapeaux de l'armée française sont inscrits des noms qui rappellent les gloires de chaque régiment. L'un s'abrite sous ces mots : Monthabor, Wagram, Auerstadt, Montmirail, le Trocadéro, Isly, l'Alma; un autre est fier de Marengo, d'Austerlitz, d'Iéna, d'Anvers, de Constantine et de Magenta.

La bannière de l'Eglise n'est pas moins riche en gloire terrestre. Comme le drapeau, elle a été déchirée par les balles, comme le drapeau, elle s'est vue noircie de poudre, comme le drapeau, elle a couvert de son ombre ceux qui mouraient pour sa défense.

Si le drapeau dans ses replis cache les noms des immortelles victoires, la bannière du clergé peut montrer à tous les yeux ces mots désormais sacrés : la Roquette, rue Haxo, Arcueil.

Pardonnez, hommes simples, dont la vie s'écoule dans la prière, l'étude et la charité, pardonnez si une main profane soulève pour un instant le voile qui protége votre solitude ; pardonnez, si notre voix trouble le silence de vos demeures ; pardonnez si une main inconnue se tend vers vous ; mais pendant que vous priez pour vos frères morts et pour la France mourante, il faut bien qu'un passant sorte de la foule, pour dire aux autres passants : « Voilà ce qu'est le prêtre catholique ! »

Quelques personnes demanderont peut-être pourquoi, parmi ces dignes prêtres, les uns ont été mis à mort, et les autres préservés du martyre.

La raison humaine est impuissante pour répondre. Inclinons-nous, et relisons ces lignes d'une vieille Imitation de Jésus-Christ :

« Mon fils, gardez-vous de disputer des matières hautes et des secrets iugements de Dieu, ny de vouloir entendre pourquoy celuy-cy est ainsi délaissé, et celuy-là eslevé à si grande grâce ; pourquoy l'un est tant affligé, et l'autre en si grande dignité. Ces choses-là excèdent toute la capacité humaine, et n'y a raison n'y dispute quelconque qui puisse faire pénétrer les iugements de Dieu. Doncques quand l'ennemy vous suggérera de telles pensées, ou que quelques curieux vous en enquerront, répondez ces paroles du prophète : vous estes iuste, Seigneur, et vostre iugement est droict ; et encore : les iugements du Seigneur sont véritables et iustifiez en eux-mêmes. Il faut craindre mes iugements, et non pas les examiner, car ils sont incompréhensibles à l'entendement humain. » (Chap. LVIII. liv. III.)

Après les victimes, montrons les bourreaux. Parmi les cent et quelques misérables qui composaient la Commune, et que Paris eut la honte, le ridicule et la lâcheté de reconnaître pour ses maîtres, il y avait :

Neuf cordonniers ou savetiers : Dereure, Durand, E. Clément, Sérailler, Sicard, Trinquet, Gaillard père, Gaillard fils, et Pierre Denis.

Six voleurs condamnés pour vols qualifiés : Josselin, Viard, Cluseret, Combatz, Okolowich, et Pugnet.

Deux assassins : Eudes et Mégy.

Un Prussien : Frankel.

Quatre prêtres défroqués : Pillot, Carocque, Mourot et Blanchet :

Six bijoutiers : les frères Mey, l'Italien Camelessa, Landeck et Combanet.

Deux forçats libérés : Ledroit et Philippe.

Deux faussaires : les frères Dombrowski.

Deux cabotins : Lisbonne et Garnier.

Deux saltimbanques : Grossard et Okolawicz.

Un garçon d'écurie: Bergeret (général de la Commune).

Un portier : Rousseau.

Un marmiton : Lacord.

Un marchand de peaux de lapins : Ranvier.

Un ouvrier tonnelier : Millière.

Un corsetier : Geresme.

Cinq fous : Alix, Babick, Lullier, Tony Moilin, Flourens. (Les seuls honnêtes gens du parti.)

Il y avait encore des scélérats exerçant des métiers sans nom ailleurs que dans l'argot des bagnes : Salvador, La Cæcilia, Philippe, Loudas, Bilioray, Fortuné, Johannard, Audignoux, Boursière et Levrault.

Les bossus, les boiteux, les borgnes, les contrefaits, les infirmes ne manquaient pas : Blanchet, Tridon, Vésinier, Grélier, Andrieux, Sicard, etc.

Telle est la république assez stupide pour vouloir hériter de la monarchie de saint Louis, d'Henri IV, de Louis XIV et de Napoléon !

Tels sont les hommes qui ont fait massacrer les prêtres et les soldats, incendier nos monuments, renverser la colonne Vendôme, et se sont montrés les fidèles alliés de la Prusse.

CHAPITRE VIII

L'ÉGLISE. — LES TOMBES

> Il y a plaisir d'être dans un vaisseau battu de l'orage lorsqu'on est assuré qu'il ne périra point. Les persécutions qui travaillent l'Église sont de cette nature.
>
> PASCAL.
>
> Les églises sont des palmiers divins qui ont leurs racines dans les tombes, leurs branches vers Dieu, et à l'ombre desquels les oiseaux du ciel, la piété, le repentir, l'espérance, viennent se rafraîchir et se ranimer. Mgr GERBET.

I

Pendant une soirée d'automne de l'année 1875, un voyageur s'arrêtait au village de Martigny situé sur l'un des coteaux qui dominent la Loire. Les pieds poudreux du voyageur prouvaient que la course avait été longue, et ses traits amaigris exprimaient les lassitudes de l'âme autant que les fatigues du corps. Sa mise sévère et presque élégante, le ruban rouge de sa boutonnière, la coupe de sa barbe, ses allures enfin indiquaient un officier.

Quoique le voyageur fût jeune encore, un front chauve et des rides naissantes étaient les signes de longs services. Sa physionomie franche et loyale, son ferme regard disaient assez que cet étranger méritait confiance et respect.

Le soleil descendant vers l'horizon, lançait d'obliques rayons, qui embrasaient les vitraux de l'église. On eût pu croire qu'une flamme intérieure illuminait les antiques chapelles. Le voyageur s'arrêta et contempla longtemps le portail de l'église, promenant un regard attendri du clocher aux moindres pierres ; il ressentait cette joie intime que tout homme éprouve en revoyant un objet perdu depuis longtemps.

Jamais cependant, le voyageur n'avait vu cette église, mais il la connaissait.

A l'ambulance, au bivouac, et pendant la captivité, le curé de ce village lui avait parlé de son église, avec l'amour d'un fils pour sa mère.

L'émotion du voyageur était donc un mélange confus de souvenirs. Il retrouvait l'écho presque éteint des bonnes causeries de la veillée. Des images effacées revenaient en foule, et l'illusion le transportait dans ce passé dont les misères n'effaçaient pas les grandeurs.

Après une méditation profonde, l'étranger reprit son chemin et se dirigea vers une maison qu'il connaissait aussi. C'était le presbytère. Trois coups d'un petit marteau retentirent, des pas se firent entendre dans le jardin et la porte s'ouvrit. Le curé apparut sur le seuil, la tête découverte, un livre à la main.

Avant qu'une seule parole eût été prononcée, les deux hommes s'étaient précipités dans les bras l'un de l'autre. Dussions-nous affaiblir l'estime des philosophes stoïciens pour ce prêtre et pour ce soldat, nous devons avouer que leurs yeux se mouillèrent de larmes.

Pendant la guerre de 1870, le curé du village avait fait la campagne en qualité d'aumônier militaire. A la fin d'un combat sanglant, il trouva, au fond des bois, le corps brisé d'un capitaine. Le rapporter sur ses épaules fut l'affaire d'un instant. A l'hôpital le prêtre soigna l'officier comme un frère. Une balle, après avoir fracturé le bras gauche, s'était logée dans la poitrine. La guérison fut difficile et la convalescence fort longue.

Plus tard ils se retrouvèrent en Allemagne. Le capitaine était prisonnier, le prêtre partageait volontairement la captivité, pour la gloire de Dieu et le soulagement de nos soldats.

Au temps de la jeunesse, l'un avait pris place au séminaire, l'autre à l'école militaire. Ces points de départ, si divers, devaient les conduire sur la même route. Ils se rencontrèrent et se comprirent, car ils avaient aux lèvres les mêmes paroles : sacrifice et devoir.

Ils se comprirent donc et s'aimèrent.

Après la guerre, les blessures du capitaine d'Alby l'éloignèrent de l'armée. Le curé, M. l'abbé Montal, retourna au village.

Les deux amis s'écrivaient, promettant de se revoir.

Le capitaine venait faire une halte au foyer de son compagnon de guerre.

Laissons passer les premières heures de la réunion. Les petits bagages du capitaine sont bien installés dans la chambre d'ami, chambre d'une coquetterie champêtre embaumée des senteurs du jardin, ombragée du vieil orme qui, dans ses branches, cache la maison du curé.

Une douce gaîté, souvent mélancolique, préside aux repas. On se rappelle les chances diverses de la bataille, les souffrances de la retraite, les espoirs si promptement évanouis ; parfois la tristesse entre au logis lorsqu'on parle des camarades qui ne sont plus.

De l'église on va aux champs respirer le bon air du matin. Le sentier solitaire bordé de buissons, conduit à la chaumière d'un pauvre malade auquel les amis apportent de bonnes paroles et une miche de pain blanc.

Le curé s'échappe parfois pour courir au confessionnal. Le capitaine respecte ces absences.

Voilà bientôt une semaine qu'ils sont ensemble et il est temps, — lecteur — que nous entendions leurs discours.

Le prêtre et le capitaine étaient assis dans le jardin sur un banc rustique. Ils causaient. Après un silence de quelques instants, l'officier reprit : « Lorsque la guerre fut terminée, je m'éloignai de la France, comme on s'éloigne des monuments en ruine pour en mieux mesurer l'étendue. Je parcourus la Suisse et l'Italie sans pouvoir arracher de mes yeux le voile sanglant qui depuis 1870, trouble ma vue. L'indifférence des peuples me déchirait le cœur, et force me fut de revenir. Un vague remords me poursuivait, je me croyais coupable d'abandonner la patrie malheureuse. Je revins donc, et je sentis mon sang bouillonner dans mes veines, lorsque mes pieds se posèrent sur le sol de notre France bien-aimée.

» Au lieu de déposer pour toujours mon bâton de pèlerin au seuil de ma maison, je marchai à travers le pays, cherchant les tombes sur la pente des monts et dans la profondeur des vallées. Dieu seul en connaît le nombre.

» J'écoutais les voix qui sortaient de ces tombes, et je demandais à ces morts de venir en aide aux vivants par leurs exemples et par leurs lumières. Car, vous le savez, les mourants ont les soudaines illuminations, dont parle l'orateur chrétien. Il me semblait que ces tombes renfermaient les secrets de notre avenir. Alors je m'inclinais devant ces froides pierres et, la tête penchée, les mains tremblantes, je suppliais les morts de nous protéger et de nous éclairer.

» J'entendais dans un trouble extrême. Parfois ce n'était qu'un murmure, moins que cela, un souffle imperceptible; souvent aussi des voix éclatantes s'élevaient dans les airs. Celles-ci donnaient des ordres, celles-là faisaient entendre d'humbles supplications. Mais toutes parlaient de la France et demandaient que le sang versé fût compté pour quelque chose. Je vis aussi des tombes sans nom, déjà voilées par les ronces ; d'autres renfermaient les corps inanimés de généraux, de grands seigneurs, de prélats éminents, ou de prêtres obscurs. De braves enfants sortis la veille des chaumières, reposaient près des vieillards qui, à l'exemple de leurs ancêtres, étaient morts pour la patrie.

» Autour de ces tombes, si nombreuses, hélas ! le sol était ravagé, et sur la terre humide de larmes et de sang, le Germain avait laissé l'empreinte de son pied :

« Qu'avez-vous fait de notre sang et de nos larmes ! » disaient toutes les voix. « Sommes-nous oubliés ? »

» Alors je courbais le front, en songeant à Byzance, et aux vaines querelles des rhéteurs en présence des barbares...... »

— Arrêtez, capitaine, s'écria le curé, arrêtez, et ne vous laissez pas aller au désespoir. Vous avez écouté les voix qui sortent de la tombe ; vos yeux ont mesuré l'étendue des sacrifices, et vos mains ont pesé le sang répandu pour la patrie.

» Il est une voix plus éclatante que toutes celles que vous avez pu entendre, il est des sacrifices plus grands que ceux que vous avez mesurés.

» — Suivez-moi, capitaine. »

Le prêtre marchant le premier conduisit son hôte dans une verte prairie bordée de saules. Ils s'arrêtèrent en face de l'église.

Depuis plusieurs siècles, elle dominait les maisons des hommes. Son clocher semblait se perdre dans les nuages. Elle était simple cependant, cette église de village, d'une architecture sans caractère, pauvre au dedans, et couverte des cicatrices du temps, et des blessures de la révolution.

II

Le prêtre dit au capitaine :

— Si les voix qui sortaient de la tombe, ont mis dans votre cœur le sombre désespoir, écoutez les accents de l'Eglise, et peut-être votre âme sera-t-elle consolée.

» Les tombes passent vite. Les enfants renversent celles creusées par la main des pères. Les maisons s'écroulent et se relèvent, les arbres sont abattus et renaissent de leurs racines, la terre est sans cesse retournée par le fer de la charrue. Les hommes disparaissent successivement avec une effroyable rapidité, et de vagues traditions, confuses et mensongères, sont les seuls témoignages du passé.

» Il ne reste qu'une chose, — l'Eglise.

» Celle que voilà a vu les jours, les mois, les ans, les siècles se succéder. Autour d'elle, tout naissait et mourait, elle seule ne mourait pas, et nul ne l'avait vue naître.

» Ce ne sont là pour les esprits bornés ou orgueilleux, que pierres amoncelées. Ils ne sentent pas l'âme qui vivifie ce grand corps. Mais vous qu'éclaire le patriotisme, rayon céleste, éclair divin, vous qui comprenez les grandeurs du sacrifice, vous comprendrez l'église.

» Elle résume toute l'existence morale de l'homme. La première fois qu'il sort de son berceau il vient demander à l'église l'eau sainte du baptême. Quelques années après, l'enfant revient à l'église, s'agenouiller devant la blanche nappe de la communion. Ce sont là les deux grandes fêtes de l'enfance, on y paraît avec des rubans, à la flamme tremblante des cierges. Plus tard encore, le jeune homme s'approche de l'autel conduisant sa fiancée cachée sous le voile nuptial et couronnée de fleurs.

» Le jour vient enfin, où le deuil entre à la maison. Au milieu de l'église, les noires draperies couvrent le cercueil du père ou de la mère. L'église qui a eu des sourires pour le baptême et la première communion, a des larmes pour la famille désolée.

» Lorsque les années se sont accumulées et que le petit enfant est devenu vieillard, son heure sonne, et l'église lui ouvre ses portes. L'église l'a reçu à l'arrivée dans la vie, elle le bénit au départ.

» Entre le premier et le dernier jour, l'homme a souvent prié dans cette église, il a déposé sur les dalles les fardeaux qui l'accablaient, il a demandé à Dieu ce que ses amis les meilleurs ne pouvaient lui donner.

» Cette église que vous voyez, est pour ainsi dire imprégnée de prières. Il y a dans l'air qu'on y respire des repentirs, des charités, des vœux, des larmes, des joies, tout ce que renferme l'âme humaine.

» Ah! si ces murs noircis par le temps, si ces colonnes, ces arceaux, cette voute pouvaient répéter ce qu'ils ont vu et entendu, vous comprendriez, capitaine, que toute la vie morale est là. L'église nous transporte dans la région de l'idéal et de l'infini.

» Ce qui se passe ailleurs n'est que secondaire et appartient à la vie matérielle.

» Depuis des siècles, l'église résume la poésie populaire. Souvenirs du passé, consolations du présent, espérances de l'avenir, tout est dans l'église. Quelque humble qu'elle soit, l'église sera toujours le palais du pauvre. Pour lui , l'orgue est la voix sublime de Dieu qui parle; les accents du prêtre sont de foudroyantes menaces ou d'infinies promesses. On écoute, on palpite, on pleure ; on prie mieux à l'église qu'ailleurs ; c'est l'église qui fait oublier au malheureux les besoins de la vie, c'est l'église qui lui rend les forces épuisées par le travail, c'est l'église qui jette des consolations sur ses peines. Sans l'église, il ne saurait imaginer les saintes joies du ciel. Mais sous la nef il voit briller la lampe de vermeil, symbole de l'éternité ; il voit les grands de la terre courber le front ; il voit les anges du vieux tableau planer sur le tabernacle mystérieux. Alors le pauvre, le souffrant, l'abandonné oublient les biens de la terre. Leurs âmes s'élèvent à une hauteur que toutes les philosophies ne sauraient atteindre.

» La grille du tribunal de la pénitence qui s'ouvre devant lui, porte le trouble en l'âme du pécheur. Il avance humblement laissant glisser entre ses doigts les anneaux du rosaire. Quel langage humain serait aussi éloquent que le silence de ce prêtre, qui, au nom du maître, juge les actions et rend le calme aux consciences troublées !

» Toute douleur perd de sa force, lorsque au-dessus de l'autel, l'affligé considère le martyre du saint patron, qui les yeux levés vers le ciel, ne daigne pas regarder le sang qui coule de ses plaies. Le repentir de Madeleine étouffe le désespoir, calme le remords et rend l'espérance.

» Combien de fois n'ai-je pas vu, dans l'église du village, le regard des hommes les plus forts, attaché avec une sorte d'intelligence mystérieuse sur le prêtre qui est à l'autel. Les petits enfants considéraient avec amour les tableaux bleus d'azur où les anges leur souriaient. Les femmes admiraient ces saintes images qui retracent les miracles des apôtres.

» La communion et ses habits de fête, la pluie odorante de fleurs, l'encensoir fumant, les cérémonies mystérieuses, les grands cierges dont la flamme se joue dans l'air, les parfums d'Orient, les vêtements sacrés, tout contribue à conduire doucement le chrétien, dans un monde inconnu, vers lequel il aspire.

» Tout, jusqu'à l'architecture étrange, aux saints de pierre, aux vitres coloriées, tout rend l'église chère au peuple.

» Entrez dans une église, vers l'heure où la nuit commence à envelopper la terre, vous y verrez dans quelque chapelle écartée, une pauvre mère, qui sans l'église ne survivrait pas à son enfant. Plus loin, caché par un pilier, c'est l'orphelin abandonné des hommes, et qui dans l'église retrouve chaque soir en priant, la mère que Dieu vient d'appeler à lui.

» O vous qui ne croyez pas, gardez-vous de proscrire les saintes images, de briser les madones, de renverser les autels ; n'enlevez pas au prêtre sa divine auréole et la chasteté de son ministère ; n'en faites pas un père de famille, un citoyen de la ville, un fonctionnaire public. Vous commettriez plus qu'un sacrilége, en arrachant au pauvre, à l'affligé, au malade, leurs espoirs, leurs soutiens, leurs consolations, leur seul bien sur la terre. Vous fermeriez au coupable le chemin du repentir, à l'innocent, l'espoir de la récompense.

» Ne révoltez pas les âmes, car elles sont moins faciles à dompter que les esprits et que les corps.

» Le souverain pontife peut vous sembler vaincu dans son palais romain, mais le curé du village, humble et résigné, a plus de force que vous ne lui en croyez. Le secret de l'éternité de nos croyances catholiques est dans leur origine démocratique. Auguste, Caïus, Tibère, Néron, et les maîtres de la milice impériale reculèrent, il y a dix-huit siècles, devant douze pauvres paysans de Judée, ouvriers, pêcheurs, artisans, nommés Pierre, Thomas, Simon, Paul, André, Matthieu, Philippe. Les pieds nus et un bâton à la main, ces ouvriers se répandirent sur la surface de la terre pour enseigner à tous la parole du Dieu des pauvres, du Dieu insulté, emprisonné et mis à mort.

» Jean alla dans l'Asie Mineure, Philippe dans la Haute Asie, André chez les Scythes, Thomas chez les Parthes et aux Indes, Simon en Perse, Matthieu en Ethiopie, Paul en Grèce, et Pierre à Rome.

» Ne croirait-on pas entendre le récit fabuleux des marches d'Alexandre ou de César, qui font trembler le globe sous les pas de leurs armées. Cependant ce sont des hommes du peuple qui vont seuls à la conquête du genre humain.

» C'est parce qu'elle fut ainsi faite, que notre conquête est durable. C'est parce que ses premiers apôtres furent simples et de bonne foi que leur langage pénétra jusqu'à l'esprit des hommes forts et des petits enfants.

» A côté de ces petits enfants nés il y a dix-huit siècles et qui croyaient, plaçons le plus grand génie de ce siècle, qui croyait comme les petits enfants d'autrefois.

» Napoléon Ier disait lorsqu'il était le maître : « Je suis bien puissant aujourd'hui, eh! bien, si je voulais changer la vieille religion de la France, elle se dresserait contre moi et me vaincrait... soyez-en sûr, si je me faisais l'ennemi de la religion, tout le pays se mettrait avec elle. Je changerais les indifférents en croyants, en catholiques sincères... Ne voit-on pas ce qu'il y a de violent à vouloir se mettre à la place d'un peuple pour lui créer des goûts, des habitudes, des souvenirs même qu'il n'a pas..... La religion catholique est celle de notre patrie, celle dans laquelle nous sommes nés; elle a un gouvernement profondément conçu qui empêche les disputes autant qu'il est possible de les empêcher avec l'esprit disputeur des hommes. »

» En 1806, l'empereur disait encore : « Les prêtres catholiques se conduisent très-bien et sont d'un très-grand secours... Les mœurs se sont améliorées par leur influence. C'est par eux que le calme et la tranquillité se sont rétablis... »

» Ainsi le plus puissant monarque du monde moderne, celui qui élevait et abaissait les trônes, distribuait les couronnes, changeait les bornes des royaumes, et portait sur ses larges épaules le manteau de Charlemagne, cet homme se sentait vaincu, s'il osait attaquer la religion. Il reconnaissait que le prêtre lui était d'*un très-grand secours*, et que *son influence améliorait les mœurs*.

» Qui donc se croirait aujourd'hui la puissance d'abaisser l'Eglise?

» C'est elle, croyez-le bien qui est appelée à sauver la France. Notre malheureuse patrie se débat pour échapper aux étreintes des partis politiques, elle chancelle dans sa marche incertaine, mais elle trouvera son point d'appui qui ne saurait être que la religion.

» Vous allez me demander quels grands hommes Dieu suscitera pour l'accomplissement de cette œuvre de salut.

» Lorsque Dieu veut empêcher la chute d'un peuple, il touche de sa main, le plus humble parmi ce peuple, le plus faible en apparence, et celui-là devient l'instrument de la volonté divine.

» Avez-vous oublié Geneviève, simple bergère de Nanterre? Au milieu du ve siècle, cette pauvre fille ignorante arrêta la marche d'Attila, et sauva la ville de Paris. Ne vous souvient-il plus de cette paysanne de Domrémy, de cette héroïque enfant, qui rendit à Charles VII son beau royaume? Geneviève et Jeanne d'Arc ne vous apparaissent-elles pas, dans le lointain historique, comme le témoignage éclatant de l'intervention divine dans la destinée de la France ? »

— Le prêtre se tut.

Les deux amis s'éloignèrent en silence se dirigeant vers la Loire. Ils suivirent un sentier que les vagues mourantes venaient caresser avec un doux murmure.

Tous deux rentrèrent au presbytère, et reprirent la conversation interrompue.

— Vous me connaissez, capitaine, fit le curé. Vous m'avez vu aux champs de bataille, aux ambulances et dans les prisons de l'ennemi. Vous savez si un intérêt mondain me guidait. J'étais pauvre comme toujours, obscur, ignoré, ne demandant aux hommes que l'occasion de les servir. Je n'étais pas le seul remplissant ce ministère de dévouement.

» Ma conscience me dit que j'ai accompli un devoir envers Dieu et la patrie. Cependant je suis accusé, et des calomnies s'élèvent autour de moi. Je sonde les profondeurs de ce mystère d'iniquité, et parfois le désespoir s'emparerait de mon âme si ,prosterné dans la poussière, je ne sentais un rayon divin réchauffer mon zèle.

» Après avoir prié, je lis ce qu'ont écrit les croyants, et je demande à la science de me démontrer que je suis dans la vérité. Je le sais, mais je voudrais le prouver aux hommes de bonne foi qui ne pèchent que par ignorance.

» Ecoutez ce que disait M. Cochin à l'Assemblée de Malines :

« Je visitais à Rome sur le mont Célius ce monument illustre, l'ancien palais devenu église de Saint-Grégoire le Grand, le palais d'où cet homme illustre descendit un jour au Forum, pour affranchir des esclaves et pour envoyer des missionnaires qui convertirent l'Angleterre. Dans un coin du cloître qui précède le temple, je remarquai une épitaphe obscure et je l'ai retenue, parce qu'elle m'a vivement ému. Elle est celle d'un Anglais nommé Pecham, et en voici à peu près le texte : *Ci-gît Robert Pecham, Anglais catholique, qui* après la rupture de l'Angleterre avec l'Eglise, *a quitté la patrie, ne pouvant supporter d'y vivre sans la foi, et qui, venu à Rome y est mort, ne pouvant supporter d'y vivre sans sa patrie.* »

» Nous sommes comme le vieil Anglais, qui ne pouvait vivre sans la foi, et qui mourait s'il perdait la patrie.

» Du sein même de cette patrie, des voix s'élèvent pour nous condamner, et cependant, à la tribune même de l'Angleterre, William Pitt, a prononcé ce jugement sur le clergé français, pendant l'émigration :

« Le plus grand nombre a su, sur la terre et dans les angoisses de l'exil, *se concilier le respect et la bienveillance de tous, par l'uniformité d'une vie remplie de piété et de décence.* »

» M. Guizot qui appartenait au protestantisme a

prononcé des paroles analogues en répondant au discours de M. de Montalambert.

» J'éprouve aujourd'hui une grande consolation en recevant de Paris cette lettre écrite par l'une de mes paroissiennes, mademoiselle Jeanne de Sérilhac. Ecoutez ce récit tout intime et qui n'était destiné qu'à moi seul.

« Mardi 9 mars 1875. J'ai été faire hier les stations du jubilé. Chaque paroisse va en procession dans deux églises et ensuite à Notre-Dame. C'était le jour de Saint-Augustin. Jamais une telle solennité ne s'était vue. La foule se pressait grave et recueillie. On eût dit une manifestation religieuse, une protestation contre l'incrédulité. Depuis l'église de la Madeleine, première station, jusqu'à Saint-Germain l'Auxerrois où se trouvait la seconde, les voitures étaient sur cinq files. Ceux qui marchaient à pied avançaient à grand' peine, s'arrêtant de trois pas en trois pas, tant la procession devenait nombreuse. Sur le parcours, la circulation des voitures était impossible. A Notre-Dame cette immense réunion présentait un spectacle plein de grandeur. Le curé de Saint-Augustin, à la tête de son clergé, conduisait ses paroissiens, qui traversaient ainsi les plus beaux quartiers de Paris, salués avec sympathie par tous les habitants... »

» Représentez-vous, capitaine, cette grande ville, le Paris de la Commune, s'inclinant devant ce Dieu, tant de fois insulté; considérant avec respect, ce prêtre emprisonné et mis à mort! Je suis moins surpris de l'attitude des fidèles que du respect de ceux qui les voient passer.

» Pour moi, pasteur obscur d'un petit troupeau, je lève les yeux, et je vois briller l'arc-en-ciel.

» J'entends une voix qui crie : *Surgite, eamus.* Levez-vous, allons. (S. Matthieu, ch. XXIV.)

» Levons-nous tous, et allons.

» Allons vers l'église, qui est le seul lieu où l'on n'attend pas. On y trouve toujours celui qu'on y cherche, comme l'a dit madame Swetchine.

» Après un moment de silence, le capitaine adressa ces paroles au prêtre :

— Pendant la guerre j'ai vu votre nom cité dans les bulletins de l'armée; j'ai lu des lettres bienveillantes que vous adressaient d'illustres prélats ou des hommes puissants; pourquoi ne viendriez-vous pas avec moi? Il me serait possible d'agrandir le champ que vous cultivez, et vous rendriez ailleurs des services plus importants....

Un doux sourire effleura les lèvres du curé, qui reprit avec bonhomie :

— Croyez-vous que l'ambition terrestre puisse entrer dans mon âme? Ne m'avez-vous pas vu le sac au dos près du P. de Bengy? N'ai-je pas couché sur la paille du bivouac? N'ai-je pas vécu d'un morceau de pain de munition? Ne me suis-je pas agenouillé dans la neige pour recueillir le souffle d'un mourant?

» Je connais mes brebis, et mes brebis me

connaissent, toute ma vie est dans ces mots.

» Ecoutez encore ceci, bonnes paroles d'une chrétienne : Les fleurs des champs ne changent pas de place pour rechercher les rayons du soleil. Dieu prend soin de les féconder là où elles sont, elles ne se jalousent pas ; le brin d'herbe a sa beauté, comme la fleur et comme le fruit a son utilité.

» Pourquoi vous plaindre de votre rôle ; pourquoi le trouver trop borné, trop humble? Pourquoi vous inquiéter et vouloir faire tant de choses? Restez où Dieu vous a mis, et portez les fruits qu'il vous demande.

» Vous voudriez donc, capitaine, m'éloigner de mon clocher, et me placer sur le chemin qui conduit aux honneurs ?

» Ignorez-vous les joies de ma vie? Toutes les maisons de ce village murmurent à mes oreilles des chants d'amour lorsque je passe. J'instruis les petits enfants, je soutiens le courage des pères et des mères dans les mauvais jours, j'ai des remèdes pour tous les maux, même pour la vieillesse infirme.

» Cette église qui ne vous dit rien me fait entendre des hymnes aussi éclatantes que celle de Saint-Pierre de Rome. J'y vois les chefs-d'œuvre de Raphaël et de Michel-Ange. Mais ce que je vois surtout, ce sont de pauvres gens, courbés sous le poids du travail, et qui viennent me demander des forces et des consolations.

» Ma chaire n'a pas d'écho, mes accents n'ont pas d'éloquence et cependant tous écoutent lorsque je répands la parole du Dieu des pauvres, du Dieu accablé par sa croix.

» Autrefois, j'ai entendu retentir sous les voûtes de Notre-Dame de Paris, la voix éclatante du P. Lacordaire. Il parlait au milieu de cet orgueil qui l'entourait, de cette légèreté qui le froissait, de mille scandales amenés par la curiosité ou l'incrédulité qui éclataient au dehors en dédains et en sarcasmes.

» Moi, je suis écouté et entendu.

» Croyez bien, capitaine, que notre humble mission, notre obscur ministère, notre vie solitaire, sont grands aux yeux de Dieu.

» Et puis, voudriez-vous me chasser de ma maisonnette aux contrevents verts? Songez donc à mon petit jardin, à mes rosiers, à mes églantiers. Souvenez-vous du merle furtif qui, le matin, m'éveille de son cri joyeux, et qui, le soir fait frissonner le buisson par ses ébats. Et mes promenades aux grands bois, vous voulez donc me les ravir aussi? « Les fleurs des champs ne changent pas de place pour rechercher les rayons du soleil. »

III

Peu de jours après, le capitaine dut s'éloigner du prêtre. Ils eurent avant de se séparer une dernière conversation.

Le curé soutint que la France serait sauvée par la religion.

Le capitaine ne put croire à tant de bonheur, et persista dans son doute.

A l'heure de la séparation, on se promit de se revoir prochainement. Le curé accompagna son ami fort loin sur le chemin. Avant de se quitter, le pasteur dit au soldat : *Sedete hic, donec vadam illuc et orem.* (S. Matthieu.) Asseyez-vous là, pendant que je m'en vais ici près pour prier.

Et il ajouta en levant les yeux vers le ciel : Pour la France.

Lorsque sa prière fut terminée, le curé s'approcha du capitaine et lui dit :

— Convaincu de la supériorité infinie de l'esprit sur la matière vous avez, dans les jours heureux, élevé votre âme vers les régions sereines d'où la lumière descend sur les hommes de bonne volonté. Cherchez-y dans les mauvais jours la divine consolation qui se répand sur les douleurs humaines. Ayez la foi du véritable chrétien. Vous saurez alors que la vertu de l'honnête homme est de ne désespérer jamais, ni de son temps, ni de son pays. Allez, et gravez dans votre cœur ces mots :

Dieu et Patrie.

BIBLIOTHÈQUE NATIONALE IMPRIMÉS

FIN

TABLE DES MATIÈRES

BIBLIOTHÈQUE NATIONALE R.F. IMPRIMÉS

CHATILLON-SUR-SEINE. — IMPRIMERIE E. CORNILLAC

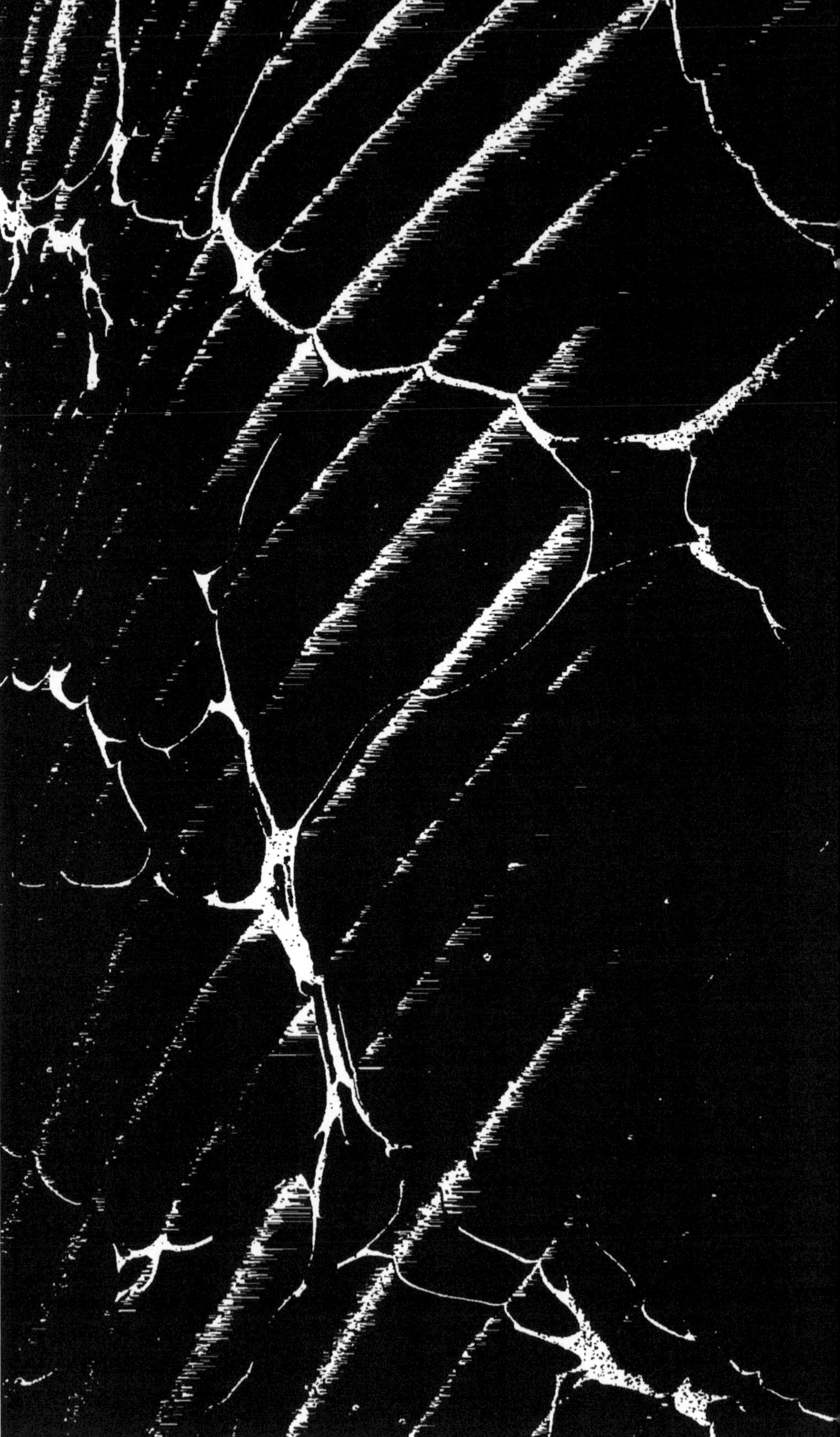

www.ingramcontent.com/pod-product-compliance
Ingram Content Group UK Ltd.
Pitfield, Milton Keynes, MK11 3LW, UK
UKHW020321200726
13857UKWH00001B/242